JN274717

大塚久雄と丸山眞男

動員、主体、戦争責任

中野敏男

青土社

目次

第二章
主体性への動員／啓蒙という作為　91
丸山眞男の政治思想史研究における戦中と戦後

第三章

ボランティアとアイデンティティ

普遍主義と自発性という誘惑

大塚久雄と丸山眞男　動員、主体、戦争責任

はじめに——「戦後」を問うということ

沖縄に行ってタクシーに乗り、那覇の町の渋滞に巻き込まれて運転手氏と雑談を交わすうちに、「戦後」の話になった。「わたしらが戦後といって思い出すのはあの雨の音だねえ」。えっ、雨の音？　どういうことですかと問うわたしに、運転手氏はそのことをこう説明してくれた。沖縄戦の戦火がともかくも止んで、すっかりすべてが焼き尽くされてしまったあとにようやく建ちはじめたバラックの中には、屋根がトタン板一枚で葺かれたものが多く含まれていた。そのトタンの屋根を大粒の雨が叩き、雨音はあたりに響いて家を揺らす。夏の日差しも暑いには暑いが、そのころの印象として残っているのは、むしろ響き渡るこの雨の音の方だ。それが今も繰り返し甦るというのである。

ふーん、なるほど。その時わたしの脳裏にとっさに浮かんだのは、まずは夏の日の夕立の、急に降り出して慌ただしいがそれでも平和な情景であった。だが待てよ。年格好から見て当時はまだ幼かったはずの運転手氏の耳に、苛烈さゆえに「鉄の暴風」と呼ばれている沖縄戦中の銃火の音と戦後のこの雨音とはどのように聞き分けられていたのだろう。そもそもそのバラックは、個人住宅ではなく米軍が設置した民間人収容所であったのかもしれない。すると、その雨は、米軍が日本本土侵攻作戦に備えていた時のものだったのか、あるいは、四五年一〇月には沖縄の長期保有を決めながら、予算と政策を欠いて混乱する米軍統治下の「忘れられた島」と呼ばれた時のものだったのか。と考えるうちに、「戦後の思い出」として語られた雨音の、戦中と戦後との境界が不分明になっていく。運転手氏はそこまで語らなかったが、幼い子供が激しい雨音に身震いするのは、「鉄の暴風」に恐怖して逃げ回った戦禍の体験とおそらく地続きである。するとそれは、嘉手納基地からベトナム爆撃に向かったB52の爆音にも、今なお普天間基地で離着陸訓練を繰り返す旧式輸送機の爆音にも、切れ目なく続いているのではないか。身体にはこたえるはずの夏の日差しの暑さより、むしろ屋根を叩く雨の音が、その体験を繋げている。

その後に韓国に行く予定をしていたから、わたしの想像力は朝鮮に飛ぶ。それなら朝鮮にとって「戦後」とはいつからのことだろう。一九四五年の「光復」と呼ばれる植民地支配からの解放後に決まっていると思ってしまっているが、そうなんだろうか。アジア太平洋戦争における日本の敗北によって植民地であることから抜け出た朝鮮は、そのまま直ちに東西対立の主戦場になっている。日本人の影は後景に退くが米ソ中を後ろ盾に殺戮は続き、報復は報復を呼んで、それがやがて朝鮮戦争につながっていく。すると、この歴史のどの時点からのことを「戦後」と名指せるというのだろう。そういえば、朝鮮戦争は「休戦」のまま今に至っている。

沖縄や朝鮮のそのような現実は、日本(本土)で「戦後」が、一九四五年八月一五日という日をもってはっきり区画されるあまりにも自明な時期区分として語られるのと、著しい対照をなしている。すると、そこに生まれる認識の落差が、想像される以上に深刻な亀裂を生み出していると考えねばならないのではないか。わたしはこのときに、九〇年代になって日本でもあらためて関心を集めるようになった戦争責任、戦後責任という問題についての語られ方を思い起こしている。「自分は戦争当事者とはいえない世代だから、反省しろと言われても反省できない。反省するいわれもない」と言い放ったある国会議員の発言に限らず、一般に「戦後世代の戦争責任」と言ってもなかなか理解されないというのは、おそらくこの認識の落差が関係しているのだろう。つまり日本（本土）の側では、この「戦後」とあの「戦時」とが、また、この「平和」とあの「戦争」とが、そして、この「わたしの今」とあの「彼らのかつて」とが、あるいは構造的な結びつきをもち、あるいは並行して相関しつつ、同じ現在をつくっているというその事実が一向に認識されず、またそれを認識するために必要な想像力も働かなくなっているということである。[1] そのように想像力をも封印して、この「戦後」を文字通りの戦後として疑わないようになっている、それゆえ自分は無関係といとも簡単に思えてしまう日本の「戦後」が、ここで問題になっている。

そう考えてみると、「従軍慰安婦」と名指されている日本軍戦時性奴隷制の被害者からの告発が、現在の日本の思想シーンに対して根深く重大な衝撃力をもつというのも、ひとつにはそれが、半世紀以上の長きにわたって日本の「戦後」を支えてきたこのような認識構図を根底から問い糺すものだからだと理解することができる。

一九九一年になって、被害者自らの口を通してようやく明るみに出されることになった戦争被害としての「従軍慰安婦」問題、ここには性暴力の問題、植民地支配の問題、民族差別の問題などさまざまな問題が折り重なって含まれているのだけれど、当面する文脈で押さえておかなければならないのは、それが戦時性暴力の被害であると共に戦後性暴力の被害でもあるという二重性である。すなわち、日本軍による戦時の性暴力であるこの問題は、被害者がずっと（半世紀以上にわたって！）沈黙を強いられるという構造の上で、戦後にも裁かれないまま、責任者は何事もなかったように生き延び、被害者への謝罪と補償は無視され、性暴力の社会的根は延命し、被害者の苦痛は癒されぬまま継続する、あるいはむしろ被害者の方が責められるという仕方でさらなる痛手を負う[2]という、まさに戦後の性暴力となって現に継続しているということである。

だが、そうだとすると、継続する苦痛を強いられている被害者自身にとっては、かの戦時とこの戦後とを区別することがいかなる意味をもつというのだろう。むしろ、被害者にとってそれは、継続する戦時、しかも単なる過去の痕跡としてではなく、現在に生きているものとしての戦時に他ならないはずではないか。彼女らにとって戦時は終わっていないのだ。それなのに、このときに他の者が「戦後」と言ってしまえるのは、この被害者が沈黙を強いられている限りで、すなわち、戦時が継続しているというその主張が封殺されている限りでのことに他なるまい。すなわちこの関係においては、「戦後」の出発を主張することがすでに被害者における苦痛の継続の否認を含んでおり、その意味において、この「戦後」を自明視して生きるものは、それだけですでにその否認に一枚加担していることになる。この点は直接の加害者であると否とにかかわりなく、この「戦後」においてはもう誰も第三者たりえないのである。そうであれば、「従軍慰安婦」問題の「出現」というのは、その出現自体がそのような「戦後」に根本的に対立するのであり、この「戦後」をかの戦時との連続へと引き戻して、あらためて問いに曝すものだと考えなければならない。

この問いの意味をもう少し理解するために、ちょっと想像してみよう。「従軍慰安婦」にされた被害者たちの存在は、いったいどんな場にとってもっとも異質な攪乱的要素になるだろうか。例えば、毎年八月一五日に、天皇を墓標に擬した柱の前に立たせて繰り返される死と再生の儀式。戦争の残虐を自分たちの苦労話にすり替え、そこからの「奇跡的な復興」を言祝ぎ、それを成し遂げた「勤勉」を自己賛美するという国民的記憶の祭典。現代日本にとってこの「終戦記念日」が、憲法記念日なんかよりはるかに重要な国民的行事であることは間違いないが、この場に元「慰安婦」たちが入り込むということを想像してみよう。戦争を本当に見つめ直すというのなら当然招かれていいはずの彼女たちの存在が、この国民的儀式にとってどれほど異質で破壊的であることか。彼女たちの存在は、「戦後」日本のゼロからの再出発という（再）建国神話に重大な亀裂を持ち込むのである。その出現によって不可避となる「戦後」への問いは、まさに、この（再）建国神話を脱神話化し、この「戦後」が抑圧し隠蔽してきた戦時からの連続を不可避に問題化してしまうはずなのである。

だから「従軍慰安婦」問題が突きつける責任の問題とは、単なる過去についての罪責感や「恥」に押しとどめてしまいうるものなのではない。またそれは、これまで充分に対応できなかったがゆえに未解決のまま残っている「戦後処理」の問題だというだけでもない。そうではなく、もっと広く、戦時から引き継いで現在に生きている社会のあり方と思想のあり方が問われているということなのである。それゆえここでは、過去の出来事について、事実を認定し責任者を処罰し被害者には謝罪と補償をもってするという、法的・政治的な対応（もちろん、それすら全くなされてこなかったわけだが）だけでは実は足りない。(3) むしろ同時に、現在について、この社会や思想における戦時との連続を問い、そこに問題があれば改変の道を探る、そのような応答が考えられなければならないのである。そうだとすれば、そこには、現在の社会と思想を生きつつ考えている者の、あるいはそれを対象にして考える学問的営みの、果たすべき責任もまた出てくるに違いない。

そのように考えだしてみると、九〇年代になった頃からまずは「社会」について、戦中から戦後への「連続」を問題化しようとするひとつの努力が続けられているということに、新たに関心が向けられてくるだろうと思う。それは、第二次大戦下の戦時社会を「総力戦体制」という観点から捉え、戦後社会の特質をそれとの連続という観点からあらためて考え直そうという学問的な試みのことである。これは、もちろん歴史・社会研究のレヴェルでの共同プロジェクトとして推進されてきた試みであって、「従軍慰安婦」問題が発した政治的・思想的な問いかけとはレベルもインパクトも異なっているわけだが、連続という観点から「戦後」という時代を見直すという当面する課題については、すでにいくつかの重要な成果をもたらしているとわたしは思う(4)。

総力戦体制論というのは、両大戦間期において主に「先進」諸社会に生じた大きな社会変容の同時代性、共通性を主張するものであり、またその社会変容が戦後の諸社会の特質まで強く規定してきていると考える認識枠組みのことである。すなわち、恐慌と争乱、戦争と革命が頻発するようになった二〇世紀初めの資本主義社会の危機状況に対する対応として、「先進」諸社会では国家体制の統合力が次第に強化されていき、とりわけ三〇年代以降には、戦争を準備する「国家総動員」体制の整備がこの社会変容の強力なてこになったという認識であって、この大枠においては、ドイツのナチ体制もアメリカのニューディールも、そして日本の軍国主義も時代状況を共有すると理解されている。しかも重要なことは、戦争に向かう国民共同体の運命的一体性という名の下に強力な国民統合が図られたこの総力戦体制は、行政システムや経済システムにおいても生活世界の構成においても、それまでの社会編成を根本的に変容させており、この社会変容が、制度的あるいは人的なつながりにおいてさえ、それぞれの戦後社会の編成を基本的に規定したのだということである。すなわち、ここで戦後社会は、三〇年代を大きな転機とするこの社会変容の連続という見通しの中に捉えられている。

この社会研究が刺激となって、いま戦後社会像の塗り替えが大きく進んできているのは明らかだろう。総力戦体制論と連動しながら検出されつつある戦時社会と戦後社会との連続の相は、具体的で生活の隅々にまでおよんでいる。例えば「国民健康保険制度」や「母子手帳」といった「国民」の生を管理する諸制度の戦時起源など、戦後を特徴づけているはずの「福祉国家（welfare state）」的諸要素が「戦争国家（warfare state）」の形成と共に成立したことは間違いないし、「管理された資本主義（managed capital-ism）」の基本的要素の戦時起源もはっきりしてきた。[5] こうした研究成果により、戦後社会はもう少なくとも戦時との連続という視点抜きには分析できなくなっているのであり、この歴史・社会研究の側面から見ると、「戦後」像はすでに大きく変貌を遂げようとしていると認められる。[6]

さて、そうだとすれば、このような「社会」についての研究の進展は、その進展ゆえにこそ、いまや「思想」というレベルでも、戦時と戦後との連続と断絶にかかわる問いをいよいよ不可避にしていると考えねばならない。なぜなら、そのように社会制度やシステムのレベルで戦時と戦後との連続が検証されてくると、そのような社会の連続にもかかわらず、いったいどうしてそのことが断絶の意識をもって理解されえたのか、が問題にならざるをえないはずだからである。いったいなぜ、社会のいくつかの重要側面における戦時－戦後の連続にもかかわらず、そこに「国全体の価値が一八〇度転換した戦後の日本」[7]という断絶の意識が生まれ、この「戦後のゼロからの再出発」という認識が取り立てて問題なく受容されてきたのか。いまやその答えを、「思想」のレベルにおいて見つけだしておかなければならないのである。

もっとも「思想」というレベルでは、戦時と戦後との間の「連続」を発見すればそれでいいわけではないし、あるいは「断絶」を確認すればそれで済んでしまうわけでもない。むしろ考えなければならないのは、そこにある連続と断絶との関係である。すなわち問題は、総力戦体制の下で形成された思想的要素を引き継ぎながら、しかも、そこに「戦後」という意識を形成するような思想のあり方、この思想の機制とは何なのかである。逆にいえば、「戦後」という意識の形成に強く関与した思想が、総力戦体制の下でいかに準備されて、そこでどのような役割を果たし、またそこからいかなる要素を引き受けながら戦後へと歩みを進めてきているのか、という点である。そのような点の検証を通じて、そうした思想によって規定されている「戦後」という時代が、そしてそこに生きていることの意味が、あらためて問い直されなければならないとわたしは思う。そこで本書では、この主題に取り組むことにしたい。

さて、このように主題が定まるなら、ここで主要に考察対象とすべき思想についてもおのずと特定されてくると考えられる。というのも、当の思想そのものが「戦後」という価値を顕示し、またそれが「戦後思想」であるということ自体によって特別な位置価を獲得し、そしてそのことにより影響力を保持しえた思想が、あるいは一群の思想家たちが、問違いなくいるからである。それはもちろん、丸山眞男や大塚久雄といった人々に代表されるいわゆる「戦後啓蒙」の思想に他ならない。

彼ら戦後啓蒙の思想家たちが、一九四五年の敗戦後の状況下に、戦時思想としての日本ファシズムに対する鋭い批判者として登場してきたということは言うまでもあるまい。その中心人物たる丸山眞男を最初に有名にした論文「超国家主義の論理と心理」(一九四六年『世界』五月号)は、つぎのような宣言によってて結ばれている。

日本軍国主義に終止符が打たれた八・一五の日はまた同時に、超国家主義の全体系の基盤たる国体がその絶対性を喪失し今や始めて自由なる主体となった日本国民にその運命を委ねた日でもあったのである。(8)〔3-36〕

戦後啓蒙の思想がまずはじめに日本国民を啓蒙しようとしたのは、「八・一五の日」に帰着させられるこの断絶＝転回についてである。そして、戦時日本を「超国家主義」と規定し、その遅れた日本の現実にそれとは異なった「近代の理念」を対置する、こうした明瞭な枠組みによって彼らの言説は、敗戦後の日本に過去を清算して新しく進むべき道を指し示すものと始めから理解された。「軍国主義」から「民主主義」へ、この思想家たちの登場は、「国全体の価値が一八〇度転換した」と人々に実感される戦後日本の思想的出発を、まさしく啓蒙的にリードするものであったのである。(9) この思想家たちのこうした出発と結びついて、戦中から戦後への思想的な断絶＝転回という、戦後思想の自己了解が生まれ根を下ろすようになっている。すなわちそこに、思想的な意味において「戦後」が始まったと認識されている。

しかも、このような戦後思想の自己了解は、決して当の戦後啓蒙の思想系譜に属する人々にだけ分かち持たれてきたわけではない。もちろん彼らは、多くの反発や攻撃や批判に曝されてきた。だが、彼らを「近代主義」とか「西欧中心主義」とか「進歩主義」とか言って批判する人々がまた、その言説そのものによって、断絶を介した出発という戦後思想のこの自己了解についてはそれを受け入れることになっているのである。西欧近代に追随する戦後民主主義の「虚妄」が指摘され、戦後の「大いなる錯誤」が説かれるとき、そこでは「戦後日本が見失ったもの」という形で「それ以前にあった本来的な日本」が意識され、そこからの断絶が喪失感をもって認められている。[10]

断絶を介した出発という、戦後啓蒙が持ち込んだこの「戦後」という認識構図が果たしてきた認識規定的な意味は明らかであろう。そこで考えなければならないのは、この「戦後」の思想が、まずは「戦時」に生成して作動を開始し、やがて敗戦とともにこんどは「戦後」の思想上の中心的な担い手になっていくという、この一連の事実の歴史的かつ思想的な意味である。いったいこの思想において、戦時‐戦後の思想的な連続と断絶は、どのような関係構造をもって結びついているのだろうか。

ところで、このように戦後啓蒙を主たる考察対象と定めて戦時と戦後との思想的な関係構造を考え直すということは、思想の内容から見れば、「戦後的な価値」と見なされる思想の中心軸に歴史的な見通しに立った反省の光を当て、まさにその中心を問い直すという作業になるはずであろう。そもそも「戦後啓蒙」がその思想内容において戦後の思想と認められ、あるいはそのように自認する所以とは何だったのか。それは、ここで引用した丸山眞男の一文において既に明瞭に示されている。すなわち、「自由なる主体」の形成という啓蒙の理念がそれである。誰しもが認めるだろうように、この理念の提示によって戦後啓蒙は、軍国主義のファッショ的支配から離脱する戦後日本の民主化に道を開くものとして、それゆえ戦後に生きる方向を求める人間にとっての指導的な思想として人々に了解され、実際にそのことにより戦後の思想空間に独自な位置を占めることになった。戦時の超国家主義に従属してきた諸個人がしっかり自立した「主体」として戦後に生まれ変わるということ、戦後啓蒙が主唱したこの課題を受け止めることによって、戦時から戦後への転換は、人々にとって「人間革命」とか「精神革命」とか言いうるような生き方そのもののの転換として理解されることになる。(11) 戦後啓蒙が問い直されねばならないというのは、この「主体」の思想が問われるということである。

自由で自立した行動原理を貫くことのできる独立の主体、これは確かに「戦後」の人々にとって眩しい希望の光であり、目標だった。仮に戦後啓蒙の流れに棹さす個々の思想あるいは思想家にいかに不満があろうとも、そのような主体たろうとする志向そのものは、確かに戦後民主主義という基盤の上でようやく生まれ、共に育まねばならないかけがえのない生き方の基本だと認めなければならない。そこには、無謀な戦争に駆り立てられ、また、なすすべもなくそれに巻き込まれた戦時の自分たちについての痛苦な反省があるのだし、またそうした戦争について責任を負うべき戦後の自分たちにとって不可欠な拠点もある。されればこそ、自由で自立した主体であろうとすることは、戦後に生きようとする者にあまねく要求される基本態度であり、この意味でそれは「戦後精神」の核心なのだ。おそらく、自立せる主体をめぐるこのような認識は、現在に至るまで戦後日本の共通了解として広く認められてきたと言えるだろう。と思ってみると、「戦後」なんて意識しなくなってしまった世代においてさえ、「主体的であること」をプラスの価値として評価する認識に大きな変化は見られない。戦後啓蒙を問い直すということは、この共通了解そのものに問いを差し向けるということである。「主体」を顕揚するこの「戦後」の思想は、戦時‐戦後のいかなる思想的な連続と断絶の関係構造のなかにあるのか。またそのことから、この「主体」の思想について、どのような意味が理解されねばならないのか。

あらかじめ注意しておかなければならないだろうが、ここで考えたいと思っているのは、コンテクストの中での思想の実際の作動である。言い換えると、思想がなにを言っているのかではなく、むしろ、思想が何をやってきているのかである。これは、戦時から「戦後」へという状況の推移の中で思想における連続と断絶の関係を見定めようという主題からすれば、不可避な視点であろうと思う。そうであれば、議論の方法においても、言っていることの断片を手前勝手な視点から切り取って「これは近代主義だ」とか「いやいや近代も批判している」とかあれこれ評論するありがちな論法は、ここでは一切役に立たないと考えなければならない。むしろ、ここは丹念にひとつひとつの思想の歩みに沿って、その変化や展開を状況のコンテクストと照らし合わせ、その作動の論拠をいちいち質し考えていくという、論証のプロセスが明確で誰にでも批判可能な考察方法をしっかり堅持する必要がある。このような考察は、一見迂遠にも見えようが、これまでさまざまな立場から都合よく切り取られ論じられてきた戦後啓蒙の思想をあらためてオリジナルな場に引き戻し、誰も否認しえない形でその作動の意味を解明するのに不可欠である。評価の分かれるこの問題については、そこまでやらなければもう説得力は生まれてこないと見定めたい。

もっとも、そこで重要なのは観点の移動である。実際に、戦時－戦後の思想的連続という新しい観点から光を当てて丹念に調べていくと、これまで隠れて見えなくなっていた事実や、特に秘匿されているわけではなくてもこれまでは問題と見なされて来なかった事実が、いくつもあることに驚かされるだろう。後段で触れることになるが、そもそも主著と見なされるべき作品にすら、テクスト上の問題がいくつもあるのだ。そんな基本的なことが、これまでは戦後啓蒙の信奉者たちにも見逃されてきている。(12) すると、そこにまで立ち入ることが、どのように思想像そのものを塗り替えるのだろうか。それは、これから始まる考察の結果を待たねばならない。取り上げるのは、まず大塚久雄であり、そしてつぎに丸山眞男である。まずは彼らの思想の歩みにしっかり内在する考察を通じて、戦時から戦後へと引き継がれている思想問題を析出し検証し、その上で、出てきた問題をさらに現在の思想的課題に照らしながらその意味を確認していく、そのような議論の展開を見通しつつさっそく考察を開始することにしよう。

第一章

最高度自発性の生産力

大塚久雄におけるヴェーバー研究の意味

本章では、戦後啓蒙を代表する思想家としてまずはじめに大塚久雄を取り上げ、彼の戦前から戦後への思想の歩みを辿りながら、その意味を考えてゆくことにしよう。[1]大塚は、一九〇七年に京都で生まれ、第三高等学校を経て、一九二七年に東京帝国大学経済学部に入学している。学部卒業後、大塚は、三〇年から西洋経済史を担当する本位田祥男の研究室で三年間の助手生活を送り、三四年には法政大学の講師、翌三五年にはその専任となって数年間ここで西洋経済史を教えた後、一九三九年に本位田の後任として東大経済学部に迎えられている。そしてその間に、三八年には大塚史学の原点とも言われる論文「農村の織元と都市の織元」を発表し、同年に『欧州経済史序説』を出版して、いよいよ本格的に独自な学問的境地を開くに至っている。要するに、戦後啓蒙を代表する大塚久雄は、一九三〇年代に自らの学問の基礎を築いているのである。この「戦前」と「戦後」とのつながりは、いったいどのような断絶と連続の構造を持っているのだろうか。

このことを考えるにあたって、わたしは、大塚久雄の仕事の内で特にマックス・ヴェーバー論に注目し、その所説を軸にしながら考察を進めてゆくことにしたい。一九三八年が大塚史学の原点であると言ったが、この年は実は、大塚のヴェーバーについての見解が大転換する年でもあった。すなわち、大塚史学の形成と並行して、それまでどちらかといえばブレンターノやゾンバルトの資本主義起源論に与していた大塚が、ヴェーバー派に転向しているのである。また他方で、大塚が戦後啓蒙を代表する思想家と見なされてきたのは、彼の西洋経済史学上の専門研究によるよりはむしろ、この「ヴェーバー」という名前につねに結びつけられて語られてきた「西洋近代」と「日本」に関わる数々の啓蒙的な言説によるところが大きいのは明らかだ。すなわち、大塚久雄の独自な学問的境地の出発とヴェーバーへの関心とが緊密に結びついているのはおそらく間違いないし、またその結びつきのポイントに戦後啓蒙として展開する大塚思想の特質も絡んでいると考えることができるのである。だから、戦前から戦後への思想的つながりを再考するという本書の関心からすれば、大塚のヴェーバー論を考察の軸に据えるというのは当然のことと大方に認められうると思う。

大塚久雄のヴェーバー論と言えば、近年では、それを「近代主義的なヴェーバー論」と見る評価が定着してきていると考えていいだろう。この評価は、もちろん、戦後啓蒙としての大塚久雄の思想的位置づけと緊密に結びついている。実はわたし自身が、大塚のヴェーバー論をそのようなものとして位置づけ、〈物象化（Versachlichung）〉という概念を手がかりにしながら、それを超えるヴェーバー像の提示を試みてきているから、近代主義者としての大塚とその近代主義的なヴェーバー論というこの理解に責任の一端を負わねばならないのは明らかである。(2) そして、そうした理論的位置づけについてのわたし自身の基本認識に変わりはないのだけれど、でも正確に言えば、これまでのところでは大塚のヴェーバー論はいまだ全体像において捉えられてはおらず、問題化されていないことが多く残っている、とわたしは思っている。

そして本書の関心がそうであるように、戦中から戦後に至る時期の大塚の思想態度を、その連続と断絶を詳細に見極めながら具体的に考えようとする際には、そのことがとてつもなく重要な意味をもつと考えられるのである。と言うのも、大塚＝ヴェーバーの三〇年代からの軌跡を少し詳細に観察してみると、かなり決定的なところでいくつかの重大な疑問点が現れてきて、それらが解明されない限り、そもそもそこにリアルなまとまりのある思想像を描き出すことすらできなくなるからである。実はそれらの疑問点は、今はその存在すら見失われている。だからここでは、その点を確認することから議論を始めることにしよう。(3)

第一節　見失われた三つの疑問

大塚のヴェーバー論に関わる疑問点はいくつもまだ埋もれているかもしれないが、思想上の基本スタンスに即して大塚＝ヴェーバーの三〇年代からの軌跡をあとづけるという関心に発つなら、少なくともつぎの三点がどうしても見逃せないと考えられる。

まず第一の疑問は、大塚＝ヴェーバーのそもそもの出発点に関わっている。三八年を境にして大塚がヴェーバー派に転向したということについてはすでに触れたが、問題にしなければならないのは、彼が何をきっかけに、いかなる理由からヴェーバー支持に回ったのか、という点である。なぜこんなに基本的なことが問題になるかと言えば、それについて大塚自身がいろいろと説明してもいるわけだが、実は、その「証言」と今日残された文献資料から確認できる「事実」とが、基本的な点でずれているからなのである。

そもそも、大塚がはじめてマックス・ヴェーバーという名を知ったのは、東大に入学した一九二七年に、父英太郎が黒正巖訳の『一般社会経済史要論（*Wirtschaftsgeschichte. Abriß der universalen Sozial-und Wirtschaftsgeschichte*）』を彼に買い与えた際のことであるらしい。(4) だが、その大塚がいよいよ本格的にヴェーバーの学問に触れるようになるのは、学問上の師である本位田祥男の講義を通してのことであった。そうした事情を大塚は、例えば「ヴェーバー社会学との出合い」（一九六四年）という一文で、つぎのように説明している。

本位田先生の講義にヴェーバーの名がしばしばでてきたのは、もちろんいわゆる資本主義精神起源論論争に関連してであった。先生はヴェーバーの見解とともに、それを批判する立場のブレンターノ、ゾムバルト、トーニーたちの見解も広く紹介しながら講義をすすめられたが、御自身の立場はむしろヴェーバーに対する批判者たちの見解に近く、なかでもブレンターノのそれに賛意を表されていたように思う……。そして、そうした見解はまた、マルクス主義の立場をとる人々を含めて当時の通説であったといってよいと思う。私もまた、きわめて自然に、その見解をうけいれていた。【9-210】(5)

見られるように大塚は、最初は先生である本位田の見解に沿ってヴェーバーを理解しており、その際に、当時すでに資本主義精神起源論論争に立ち入っていた本位田はブレンターノに拠ってヴェーバーを批判する立場に立っていて、それが「当時の通説」だった、と証言する。そしてこの証言が重要なのは、これを「事実」と見なすことによって大塚は、そのような通説にも拘わらず彼自身が独自にヴェーバーの著作を「原文で読みに読」むことを通じて、やがて独力で「本物のヴェーバー学説」に到達する、という物語を組み立ててゆくことになるからである【9-211f.】。[6] すなわち、この本位田の位置づけは、大塚＝ヴェーバーの独創性という主張にとって不可欠な背景説明なのである。だが、そこで言及されている本位田の主張を彼自身の論文に立ち戻って検討するならば、どうもそれとは異なった〈事実〉が現れてくる。

本位田は、大塚が学部の二年生になった一九二八年に、たしかに「資本主義精神」という論文を発表している。[7] そこで彼は、「資本主義精神の本質は営利の義務意識」であり「その基礎は新教殊にカルヰンの思想体系に求むべき」であるとするヴェーバーと、「資本主義精神の本質は営利の宗教及び道徳からの解放である」とする「経済史家」の反対論とを対決させる。そしてその結論として、本位田はつぎのような判定をしている。

凡そ資本主義精神の本質は営利の自己目的化、即ち其当為である。営利すべしと云ふ意識が其本質である。其当為の根拠が何れにあるかは問題ではない。今日に於ては、経済価値の客観化によつて、其体系の独立化によつて此当為が生まれ出る事が出来たが、経済が尚ほ宗教の配下にあつた時代に於ては、宗教に依つて其当為が生み出される事は極めて自然である。[8]

ここでは、この本位田の判定がヴェーバーの主張の核心を本当に正確に捉えているか否かについては、あえて判断を留保しておこう。その上で、本位田が彼自身の意図としてヴェーバーとブレンターノのどちらに与しているかだけを考えるならば、答えは明らかではなかろうか。宗教や道徳から営利が「解放」されることによってではなく、「宗教に依つて其当為が生み出される」ことによって資本主義精神が成立する、こう考える点で本位田は、ブレンターノではなくヴェーバーを支持しているのである。これはどうしたことだろうか。

問題としなければならないのは、単に、大塚の証言の作為性いかんではない。それだけなら、あれこれ詮索してもあまり実りは少ない。問題はもっと深刻なのだ。考え直さなければならないのは、その作為性の陰に隠されてしまった大塚＝ヴェーバーの出発点である。もし、大塚＝ヴェーバーの出発が大塚によるヴェーバーの純粋な「発見」によるのでないのなら、その出発の意味があらためて問われなければならないだろう。もっと正確に言えばこうなる。大塚は、本位田という自分の先生のこの所説にも拘わらず、三八年まではヴェーバーを支持しなかったのだ。とすれば、どうして大塚は、それまで（十年間も頑強に！）本位田＝ヴェーバーに抵抗し続けたのか。また、三八年の段階になって大塚の態度が急転換するのは、いったい何故なのか。この問いは、大塚＝ヴェーバーの出発の〈モチーフ〉を、根底から見直す作業に結びつかざるをえないだろう。

さて、大塚＝ヴェーバーの軌跡に絡みつく以上の第一の疑問が一九三〇年代の問題だとすれば、第二の疑問は、むしろ四〇年代に、すなわち戦時から戦後への転換の時期に重なっている。

四〇年代に書かれた大塚のヴェーバー論に、「マックス・ヴェーバーにおける資本主義の『精神』」という論文がある。この論文は、低く見積もっても、大塚が書いたものの中で最重要のひとつであることは間違いない一文である。大塚がヴェーバーに関連して書いている文章は、講演や談話などを含めると非常に多数を数えるのだが、そんな大塚でも、ヴェーバーを本格的に論じた学術論文ということになると、やはり数本に絞られてくる。その中でも、質量ともに抜群の大きさをもち、影響力という点から見ても最大のものということになれば、この「マックス・ヴェーバーにおける資本主義の『精神』」を挙げることに大方の異論は出ないと思う。これは、いわば大塚のヴェーバー研究の〈主著〉なのである。ここで考えたい第二の疑問は、この〈主著〉に関わっている。

この「マックス・ヴェーバーにおける資本主義の『精神』」という論文は、まずは、戦中の一九四三年から四四年の間に最初の原稿が執筆され、東大経済学部の『経済学論集』第一三巻の一二、第一四巻の四、第一五巻の一（一九四三〜四六年）に発表された未完の論文であった[9]。それが、戦後になって手直しされて、同じく『経済学論集』第三〇巻の三と四（一九六四〜六五年）に発表され、六五年には安藤英治らとの共著の論文集『マックス・ヴェーバー研究』に収録され、その後、六九年には『著作集　第八巻』にも収められることになった【8-3ff.】[10]。そして、ここで問題にしなければならないのは、戦後になってからの書き換えが驚くほど大きなものだ、という点である。

この「マックス・ヴェーバーにおける資本主義の『精神』」という論文の戦中の初出（以下では、「戦中『精神』」あるいは「戦中『精神』」論文と略記）と戦後の改訂版（以下では、「戦後『精神』」あるいは「戦後『精神』」論文と略記）との内容上の比較は後段に譲るとして、ここでは、外面的な対比だけ行なってみよう。「戦中『精神』」は、内容目次によれば、「第一、問題の所在」、「第二、資本主義の『精神』」、「第三、近代工業力と経済倫理」という三章から構成される論文で、全体に「近代社会における経済倫理と生産力序説」という副題がついていた。このうち発表されるに至ったのは、第二章までの部分である。すなわちこれは、「経済倫理と生産力」という基本的な問題関心（主題）を抱きながら、ヴェーバーにおける「資本主義の『精神』」論の意義を検討してゆくという論文であって、主題に関わる大塚の独自な展開はこれからというところで打ち切られてしまったものなのである。

これに対して「戦後『精神』」は、「第一　問題の所在」、「第二　資本主義の『精神』」、「第三　フランクリンの著作によるその検証」、「第四　生産倫理としての資本主義の『精神』」という四章立ての論文になっているが、これの第二、第三、第四章は、実は「戦中『精神』」の第二章が細分されて成立したものである。すなわち「戦後『精神』」は、第三章が欠落したままの「戦中『精神』」を、それだけで独立の論文に仕立てたもので、それに伴って「近代社会における経済倫理と生産力　序説」という副題が削られ、論述のなかでも「生産力」という用語自体が全て消去されているのである。そのことによってこの論文は、「戦中『精神』」とは主題の異なるものとなった。

このような外面的な対比によってだけでもおぼろげに分かってくる事実は、大塚＝ヴェーバーの軌跡を辿ろうという問題関心からすれば、やはり無視しえないものだろう。繰り返し言うが、これは大塚のヴェーバー研究の〈主著〉である。(11) その〈主著〉のもともとの主題が、現在は見えなくなっているということなのである。しかも、「戦中『精神』」論文と「戦後『精神』」論文との間の落差とは、文字通り、大塚その人の戦中と戦後との間の落差であるに違いなかろう。とすれば、この論文の戦後の改訂によって隠されてしまったのは、戦中の大塚その人なのであり、戦中から戦後への大塚＝ヴェーバーの変化あるいは連続そのものだということになる。これは、どうしても問い直しておかなければなるまい。

さて、大塚＝ヴェーバーの軌跡に絡みつく疑問の第三は、その終局点に現れる。

経済史家として当初より資本主義精神起源論という問題にかかわり続けた大塚にとって、『プロテスタンティズムの倫理と資本主義の精神』がヴェーバーの作品中で最も重要なテキストであり、研究の〈主対象〉であったことは間違いない。されぼこそ大塚は、年来の希望であったのか、もともとは梶山力が初訳し大塚が補って梶山・大塚訳として出されていた『プロ倫』を、学問人生の最後の仕事として大塚単独訳に改めて刊行し、遺して逝っている。そしてここには、大塚＝ヴェーバーのカラーがくっきりと反映し、その問題点まで宿題のように残ることになったのである。ヴェーバーといえば初学者は誰でも『プロ倫』の翻訳から読み始めるのがつねだから、これで日本でのヴェーバー理解は、もうしばらく大塚＝ヴェーバーの影を引きずって歩んでゆくことになるだろう。第三の疑問は、こうした『プロ倫』の翻訳に関わっている。

この翻訳の問題点は細かく数え上げればかなりの数に上るが、[12]ここでは、本章の問題関心にとってどうしても見逃すことのできない一点だけについて、考えておくことにしよう。それは、『プロ倫』の末尾で、ヴェーバーがまさにこの論文全体の結論を述べはじめた箇所に現れてくる。[13]

この箇所のことを考えるにあたっては、ドイツ語の基礎知識をおさらいしておくことが必要だ。ドイツ語を勉強するものは、たいてい文法を習い始めてから二ヶ月位して、定型的な留保の表現を教えられる。それは「zwarA, aberB」とか「gewißA, aberB」とかいうものだが、これは、前後呼応しつつ「たしかにAではあるが、しかしBだ」のように訳されて、Aという留保を置きつつBを主張するという類のものである。もちろん、ここで話者の主張の重点は、AではなくBにある。それがこの箇所に、「Gewiß：～Aber：～」という形で出てくるのである。そうは言っても実は「Gewiß：」と「Aber：」との距離がだいぶ離れていてちょっと読みとりにくいのではあるが、そのためヴェーバーはわざわざコロンをそれぞれの語に付して目立つようにしているので、読者もそれと分かるようになっている。[14]その箇所の訳を、梶山初訳、梶山・大塚訳、大塚新訳と並べて比べてみよう。

梶山初訳：

「勿論、この清教主義の生活理想は、清教徒自身が明白に知ってゐた富の『誘惑』の、あまりに大きい試練の重荷に対しては、無力なものであつた。(15)」

梶山・大塚訳：

「確かに、このピュウリタニズムの生活理想は、ピュウリタン自身がまったく熟知していた富の『誘惑』のあまりにも巨きい試練に対しては、無力なものであった。(16)」

大塚新訳：

「ピュウリタニズムの生活理想が、ピュウリタン自身も熟知していたように、富の『誘惑』のあまりにも強大な試練に対してまったく無力だったことは確実である。(17)」

こうやって並べてみると、大塚新訳が特別に際だっているのは明らかだろう。その後の訳文を見てゆくと、実は梶山初訳も梶山・大塚訳もこの箇所の留保表現の構造をしっかりつかんでいるとは言い難いのだが、それでも「勿論」とか「確かに」とか訳されていれば、勘のいい読者なら「しかし」が後続するのを予想するだろう。これに対して大塚新訳は、逆のことが「確実である」と強調されて、この誤解からの抜け道が塞がれている。

しかし、どうしてこうなってしまったのだろう。重要なのは、この箇所が、『プロ倫』全体の結論部に当たることだ。すなわち、ここでヴェーバーが「Gewiß : A. Aber : B.」と論じているのは、最終的にBという結論を押し出したいためだと見なければならない。それなのに、大塚新訳に従えば、Aの部分の方が『プロ倫』全体の結論になってしまうだろう。とすれば、大塚が最後の単独訳でことさらこの箇所に手を入れたことは、単純な誤訳とは片づけられない重大事であり、そこに現れている大塚のこだわりが大きな問題になってくる。すなわち大塚は、実はAの部分を『プロ倫』の結論と認めたいとずっと考えてきたのであり、その大塚の解釈と意向が、この最終的な改訳となって表現されたと考えられるのである。そうだとすれば、それは、ここにまで帰着した大塚＝ヴェーバーの軌跡全体の問題に跳ね返っていくだろう。少なくとも、この箇所の内容に立ち入った検討は、大塚＝ヴェーバーの軌跡全体を踏まえた形でなされなければなるまい。

かくて、大塚＝ヴェーバーの軌跡には、三つの大きな疑問が絡みついていることが明らかになってきた。それらは、大塚＝ヴェーバーの出発点と戦中から戦後への転換点と、そして終局点に、それぞれ重大なかかわりをもっている。しかもそれらは、大塚＝ヴェーバーの〈モチーフ〉と〈主著〉と〈主対象〉に関するものなのだ。だから、これらの疑問に統一的な解答を与えるのでなければ、もう大塚＝ヴェーバーを論ずることはできないということになるだろう。そこで以下では、これらの疑問に取り組むことを通じて、大塚における戦前と戦後を考えてゆくことにしよう。

第二節　神とマモン——自己中心的近代人への批判

一　大塚＝ヴェーバーの出発点

大塚久雄は、一九三八年の五月から九月まで四回にわたって、『新約之研究』という雑誌に「経済と宗教」と題する文章を連載している。これは慶應義塾大学ＹＭＣＡにおける講演を分載したもので一回分はそれぞれごく短くはあるが、大塚が初めてヴェーバーを肯定的に論じたものとして特別な意味をもってい る。それまでの大塚には、文献として残されているものとしては、三三年と三五年にヴェーバーを批判する書物・論文の紹介的書評が合わせて三本あって、そこでは「ヴェーバー的見解は、もはや以前のような支持を期待しえない」とまで書いているから【8-512】、少なくともこの後に大塚の見解に大転換があったことは明らかである。ところが前節で見たように、大塚の先生である本位田は、二八年の段階ですでにヴェーバーを支持していたのであった。ここからまず問題になるのは、そうした本位田の見解にも拘わらず、大塚が、なぜそれほど長きにわたって本位田＝ヴェーバーに反対し続けたのか、そして、何をきっかけに自らの見解を変えたのか、という点である。これを問うていくならば、そこに大塚の三〇年代の思想のドラマが見えてくるに違いない。

さて、もちろん、大塚が長い抵抗の末に結局ヴェーバーに説得されたからといって、そのヴェーバーが本位田の理解していたヴェーバーと同一であるとは限らない。むしろ大塚からするならば、本位田の見ていなかったところに新しい発見があったからこそ、ヴェーバーに対する考え方を改めたということなのかもしれない。そうだとすれば、その新しい発見は、最初のヴェーバー支持論文には必ず盛られるであろう。

そうでなくとも、少なくともこの論文には、大塚が見解を変えた理由が表れているはずである。そこで論文「経済と宗教」を、本位田の論文「資本主義精神」と比較しつつ検討することにしよう。

大塚は、この論文「経済と宗教」で、ヴェーバーの所説に絡みつくひとつの「奇妙さ」の指摘から議論を始めている【8-359】。すなわちそれは、利潤の追求を自己目的とする「資本主義の精神」の発生にプロテスタンティズムの倫理が貢献したという主張が、「神とマモンとに兼ね仕うることはできない」というキリスト教の教理と相容れないように見える、という点である。この論文が『新約之研究』に掲載されていることに注意しよう。読者はプロテスタントなのだ。そしてプロテスタントの自己認識からすれば、プロテスタンティズムこそが最も断固として貪欲（富＝マモンの追求）と戦ってきたのである。だからヴェーバーのテーゼは、誰よりもプロテスタントにとって受け入れ難いものとなっている。

そこで大塚は、説明を始めるに当たってまず二つの区別を強調する。第一の区別は、プロテスタンティズムと資本主義の精神との区別である。すなわち、前者は「神中心」に献身する倫理であり、後者は「富中心」に利益を求める精神なのであって、両者は「本質において別物」だと言うのである。「ヴェーバーはプロテスタントの倫理そのものが何らかの仕方で資本主義の精神に化したなどといっているのではない」【8-362】、大塚は、プロテスタントの読者を意識しながらこう強調している。

また第二の区別とは、賤民資本主義と近代資本主義との区別である。すなわち、「金もうけ」を追求しながらそれをどこか反倫理的で卑賤なことと考えていた前者に対し、貨幣の追求をむしろ義務と考えて生活の合理化に努める後者という区別である。この区別について大塚は、前者の「伝統主義」を後者の「合理主義」に対比させて説明している。すなわち前者では、卑賤な「金もうけ」は「身分相応の生活に必要な財」の獲得であるかぎりで認める他はないから、上層の封建貴族には「奢侈」を下層の庶民たちには「怠惰」を身分相応なものとして、身分秩序の維持に貢献してしまうというのである【8-365】。それゆえ前者から後者への転換は、古い経済的「伝統主義」と全面的に対立する画期的な精神的転換であり、決定的な「倫理の転換」である、と大塚は強調している。

要するにここで大塚は、読者たるプロテスタントたちに、近代資本主義の精神を評価する二つの軸を提供しているのである。第一の評価軸は「神中心vs富中心」であり、第二の評価軸は「合理的vs伝統主義的」である。すなわち、「神中心」にだけ見ればはっきりネガティヴなのだが「伝統主義」との対立という点ではポジティヴに見られる資本主義の精神について、その歴史的な意義を見誤ってはならないということ、これがプロテスタントに宛てたここでの大塚のメッセージとなっている。

このようなメッセージをさらに深く確証するものとして、大塚は、プロテスタンティズムの倫理が、資本主義の精神の誕生を「見守り」これと「相互に連関」しながら、いかにして伝統主義からの「経済倫理の転換」を推進してきたのかについて、ヴェーバーの所論に沿いながら説明している。その説明の道具立てとして持ち出されるのが、プロテスタンティズムの「職業（召命）」観念の特別な働きである。すなわち、プロテスタンティズムの倫理は世俗の職業への専心を神の使命と受けとめるから、この職業倫理を担った中産階級は、貪欲を嫌悪し奢侈や怠惰と厳しく戦って、自己の職業労働の営みをできる限り合理化・組織化し、それに全力をつくそうと努める。この力によって伝統主義は破砕され、そこに「うるわしく健全な、『信仰と人格的発展にとくに合致した』経済倫理」が成立して【8-373】[18]、「倫理の転換」は決定的となったというわけである。

ところが、ここにも貪欲が忍び込む隙間があった。合理的な職業労働の結果としてえられた富は、ひとたび味わわれると逃れえない誘惑となり、この「利得」の誘惑に負けた結果、資本主義の精神が自立を始めてしまう。

貪欲の蝕《むしば》みがいよいよ露《あら》わとなるにいたって、ついに「資本主義の精神」はその宗教的外衣をぬぎ捨てる。どのようにしてか。「職業」倫理から信仰の根が脱け去り、神が見失われ、それに代って富が入り込んでくる。いまや「職業」倫理は、神の栄光を増すためでなくて、できるかぎり多くの貨幣を追求するためにあらゆる営みを合理化し、それに全力をつくすという倫理に落ちてゆく。【8-374】

要するに、もっぱら営利だけを追求する資本主義の精神は、プロテスタンティズムの職業倫理の「鬼子」であり堕落だ、という主張である。

これは確かに、今ではよく知られているいかにも大塚＝ヴェーバーらしい主張だと言えよう。このような大塚の主張が『プロ倫』のヴェーバー自身の議論を本当に正確に捉えているのか否かについては、後段で改めて検討することにしたい。だがともあれ、ヴェーバーを肯定的に論じたこの最初の論文においてすでに、大塚が、彼に独自な『プロ倫』解釈の基本枠組みを確立していることは、確認されてよい。そして、確かにそれは、本位田＝ヴェーバーとは異なったヴェーバーであると理解することもできる。本位田は、つぎのように言っていたのである。

彼等（カルヴィニスト——引用者）は其出発点に於て、世俗的であつた。そこに宗教に於て全く新しい、俗世に於ける禁欲生活が始まつたのだ。俗世に於て禁欲的なる為めには、神によつて義務とされた職業にわき目もふらず奮闘しなければならぬ。此事は職業に対する合理主義の要求と相待つて特殊なる生活形式を作り上げた。職業に最も合理的に励む故に、利潤は多い、而も其私用が禁止された為めに、営利を自己目的とし、義務とする資本主義精神が作り上げられたのだ。[19]

この本位田の言明は、大塚がそう言うような「解放説」のブレンターノではなく、「禁欲説」のヴェーバーを土台にしている。それゆえ大塚の議論とむしろよく似通っている。だが、大塚の観点からすれば、ここには決定的な違いがあると言うべきなのだろう。なにしろここでは、プロテスタンティズムの倫理が直接に資本主義の精神を「作り上げ」るということになっている。そしてそれを認めるなら、カルヴィニストは「神とマモンとに兼ね仕うる」ことになってしまうではないか。少なくとも、プロテスタンティズムの倫理と資本主義の精神の区別が曖昧だ。大塚の視点から見るかぎり、こうした疑問こそ、本位田＝ヴェーバーに諸手を挙げて賛同できない理由であったのは間違いあるまい。

しかしそれにしても、後から第三者が見るといかにも微妙に思えることに、大塚はどうして十年もこだわらなければならなかったのか。そこには、三〇年代という時代に生きる大塚の、ぎりぎりの思想のドラマがあったと見なければならない。

二　近代人批判というモチーフ

大塚久雄が、東大経済学部に入学した一九二七年の六月から内村鑑三の聖書講義に出席しはじめ、このときの経験が彼の生涯に「消えがたい深い痕跡を残し」【10-162】たということについては、繰り返し語られる彼自身の言明などから明らかに確認することが出来る。ここに、その当時の内村の思想について、一つの証言が残されている。

> われらの裡に巣喰う「近代人」の標徴は何であるか。「自己」である。往々にして神の名にさえ隠れての「自己」である。「他者」と「絶対者」のためでなくして、利己的な「個人」が中心である。神をも「自己」から求めるのである。そうしてそれを「知識」によって企てるのである。……恩師の忌み嫌われたものにして「近代人」のごときはない。それは自己中心の生活であり、主観主義の精神である。「惜しみなく与える」のでなくして、「惜しみなく奪い取る」の態度である。しかるに、恩師は一日本人として、人類の一成員として、最後の時に至るまで、その愛する祖国と同胞の将来と、宇宙と人類の完成を呼びかけて、その生命を注ぎつくしたのである。[20]

これは、一九三〇年の内村の死の一年後に出された追憶文集における南原繁の言葉であるが、ここには、近代人批判として自覚されていた三〇年前後の内村を中心とした無教会派キリスト教徒の思想のありさまが、この上なく明瞭に示されている。今日では「近代主義者」などと評される大塚が、このような無教会派キリスト教徒たちの思想的雰囲気の中で思想形成しているということは、しっかり踏まえられる必要があるだろう。大塚その人にとっては、これが思想的な原点なのである。

　このような無教会派キリスト教徒たちを生み出す思想状況が、言い換えると、「自己」のために「惜しみなく奪い取る」ところの近代人を最も忌み嫌う思想が生まれ出てくる思想状況が、二〇年代から三〇年代に向かって進展してゆく日本社会の変容を背景に形成されていたことは間違いない。すなわち、急激に進展する産業化と都市化という社会変容の中で、大量生産と大量消費という産業と生活の構造が現出し、それに伴って生活様式の規格化・画一化が進行して、その中からいわゆる「大衆社会」状況が噴出してくるという時代の推移が、この同時代人たちに思想の「危機」として受けとめられているのである。内村鑑三が一九二三年の関東大震災を渋沢栄一の言に倣いつつ「天譴」と評したことはよく知られているが[21]、「自由」と「モダン生活」が追い求められた二〇年代の大衆文化の「爛熟」や「頽廃」を憂うる彼らクリスチャンが、二七年の金融恐慌から世界恐慌へと続く不況の中で一転して現出した深刻な社会状況を、痛切な罪責意識をもって理解しただろうことは想像に難くない[22]。近代化の挫折がではなく、二〇年代における近代化の達成が、現出せる悲惨の根本にあるという認識である。三〇年を前後したこの時期のクリスチャン、とりわけ無教会派のキリスト教徒が、近代人の自覚的な批判者になっていることは驚くに当たらないのであって[23]、この点では彼らの思想もまた三〇年代の思想状況のただ中にあると言わねばならない。

　しかも彼ら無教会派キリスト教徒の近代批判は、ゼクテ（信団）的な共同体を基盤とする強固な信仰と[24]、それがもたらすエリートとしての自負や心情の「純粋さ」とによってとりわけ堅固なものになっている。されば、この信仰者を、惜しみなく奪い取る近代人と混同するなどというのは、全く許し難いことと感ぜられたであろう。この思想的雰囲気の中で、青年大塚にとっても、自己中心的な近代人の生活態度とクリスチャンのそれとを峻別することは、自らの信仰の存在理由にさえなっていただろうと考えられる。

このような近代人と信仰の立場との緊張は、大塚にあっては、もうひとつ別の事情によっていっそう強められていると見なければならない。それは、当時マルクス主義の圧倒的な影響下にあった社会科学との関わりである。

大塚は、いくつかの回想の中で、信仰と社会科学との間に立った当時の自分が抱えた深刻な葛藤を繰り返し語っている【13-266ff.】。なるほど、この一九三〇年を前後する時期に、クリスチャンがマルクス主義の優勢な東大経済学部に学生として在籍するというのは、それだけでもなかなか困難なことであったと見なければならない。そもそもマルクス主義に導かれた社会科学を学ぶということは、その唯物論的な世界像に対する理論上の立場が問われるばかりでなく、それに伴う政治的・倫理的な態度決定がまた不断に迫られることにならざるをえない。このマルクス主義が、当時の大学の中では、学問的にも政治的にも、そして倫理的にも主流の近代資本主義批判となっていたのである。すると、自己中心的近代人を生み出した資本主義近代に批判的な意識をもって社会科学を志すというのは、クリスチャンにとって、とりわけ身の引き裂かれる思いのする選択であったに違いない。大塚にとってマルクス主義は、理論上の問題として以前に、まずは、このような政治的・倫理的・宗教的な立場選択の問題として立ち現れている。

こうした問題に直面していた大塚が、信仰の道を捨てずに、しかもマルクスをも避けないで社会科学の道を歩んでゆく決心を固めえたのは、学部卒業後の進路選択にあたって、本位田に助手として大学に残るよう勧められてからのことであった。そしてその決心を直接に支えたのは、大塚自身が証言するように、「（神とマルクスという――引用者）二つの真理はいまは対立しているように見えても、神が真理であり給うならば、必ず一つになるべきものだ」と教えた内村鑑三の助言の力であったと考えることができる【13-273】。マルクスを通して資本主義近代への批判を学ぶことが信仰の道と両立しうる、この教えがもたらされたのは、一九二九年の夏、内村が亡くなるわずか半年前のことであった。

だが、わたしとしてはもうひとりそれに加えて、三木清という人物の存在が、こうした問題状況の中にあった大塚に、大きな力を与えたのではないかと思っている。大塚と三木との関係はこれまであまり論じられていないが、三木が旧制三高で一年間だけ哲学概論の講義を担当したのを大塚が聴講して以来、三木は大塚にとってかなり重要な思想上の指針になり続けている。大塚は、とくに大学二、三年のこの時期から「数年間というものは、彼（三木――引用者）の著書や論文を片っぱしから読む時期がつづいた」と証言しているが【10-314】、ちょうどこの時期に三木が論じている中心問題の一つがマルクス主義と宗教についてだったのである。三〇年代の三木は、資本主義近代への批判の志は持続しながら、宗教論の批判をてこにマルクス主義からは一定の距離をとるようになってゆくが、そのような三木の歩みは、キリスト教徒としてこの近代への批判を志す大塚にとってとても重要な導きとなったに違いない。三〇年代の思想という関心で見るとき、思想家＝三木の歩みは、マルクス主義からの「転向」の行方にも絡みながら、もっとも大きな問題を孕む一例と見なされようが、それに注目し導かれながら歩んでいる大塚もまた、まさに同時代の思想状況の真っ直中にいるのである。

この三木が、三〇年二月に発表した「如何に宗教を批判するか」という文章の中で、こんなことを述べている。

宗教が今日堕落してゐるとするならば、それは、ある人々の考へる如く、単に宗教そのものの罪ではなく、却つて宗教がそのうちにある社会によつてさうさせられてゐるのである。今日の社会の変革なくして今日の宗教の変革もあり得ない。否、ブルジョア社会ほど非宗教的な社会は嘗てなかつた。この社会に於て宗教は最も非宗教的たらざるを得ない。それだから宗教に対して真に関心を有する者はブルジョア社会に敵対せざるを得ないのである。(25)

見られるように、ここでは、ブルジョア社会の徹底した非宗教性と、真の宗教者のこの社会に対する敵対が語られている。言い換えるとこれは、信仰を堅持することが、自己中心的な近代人を生み出したブルジョア社会と真に対決する道でもある、と読める。この時期の三木のものを「片っぱしから読」んでいた大塚の目には必ず触れたはずの一文であるが、このメッセージが、ようやく本格的に社会科学の道を歩もうと決意していた彼を大いに鼓舞したということは十分に考えられよう。

ともあれ、この時の大塚のぎりぎりの選択として、信仰の道を捨てずに、しかもマルクスをも避けないで社会科学の道を歩んでゆくためには、「神中心」の真のクリスチャンであることが非宗教的で自己中心的な近代人と真に対立するという前提がなければならない。このようにして、プロテスタンティズムの倫理と資本主義の精神を峻別するという理論上のテーゼは、大塚の学問の根底を支えるモチーフに結びついていく。そうであれば、大塚が本位田流に解釈されたヴェーバーに簡単には賛成できないというのも、なるほどそれなりに理解できるものとなってこよう。

さてそれなら、三八年の段階になって大塚は、なぜ急に、それまでこんなにもこだわってきた見解をあらためて、ヴェーバーを支持するようになったのであろうか。もちろん、前段で見たように、大塚の理解するヴェーバーは本位田＝ヴェーバーとは異なっていると言うことができる。だからこの問題は、単純に、大塚のヴェーバー理解がこの段階で進んだのだ、ヴェーバーの中にそれまで見えてなかったものを発見したまでだ、と言って済ませればいいようにも思える。なるほど三八年には、梶山力の手によって『プロ倫』の初めての日本語訳も出版されている。そして大塚も、それの翻訳を応援していたらしい。とすれば、そのプロセスで大塚の理解が飛躍的に進んだと考えることも、決して無理な話ではない。

だが、いわゆる「科学的発見の論理」や「認識関心」論をあらためて論じたてるまでもなく、「新しい学問的発見」は、「素材」や「史料」そのものによってよりは、むしろ「新しい認識関心」の生成によって導かれるというのが、今や学問研究の常識になってきているはずだ。そう思って考えると、ヴェーバーについての大塚の見解が転換した三八年には、いわゆる大塚史学の出発点と目される「農村の織元と都市の織元」という論文が書かれているし、最初の著書『株式会社発生史論』と『欧州経済史序説』が出版されたのもこの年だ。いろいろなことがこの前後にあまりに集中している。これに対して、『プロ倫』というテキストは何の隠し立てもなく読まれ続けてきているのだし、しかも、それをめぐって結構厳しい論争が長年続いてきているのではないか。とすれば、この時点で「じっくり読み返した」と言われても、そのことだけによって『プロ倫』についての見解が他の問題とは無関係に百八十度変化したというのは、にわかには信じがたいし、それを丸飲みしないというのが常道というものであろう。

そこで、節を改めて、その点をさらに追求してゆくことにしよう。注目しなければならないのは、ヴェーバーについて見解を変えることが、大塚の学問全体の変化とどのように関わっていたのかという点である。

第三節　戦時動員と生産倫理

一　「世界商業戦における覇権」という問題関心

大塚＝ヴェーバーの軌跡を辿ることを主軸にしている本稿では、西洋経済史をめぐる大塚の専門的な諸著作について深く立ち入った検討を加えることはできない。とはいえ、大塚＝ヴェーバーが始動した三八年という時点を考えてみると、そこが大塚の経済史学上の仕事にとっても大きな画期であったことは明らかだ。とすれば、この経済史学上の転換と大塚＝ヴェーバーの出発とは、どこかでつながっていると考えるのが自然だろう。そこで、それが分かる程度には、経済史学上の大塚にも触れておく必要が出てくる。

本稿の考察にとってとりわけ興味を惹かれる問題は、三八年に出版されている二つの著書（『株式会社発生史論』と『欧州経済史序説』）の間にある問題関心の落差である。最初の著書『株式会社発生史論』は、大塚が助手の時代（三〇年〜三二年）に指導教授の本位田からテーマを与えられ、三三年から三七年にかけていくつかの雑誌に発表してきた研究論文を一書にまとめたもので、その意味でこれは、大塚の三〇年代前半の研究活動の集約だと言ってよい【1-523ff.】。これに対して次著『欧州経済史序説』は、大塚が三五年に法政大学の助教授となってから、担当した経済史と商業史の講義のために用意した講義ノートを書物にまとめたもので、これは三〇年代の後半になってから大塚の中に成熟してきた問題関心を反映していると見ることができる【2-541ff.】。いわゆる「大塚史学」は、論文「農村の織元と都市の織元」の成果を組み込みつつ、この著書から成長してゆくのである。そして、前節で見てきた大塚＝ヴェーバーの出発もまた、時期的にも内容的にも、三〇年代前半から後半へと移りゆくこの問題関心の変化に深く結びついていると考えられる。

そこでまず最初の『株式会社発生史論』だが、これの秘められた問題関心については、大塚自身がつぎのように述べている。


資本主義経済の高度な段階を特徴づけるとともに、資本主義の限界内でその私的性格をしだいに揚棄しつつ、次の時代の物質的諸条件を準備していくという、そうした株式会社なるものを経済学的に徹底的に究明してみたい。だが、そのためには、まず歴史に遡ってその発生の過程を明らかにしてみる必要がある。当時この研究テーマを択んだのはこうした漠然たる気持からであった。【1‐523】

この証言は、前節で見てきた、自己中心的な近代人への批判という大塚の原モチーフとはっきり照応している。ここで大塚は、株式会社を取りあげることで、自己中心的な近代人（私人）を「揚棄」する可能性をそれ自体の内に秘めた研究対象を得ているのである。所有と経営の分離を前提とする株式会社は、私人の営利欲からその経営を離脱させる可能性を秘めているというわけだ。これは、たしかに三〇年代前半の大塚らしいテーマ設定だろう。すなわち、このテーマによって大塚は、自らの内に抱え込んだ葛藤を克服し、経済史の専門研究者として生きて行ける見通しをようやくつかんでいると見てよい。

それにもかかわらず、大塚は、当初の予定であり、また部分的にはすでに着手していた「現代の株式会社に関する研究」を途中で断念してしまう【1-524】。そして、それに替わって前面に出てくるのが「欧州経済史」という問題領域なのである。すると、そこで彼の問題関心はどのような展開を遂げているのだろうか。

二番目の著書『欧州経済史序説』は、「小著」と言えようが、さらにそれが前編（「近世欧州経済史における毛織物工業の地位」）と後編（「毛織物工業を支柱とせるイギリス初期資本主義の展開」）とにはっきり区分されている。その前編の末尾、すなわち前編と後編とのつなぎ目のところに、この書物の問題関心が明瞭に語られている箇所がある。この箇所が当面する関心に直接に答えているので、多少長くなるが引用して検討しよう。

大塚はまずここで、前編の考察の「帰結」をつぎのようにまとめる。

> 以上においてわれわれは、商業革命以降毛織物マニュファクチャーの盛衰を枢軸として、ヨーロッパの諸国、特にスペイン、オランダおよびイギリスの経済的興亡の跡を概観した。そしてこれによってわれわれのえた結論は、要約すれば次のごとくであった、近世ヨーロッパ経済史上、スペイン、オランダ、イギリスなどの国々はその毛織物マニュファクチャーが隆盛に赴くとともに勃興し、世界商業戦において全面的に覇を制し（傍点は引用者）、またこの毛織物マニュファクチャーの繁栄がつづくかぎりその経済的覇権を維持し、そしてマニュファクチャーの繁栄が終りを告げるに至るならば、これとともに衰退を余儀なくされたということ、これである。【2-417】

その上で大塚は、「後編」の課題として、つぎのように「問題」を提出している。

　しかしながら、この帰結はまた直ちに、いま一つの問題へわれわれの目を転ぜしめる。いわく、何故にこの毛織物マニュファクチャーが、ある国では栄え、またある国では衰えていったか、その原因如何、がこれである。【2-418】

　前編と後編とをこのように橋渡しする大塚の論述スタイルは、いかにも明快で、読者の興味を強力に引き寄せる力をもつだろう。そして、この著書の性格を端的に知りたい者には、これが、『欧州経済史序説』という一般的・通史的な書名の印象からは外れて、むしろ一定の強烈な問題関心に貫かれていることを分からせてくれる。すなわち、本書で問われているのは、ただ二つのことに他ならない。

問Ｉ　世界商業戦において覇権を左右したのは、いかなる要因だったのか？

問II　その要因たる毛織物マニュファクチャーの繁栄と衰退を左右する原因は何か？

『欧州経済史序説』と一般的に題されながら、実は、この二つの問いをもって、スペインとオランダとイギリスを比較し（前編）、世界商業戦で最後に覇権を握ったイギリスの国力にさらに立ち入った分析を加える（後編）、これが本書の中身の全てである。そしてこれが、大塚史学の出発点の形なのであった。

　蘆溝橋事件から一年が過ぎて、日中戦争がいよいよ本格化してきている一九三八年という年を考えるならば、この大塚史学の出発点の問題構成はいかにも生々しいというべきだろう。[26]「世界商業戦」がただちに軍事としての戦争を意味するわけではないとしても、世界の覇権への関心から大塚史学は始まっているのである。そして、念を押すまでもないだろうが、ここに現れているのは、『株式会社発生史論』とは異なり、大塚の三〇年代後半においてようやく前面に出てきた問題関心である。明らかに大塚は、これによって時代状況に投企している。

もっとも、時代状況に投企するといっても、積極的に加担するという仕方もあれば、やむを得ず追随するという仕方もあり、また逆に、決然と抗戦するという仕方もあれば、偶然に反対の立場に立たされ抵抗を余儀なくされるということもあるだろう。だから問題は、大塚がその時代状況にどのようなスタンスで臨んでいるのか、またそれは、当人の本来のモチーフとどこまで内在的な関係があるのか、という点である。そしてそれを考えるためにも、このような大塚史学の出発と大塚＝ヴェーバーとの関係が、そしてまた、自己中心的近代人に批判的であった大塚の原モチーフとの関係が、いよいよしっかりと問われねばならなくなってくる。その問題を解くために、大塚の同時期をさらに少し視野を広げて見直しながら考えてゆこう。

二 「国民的生産力」という概念の構図

大塚は、四一年の夏に負った足の怪我がもとで、戦時期の多くの時間を病床で過ごさねばならなくなっている。にもかかわらず、というより、そうであればこそよりいっそう執念を燃やして、この時期の大塚は、小著『欧州経済史序説』をより十全な形の作品に完成させようと学問に力を注いでいる。そうして出来上がったのが、経済史学上の戦中の主著『近代欧州経済史序説・上巻』（一九四四年）である。それゆえ、この著作を完成に導いた力は、文字通り病身を押して努力する大塚自身の内発的な意志だと見なさなければならない。その努力によって、前著で成長し始めた大塚史学の独自な構成は、ここにより明瞭な形で示されることになった。この著作の初版の序に、大塚の問題関心の展開がはっきりした自覚をもって解説されている。

ここでも大塚は、まず、西欧の近代経済社会の世界史的意義が「その勢力圏の極めて執拗な世界的規模への拡延と膨張」であったとしつつ、それを現実化した「国際商業戦とその覇権の帰趨」に自らの関心の焦点が定められていることを確認する。その上で、それに対する自らの見解を、要約的につぎのようにまとめている。

私見に従えば、イギリスのオランダに対する、さらにその他の西欧諸国に対する「商業」的優越を決定し、したがってその経済的勢力圏の世界的拡延を基礎づけた現実的な要因は、むしろ、イギリスの「国民的生産力」の急激な展開に求むべきである。もっと一般的な形でいえば、著しく「営利」的な性格を帯びる近代西欧の経済的勢力圏も、ただそれが「営利」的性格を帯びるが故ではなく、むしろそれぞれの本国における「生産力」の近代的拡充という事実の基礎づけを待って、はじめて、あのレビヤタンのような現実的勢力となり、世界的膨張という世界史的事態を実現することが可能になったとすべきであろう。【2–13】

明らかなように、イギリスの世界的膨張の要因としてここで前面に出てきているのは、「国民的生産力」という概念である。そして、この「国民的生産力」という概念が「営利」概念に対比させられて提出されていることに、わたしとしては注目したいと思う。

いわゆる大塚史学の特徴が、近代資本主義の社会的系譜を、特権商人や高利貸資本など前期的資本の発達に求めるのではなく、農村工業・農村マニュファクチャーを基盤としたいわゆる中産的生産者層の自主的な発達に求めるというところにあることは、この場では縷説する必要はないだろう。ここで「国民的生産力」と言われるときにも、イギリスにおいて毛織物工業が「農村工業」の姿をとって成長を遂げ「国民的産業」としての意義をもつようになったという事態が、大塚の念頭におかれているのは間違いない[27]。この農村工業を基盤とした中産的生産者層が、近代資本主義の精神の担い手として成長して国民的生産力を生みだし、その力がイギリスの経済的勢力圏の世界的拡延を基礎づけた、というのが大塚の主張の基本的筋道である。

すると、この「国民的生産力」という概念が「営利」に対比されて提出されているのはどうしてだろうか。引用に明らかなようにここでの大塚の主張とは、イギリスの経済的勢力圏の世界的拡延に関心を寄せるのならば、その覇権を支えているイギリス資本主義の力は、「営利」という観点からではなく、「国民的生産力」という観点から評価しなければならないということである。すなわちポイントは、近代資本主義を評価する「営利」という軸に替わる、「国民的生産力」という新しい評価軸の提起なのである。そう理解してみると、この大塚史学の問題設定の枠組みが、前段で見てきた大塚＝ヴェーバーの出発の仕方としっかり重なっているということが少し見えてくるだろう。すなわち、この「営利」と「国民的生産力」という二つの評価軸が、前段で見た論文「経済と宗教」で提起されている二つの評価軸とぴったり重なっているということである。

論文「経済と宗教」において提起されていたのは、「神中心vs富中心」という軸と「合理的vs伝統主義的」という軸の二つであった。この二つの軸は、倫理と生活態度という観点から設定されている二つの評価軸である。これに対して「営利」と「国民的生産力」という軸、もう少し詳しく言い換えると、「営利的vs非営利的」という軸と「国民的生産力にプラス（発展）vs国民的生産力にマイナス（停滞）」という軸は、経済活動の性格という観点から設定されている二つの評価軸だ。確かに両者は観点は異なっている。とはいえ、この両者は、それが対象とする行為の内容そのものから見ると、全くパラレルに捉えられるではないか。すなわち、「神中心vs富中心」とは、経済活動の志向の点では「非営利的vs営利的」という対比として捉えられ、「合理的vs伝統主義的」というのは、それが生み出す経済活動の力という点では「国民的生産力にプラス（発展）vs国民的生産力にマイナス（停滞）」という対比として理解し直すことが可能である。すなわちこの両者は、同じ平面の上に重ねて理解できるのである。それを図式化すれば、**次々頁図**のようになる。

こう考えてみると、大塚史学の戦中の土著に示された問題関心の構図と、大塚＝ヴェーバーの出発点の形との重なりが明瞭に理解できるだろう。そして両者をこのように重ねて理解すると、ここから、大塚＝ヴェーバーの出発によっていったい何が始まっているのかという点についても、その重大な思想的意味が明らかになるとわたしは思う。

まず確認しなければならないのは、大塚＝ヴェーバーが、日中戦争がいよいよ本格的になってゆく三〇年代後半の状況の中で、世界商業戦における覇権の帰趨という問題関心に導かれて出発しているということだ。この問題関心が全体の基調を規定している。「国民的生産力」というキー概念もまた、この覇権の帰趨に決着をつける要因として構成されている。そして、そこで大塚＝ヴェーバーが始動するのに決定的だったことは、この時に、大塚の思想と学問にとって最重要のものとなるはずの少なくとも二つの決断がなされているということである。ひとつは社会認識の方法論に関わるものであり、もうひとつは倫理的・思想的な立場選択に関わるものである。

社会認識の方法論に関わる決断とは、つぎのことである。「生産力」に注目するといっても、社会の形成や変容の根底にいわゆる「物質的な生産力」の変化を見るということであったら、いやしくもマルクス主義の影響を受けた社会科学に関わりながら思考する者にとっては、なんら特別なことではなかろう。大塚に決断があると見てよいのは、この「生産力」という概念の構成を、その担い手の思想や文化そして倫理的生活態度に着目しつつ根本的に組み替えているという点である。この組み替えは、『欧州経済史序説』においてすでに明確に自覚されているように、世界商業戦の覇権の帰趨について「原因」を探求しようというこの問題関心に導かれて着手されている。それはつぎのような事情からである。

そもそも、スペインとオランダとイギリスの覇権の交代、その隆盛と衰退の「原因」を考えようとするなら、単に物質的な諸条件や物質的な「生産力」の発達を数え上げても、なんらその解答にはなりえない。なぜなら、原料の豊富な存在とか交通の便などの地理的な条件から考えると、国内で豊富に羊毛を産出し広大な販路たる新大陸を支配下においていたスペインが何故オランダに敗北したのかは理解できないし、また、技術力や労働力の存在という条件から考えると、南ドイツやオランダから技術を吸収しつつ躍進し

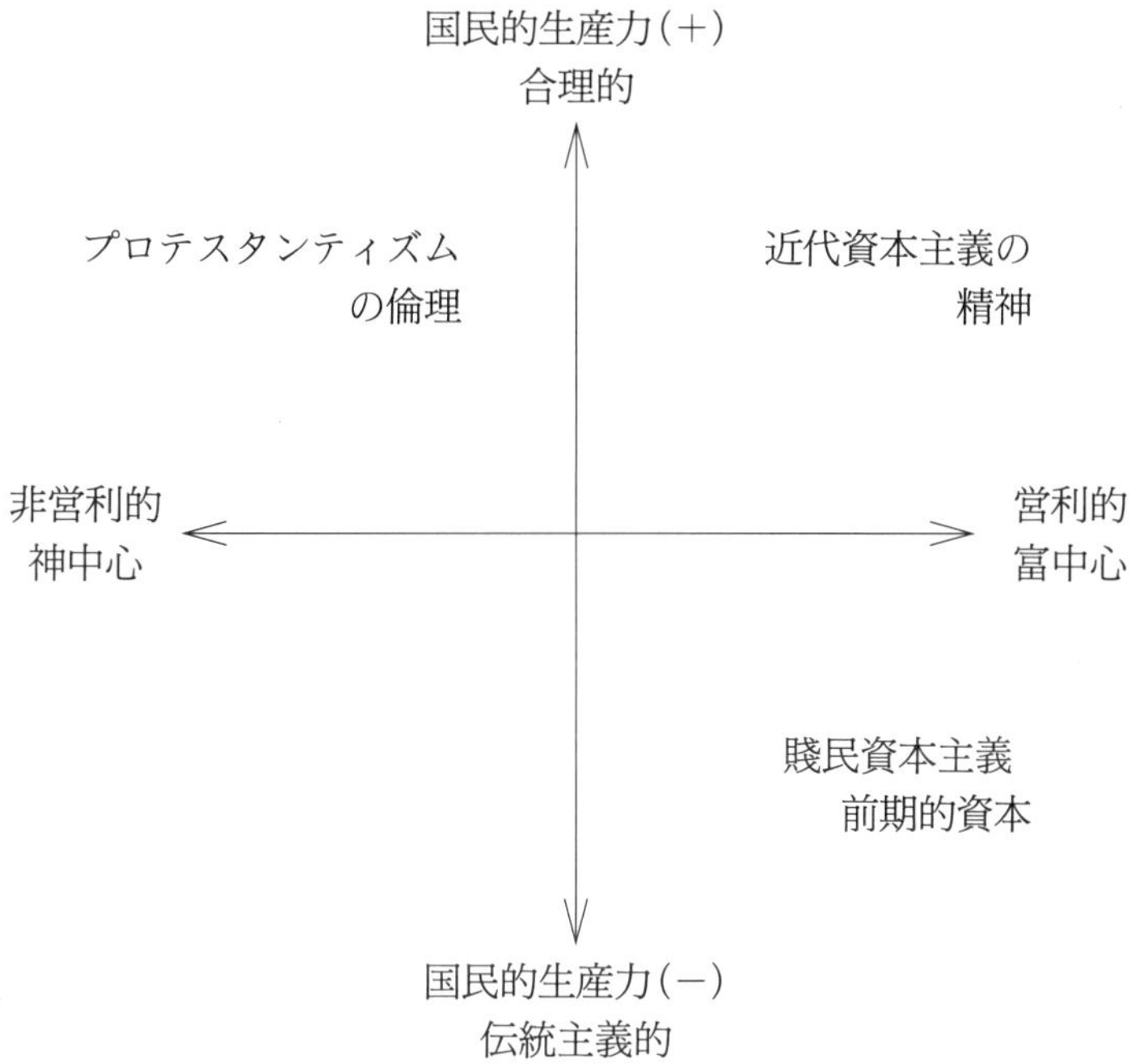

大塚史学と大塚＝ヴェーバーとの結節範式

たイギリスの場合が説明できなくなるのである。このような考察を進める中から大塚は、つぎのように結論を導き出していく。

むしろわれわれは、何らか単に物質的な生産条件――原料、技術ならびに賃銀労働者たりうる貧窮民の存在――に規定せられ、かつかかる単なる生産力の発達に牽引されて、それに比例して、あたかも打出の小槌からでも振り出されるように機械的に、マニュファクチャー的経営形態が漸次に現われて来るというような見解を斥け、このばあいには、各国の初期資本主義における社会関係の構造――文化諸形態とくに思想形態をも含めての――の相違が、かえって、あるいは毛織物マニュファクチャーの発達を許容し促進し、あるいはこれを阻止することによって、むしろ結果として上述のような生産力発達の相違を惹起するということに注意しなければならない。【2-418f.】

もちろんこれは、それまでの社会科学において支配的だったマルクス主義の唯物史観、少なくともいわゆる「土台‐上部構造」論からの根本的な離脱の主張である。この文脈から、大塚における「生産力」という概念には、「文化諸形態とくに思想形態」が、とりわけ宗教とその経済倫理が含まれることになったのだ。先の範式の図で「国民的生産力」という評価軸と生活態度の「合理的vs伝統主義的」という評価軸が重なっていることの意味は、そこにある。大塚のヴェーバー派への転身は、世界商業戦における覇権の帰趨という問題関心に導かれつつ、ひとつにはこのような方法論上の決断をもって開かれているのである。

さて、もうひとつの倫理的・思想的な立場選択に関わる決断とは、つぎのことである。大塚が、自己中心的な近代人に対する批判を原モチーフに思想形成を始めているということについては、すでに触れた。それは、まずは信仰の立場から、自己中心で惜しみなく奪い取る近代人を忌み嫌い、神中心に奉仕するキリスト教徒を理想とする思想として了解されていた。ところがここでは、総力戦という時代の中で、もうひとつ「国家」という「全体」が自己の対極におかれ、奉仕する対象として明確に意識されるようになったのである。すなわち、信仰の立場から「富中心」の対極に「神中心」がおかれてひとつの評価軸となったのと同様に、いわば「自己中心」の対極に「国（＝全体）中心」がおかれてもうひとつの評価軸となったということである。このときに生産力も、「国民的生産力」であることによって積極的な価値を獲得することになった。

このことは、資本主義の精神についての理解にも大きな変化をもたらしている。すなわち資本主義の精神は、一途な信仰の立場からは「富中心」への堕落として評価するしかなかったのだが、無自覚的であるとはいえそれが「国民的生産力」に寄与している点を考慮すれば、「国中心」の立場から一定のポジティヴな評価を与えることが可能になるのである。すなわちここで大塚は、「営利」に導かれた資本主義の精神も、それが「国」という「全体」に奉仕するかぎりで評価できると考えるようになったのである。かくて大塚は、資本主義の精神を最も特徴的に表現したと見なされるベンジャミン・フランクリンの文章についても、つぎのように言うようになっている。

其処（フランクリンの文章――引用者）では「生産」、とりわけ「生産力」の拡充が高度な「倫理」的意義を与へられてゐるばかりでなく、その「倫理」的意義が単なる「個人」の道徳的完成の域を超えて、いな「個人」の道徳的完成が「全体」（国家・社会・公共）の福祉と関連せしめられてゐるのを見るであらう。即ち、「勤労」・「質素」・「周到」等等の禁欲的諸徳性の実践は、「生産力」の拡充を招来することによつて、結果として「全体」の福祉に貢献し、而して此の貢献に於いて自らの「倫理」性を現実に証明するのである。[28]

こうした資本主義の精神の評価がえは、ヴェーバー・テーゼへのプロテスタントの立場からの抵抗感を解消し、大塚の中からヴェーバーに向かう障害を一気に取り除くことになった。すなわち、ここで大塚は、自己中心の近代人への批判というモチーフを「国（＝全体）中心」への貢献という立場に「昇華」させるということをもって、大塚＝ヴェーバーを始動させているのである。

　もちろん、ここに認められた大塚の二つの決断は、その内容からすれば、この時点で突然まったく新しく大塚の中に生じた志向なのではなかろう。とりわけ後者の倫理的・思想的な立場選択に関する決断は、「二つのJ（イエスと日本）を愛する」と言った師内村鑑三の思想的立場を彼なりに自覚化した形であるとも言える【13-80ff.】。とはいえ大塚が、三〇年代の後半という総力戦へと向かう時代状況の中で、彼自身の内側からの要請に明確な決断で応じて、このような大塚＝ヴェーバーを始動させることを選び取ったのは明らかである。

　もっとも、このような大塚＝ヴェーバーの出発は、決して孤立したものなのではなく、実は大塚自身を取り巻く同時代人たちが織りなすコンテクストに緊密に結びついているものであった。ここでは、その点に出来るかぎり立ち入って確認しておくことにしよう。

三　総力戦というコンテクスト

ひとつの文章を引用することから始めたい。

洋の東西を問はず、中世には金銭に囚はれる事は一の不道徳とされてゐた。少なくとも善悪の範疇に入らぬ事とされてゐた。それが近代になつて、貨幣のための貨幣の追求すら当為として認められるに至つたのは、その社会的効果を承認したからであつた。それは多く天職（Calling, Beruf）なる概念によつて正義づけられたのである。其の社会に於いて神に与へられた職分を果す意味に於いて正義とされ、人人の任務とされたのである。ところが、資本主義の発達すると共に、利潤追求の斯かる倫理的な又社会的な根拠はいつしか忘れられ、利潤追求それ自体が人々の自由の範囲に属するとされ、又疑ふ事のできない程当然のことことされて来たのだ。(29)

ここに示されているのは、簡略とはいえひとつの「資本主義の精神」論である。そしてその内容を見ると、近代資本主義の出発の前提にある「倫理の転換」、「社会的効果」という全体への貢献による営利の正当化、それを正義づける「天職＝職業」の義務、そしてその後の利潤追求の自立化と倫理の喪失＝堕落、という議論の筋道において、これまで見てきた大塚＝ヴェーバーとその認識の基本が共有されていると理解できよう。これは一九三八年四月に発表された『統制経済の理論』という書物の結論部からの引用であるが、その著者は、誰あろう本位田祥男その人なのである。

すでに見てきた本位田と大塚のそれまでの微妙な関係を考えれば、この両者の思想的立場をこれだけで簡単に同一視してしまうことはもちろん出来ない。とはいえ、彼らの師弟という切り離せぬ間柄からしても、三八年という時期の符合からしても、この重要な認識の一致を単なる偶然と考えることはやはり困難だろう。少なくとも、大塚＝ヴェーバーの議論は、本位田の所論を介しつつ同時代の一定のコンテクストに接続しうる構成になっているということは間違いない。そしてそう見るときに、大塚＝ヴェーバーの出発の背後に、この時代の最も緊迫した政治的・思想的シーンが一挙に立ち現れてくることになる。

ここで問題の本位田祥男とは、東大経済学部で西洋経済史を担当しつつ、理論的にはマルクス主義と経済的自由主義に対する批判の立場から、消費組合や生産協同組合の理論化に携わってきた人物である。彼は、三八年二月の第二次人民戦線事件で労農派教授たちまで逮捕され一掃された後の東大経済学部で、自由主義者である河合栄治郎らとの派閥抗争に関与し、「国策右派」として土方成美らとともに東大からの退職を余儀なくされている。これがいわゆる「平賀粛学」であるが、それに伴って三九年四月に大塚久雄が本位田と入れ替わりに東大に着任するという経緯があった。

興味深いのは本位田の東大退職後の進路なのであるが、彼はその後、中央物価統制協力会議事務局長や大政翼賛会経済政策部長を歴任し、岸信介系のいわゆる革新官僚たちとの太いつながりを足場に、総力戦体制の下での戦時統制経済の政策立案と遂行に大きな役割を果たすことになる。(30) また同時期の本位田には、『統制経済の理論』(三八年)、『新体制下の経済』(四〇年)、『大東亜経済建設』(四二年)と、経済の側面から総力戦体制を理論化する一連の著作があって、これにより彼は実務と理論の両面から戦時体制に深く参与するようになってゆくのである。(31)

要するに、大塚＝ヴェーバーが本位田を介しつつ触れ合わねばならない同時代のコンテクストとは、日中戦争の本格化に伴って進行する総力戦のための国民総動員体制の形成という大きな時代の流れなのであった。すなわち、三七年七月の蘆溝橋事件をきっかけに拡大した戦火を前提に、三八年には国家総動員法が成立し、また第二次近衛声明により「東亜新秩序建設」という戦争目的が掲げられ、三九年には国民精神総動員の強化策が打ち上げられて、やがてそれが四〇年の近衛新体制運動から大政翼賛会の結成へと進展してゆくという、この総力戦と戦時動員への動きの中で、大塚は本位田の後任として東大に着任し大塚＝ヴェーバーを始動させているというわけである。

もっとも、本位田と大塚とのパーソナルな関係がどのようなものであったのかについては、それを十分に語りうるだけの材料が残されていない。その点は、回顧的な談話や小文を数多く残している大塚にしては意外なほどのエア・ポケットになっていて、戦後の大塚はそれを語るのを意識的に避けているというのが正直な印象である。だから、あまり立ち入った憶測は慎まねばならないのだが、助手時代の大塚は本位田演習で「前講」を務めたり受講希望の学生の面接をしたりとほとんど師範代のような働きをしているし、大塚の初めての著作のテーマ設定と出版は本位田が世話をしており、また、三七年からは本位田の研究室で「比較土地制度史研究会」が開かれ大塚も毎週のようにこれに参加しているなどの点からして、両者は密着してはいないとしても通常の師弟関係は維持されていたと考えるのが妥当な判断だろう。[32]

特に大塚にとっては、大塚史学の基礎となる研究を多くこの「比較土地制度史研究会」における報告と討論から出発させている。この意味で、ここが大塚の研究のホームグラウンドであったことは間違いない。そして本位田がまた、『統制経済の理論』の序で、この著作の背景に十年あまりにわたる「助手学生諸君」との共同研究があったことを明記している。[33] だから、広い意味でなら、両者の研究は三八年という同時期に同一の研究環境から生み出されていると考えてよいはずだ。ぎりぎり少なくとも、両者は互いに議論しながら研究を進めており、それゆえ大塚＝ヴェーバーの出発が、本位田の語るコンテクストを強く意識しながらのものであったことだけは間違いない。

しかも、議論の中身から見ても、両者の深い関係は推し量られる。というのも本位田の『統制経済の理論』や『新体制下の経済』という戦時の著作は、それぞれ、統制経済の意義と組織を論じ、新体制の理念と具体化について論じながら、いずれも最後にはその体制を担う人々の精神の問題すなわち経済倫理の問題に議論を収斂させているからである。例えば『統制経済の理論』の最終節は「資本主義精神と其の変革」と題されており、ここで先に引用した「資本主義の精神」論が持ち出され、つぎのように議論が結ばれている。

生産企業の公共性は特に現在の如き戦時に於いて鮮明に現れて来る。……彼等は其の製作を通して直接に国家に貢献してゐるのだ。又国家に貢献する事をこそ本来の理想とすべきである。……戦場に必要な諸兵器・糧食は勿論、銃後にある九千万人の同胞の生活に必要なあらゆる物資が生産され、適当に分配されてこそ長期の戦争にも最後の勝利を捷ち得るのだ。近代の戦争が全国民経済と全国民経済との戦争であるとは此の事である。……現実なる統制経済は協同経済への道であり、其の極度の発展は自から協同経済となるものである。その何れの経済も、国家社会の為に経済を営む事をその精神的基礎とし、指導原理とするものである。[34]

ここでは、近代の戦争の帰趨を決するのが「全国民経済」（国民的生産力！）の力だという基本認識のもとに、「国家社会の為に経済を営む」（国中心！）という指導原理が提起されている。そう読めるなら、これは、まさに大塚＝ヴェーバーの出発点の問題意識にぴったり重なり合うと理解できよう。

ところで、このような総力戦体制あるいは高度な国民的生産力の意識的形成という志向に立ちながら、そのための最重要課題として「国中心」の経済倫理の確立を求めるというこの問題意識は、当時、なにも本位田や大塚だけに限られた特別な意識なのではなかった。それは、「国民精神総動員」という政治的スローガンが叫ばれる時代状況の中で、むしろ当時の多くの人々に共有された一般的な問題意識であったと判断することが出来る。

例えば、大塚がこの三〇年代のプロヤスで注目し続けている三木清の周辺を見てもよい。周知のように、この時期の三木は、近衛文麿の意を受けて後藤隆之助が組織した国策研究機関「昭和研究会」に所属し、「東亜新秩序の建設」という戦時の思想形成に大きな役割を果たしている。[35] とりわけ、三木が執筆し昭和研究会の名で三九年一月に出されたパンフレット「新日本の思想原理」は大きな反響を呼び、この昭和研究会と企画院の革新官僚たちとの連携は近衛新体制の構想に重要な推進力となって作用した。[36] こうした動きの中で特に注目しなければならないのは、この昭和研究会の笠信太郎が三九年十二月に『日本経済の再編成』を発表し、これが、大ベストセラーになるとともに企画院の経済新体制構想に理論的基礎を与えているということである。[37] そしてこの著作の結論部がまた、「新経済倫理の確立」を主題として結ばれているのである。

大塚＝ヴェーバーへの関心から見てこの笠の構想がいっそう興味深いのは、笠がここで、それまでの経済統制がもっぱら流通や配給という場面の「物の統制」に限定されてきた点を批判し、「生産力の向上」を目標に、統制をさらに「利潤統制」・「経理統制」・「生産統制」へと広げてゆかなければならないと主張していることである。(38) そしてそのために、企業を「利益の上に立つ組織」から「職能の上に立つ組織」へと転換し、企業経営を資本所有から分離しなければならないとするのである。この組織転換を見据えて、経済活動の「国家性」と「社会性」が言われ、「高き経済倫理の確立」が唱えられるのであるから、これはもう大塚の関心そのものだと言っていい。というのも、大塚は、その研究生活の始めに「資本主義の限界内でその私的性格をしだいに揚棄しつつ」ある株式会社に関心を寄せ（所有と経営の分離！）、この関心を、国民的生産力の拡充とそれへの貢献を通じて国家と社会に奉仕するという禁欲的生活態度の倫理性への関心に「揚棄」して来たのだからである。

このような大塚と笠の議論の接合は、当時のコンテクストにおける大塚の議論の位置価を明瞭にする上でも重要だ。というのも、日中戦争の深刻化とともに進行する国家総動員法制定から新体制運動への動きは、政府の経済計画・統制を従来の市場に依存した資源配分を超えて前進させようとする動きであり、それは当然、この動きを推進しようとする政府・軍の経済官僚とこの動きに抵抗して私的利潤を防衛しようとする資本家・財界との闘争を含んで進行していたからである。(39) そして、統制経済論と自由主義経済論との論争として整理しうるこのコンテクストに即して見れば、大塚の議論は、笠とともに統制経済論に、それゆえ新体制＝戦時経済体制論の流れに棹さすということになるからである。

このようなコンテクストを念頭に置くなら、大塚と同様な問題意識は、さらに広がっていると分かる。

大塚が四二年七月と四四年一月に「経済倫理の実践的構造」と「生産力と経済倫理」という論文を寄稿することになる『統制経済』という雑誌があるが、この雑誌の創刊号（四〇年九月）には、編輯の中心である常盤敏太の「統制経済と経済倫理」という論文が創刊の趣旨説明として掲げられている。[40]しかもこの雑誌は、東京商科大学東亜経済研究所内の経済法研究室によって創刊されたものなのだが、それ以後、統制経済と経済倫理への関心をずっと保ち続け、大塚の二回目の寄稿の前月号では「生産増強の経済倫理」という特輯まで組んでいるのである。[41]「経済的政治的道徳的体制の全般を含む国家全体制の革新」と「東亜経済新秩序の建設」に貢献することを創刊号で唱うこの雑誌には、「決戦体制」とか「生産戦争」とか「責任生産体制」とかの言葉がタイトルに踊る諸論文が掲載されているのだが、それらに挟まれて、高島善哉（「統制経済の社会学」四一年七月、「国民統制者の理論」四四年四月）、大河内一男（「消費統制の基本問題」四三年六月）、上原専禄（「大東亜戦争の世界史的意義」四二年三月）といった人々の名前がまた目を引く。そしてこの中で、「生産倫理」を説く大塚＝ヴェーバーの存在は決して孤立してはいない。

とすれば、総力戦とそれへの国民総動員というこのコンテクストの中で、大塚自身の主張内容そのものはどこまで行っているのか。いまやそれを確認するべき段に到った。

四　最高度自発性の生産倫理

前にも触れたように、戦時期の大塚は多くの時間を病床で過ごさねばならなくなっていて、大塚本人としてはまことに悔しくもどかしい思いで時局の推移を見つめていたと考えられる。だから、実践的な活動という意味においては、大塚が、戦争の遂行に対して何らかの実質的な役割を大きく果たしたと見ることはできない。それでも、そのような個人的な困難の中で、大塚が必死に執念を燃やして仕事を続けていることはすでに述べたとおりである。すると、大塚がここに盛り込もうとした思想的な中身とは何だったのか、が問題になろう。この時期の大塚の仕事には、『近代欧州経済史序説・上巻』(四四年)という経済史学に関わるものと、「マックス・ウェーバーにおける資本主義の『精神』」(四三〜六年)というヴェーバー論に関するものに挟まって、いくつかの時事的な小論が含まれている。前者についてはすでに触れたので、ここでは後の二種類の仕事に集中できる。

さて、わたしは本章を、大塚＝ヴェーバーにおいて「見失われた三つの疑問」の指摘から出発させた。ここでは、いよいよその第二の疑問、すなわち大塚＝ヴェーバーの〈主著〉である「マックス・ウェーバーにおける資本主義の『精神』」の書き換えという疑問に立ち向わなければならない。というのも、総力戦というコンテクストを踏まえてみるとはっきり理解できることなのだが、戦後になって書き換えられているのは他ならぬ論文の中心論点であり、この中心論点を復元して中核に据えてこそ、戦中の大塚の主張の全体像も見えてくるはずだからである。

この「マックス・ウェーバーにおける資本主義の『精神』」という論文が、もともと三章構成で二章まで出来ていたものを、戦後になってその未完の部分の完成を断念し四章構成の論文として「仕上げた」という経緯についてはすでに触れた。書き換えは、「戦後『精神』」の最終章で七と八として区分された結論部に集中している。[42] すなわち、後続を断念してそこまででまとまりをつけるために、結論を書き換えて別論文に仕立てているのである。ここでは、大塚自身がそこで「問題の焦点」だと言うところを焦点化しよう。

「戦中『精神』」論文では、それまでの議論を総括する「問題の焦点」はつぎのように提出されていた。

吾吾は遂に、ウェーバーによる「資本主義の精神」の概念構成に於ける「問題」の焦点に到達することとなつたのである。それは、他でもない、かのベンヂャミン・フランクリンにおいて其の par excellence な範例《パラデイグマ》を見出すところの個有な禁欲的「倫理」（エトス）――念のために謂ふが決して「倫理」一般などではない――が優越なる意味において「生産力」的な性格と構造を具へてゐると云ふ事実である。今少しく言ひ換へるならば、かの個有な禁欲的エトス（倫理的雰囲気）がすぐれて一つの「生産」倫理であり、而も特に近代的工業力と、ウェーバーの術語によれば、最も適合的《アデクワーテスト》な関連に立つと云つた歴史的性格を示してゐる事実なのである。(43)

ところが、「戦後『精神』」論文では、まさにこの「問題の焦点」が書き換えられている。すなわち、ここで結論的に言われている当の「『生産力』的な性格と構造」という論点そのものが、「戦後『精神』」論文になるとすっかり消滅してしまっているのである。

われわれは、ヴェーバーによる「資本主義の精神」の概念構成に於ける問題の焦点に、ついに到達するにいたったということができよう。それは他でもない。ヴェーバーが、「資本主義の精神」のうちに含まれている――そして、さきにわれわれがベンジャミン・フランクリンの文章にうちに、勝れた意味でその範例《パラデイグマ》を見出したような――独自な禁欲的エートスの性格を、世俗的職業労働を使命と考えて組織的かつ合理的に精進するような精神的態度《エートス》、簡単には「職業倫理」Berufsethik と特徴づけ、そしてその思想的系譜を禁欲的プロテスタンティズムの精神的雰囲気にまで溯らせたことはいうまでもないが、この「職業倫理」が、前章でも述べたように、すぐれて「産業的中産者層」を担い手とし、その生産事情や経済的利害状況に密着しつつ、すぐれた意味で「生産倫理」として現われ、「産業的中産者層」を内面から押し動かして近代産業建設の中心的担い手たらしめたということ、つまり、それが、ヴェーバー風にいえば、近代産業の形成ともっとも適合的な関連にたつエートスであったということ、この事実こそがその焦点を形づくるものだったのである。【8-86f.】

本来の主張内容を変えているから文章の続き方がいかにも苦しく、説明に留保が多くてくどくなっているが、まず、少なくとも「生産力」概念の消滅だけは明らかであろう。この違いの意味は、それに続く議論を追ってゆくとだんだん分かってくる。

「戦中『精神』」論文では、このあとに続いて、「禁欲的『倫理』」が「生産力」的な性格を備えるという中心論点を言い換えて、「『生産』のうちに挺身することが各人の倫理的義務」（傍点引用者）となりこれが「現実に生産を増強し生産力の拡充を招来する」のだとし、さらにフランクリンの文章を引用しつつ、それをつぎのように説明している。

> 其処では「生産」、とりわけ「生産力」の拡充が高度な「倫理」的意義を与へられてゐるばかりでなく、その「倫理」的意義が単なる「個人」の道徳的完成の域を超えて、いな「個人」の道徳的完成

が「全体」(国家・社会・公共)の福祉と関連せしめられてゐるのを見るであろう。即ち、「勤労」・「質素」・「周到」等等の禁欲的諸徳性の実践は、「生産力」の拡充を招来することによつて、結果として「全体」の福祉に貢献し、而して此の貢献に於いて自らの「倫理」性を現実に証明するのである。(44)

すでに見てきたように、これが戦中の大塚の「国中心」の思想からの評価なのであった。禁欲的倫理の生産力的性格は、まさにそれが「国民的生産力」を拡充することによって全体に貢献する点で倫理的に評価されているのである。ところが、「戦後『精神』」論文では、同一箇所がつぎのようになっている。

そこでは、「労働」の「社会」全体に対する倫理的意味が問題とされている。そして、そのばあいの「社会」がすぐれて「産業的中産者層」を意味することはいうまでもない。……それぞれの職業労働をとおして、人々は自己の生活物資を確保するとともに、他の人々に必要なあるいは有用な物資を供給し、これによって最高の道徳である隣人愛を実践することになる。こうして「労働」の倫理はいわば「市場経済」の倫理として現われてくる。【8-90】

これはどうしたことであろう。生産への「挺身」を通した「全体(国家)」の生産力拡充への貢献の倫理が、戦後には、市場を通じて結びついた「中産者」たちの市民倫理の形に変えられてしまっている。逆に言うならば、「戦後『精神』」論文におけるこの書き換えは、「戦中『精神』」論文の中核にあった「生産力」概念とそれを支える「国中心」の思想を隠蔽してしまっている。念を押すまでもなく、ここは大塚自身が「問題の焦点」と言っているところでもあるのだ。そうであれば、この書き換えを、単に技術的・部分的なものと見なすわけにはいかない。

「戦後『精神』」論文におけるこの隠蔽は、戦中の時期に大塚が書いたいくつかの時事的な小論にまで視野を広げて見直すと、その落差がいっそうはっきりしてくる。大塚がこの時期に時局を睨みながら書いている小論には、「経済倫理の実践的構造」（『統制経済』、四二年七月）、「経済倫理と生産力」（『経済往来』、四三年十二月）、「生産力と経済倫理」（『統制経済』、四四年一月）、「経済倫理の問題的視点」（『帝国大学新聞』、四四年五月）、「最高度〝自発性〟の発揚」（『大学新聞』、四四年七月）、「諷刺小説と経済」（『大学新聞』、四四年九月）がある。そしてこれらのいずれもが、戦時という状況を踏まえて「生産力」と「生産倫理」を主題にして論じているという点で、すべて「戦中『精神』」論文と軌を一にするものと考えてよい。しかも、これらの小論では「国中心」の思想はさらに先鋭化し、資本家的な営利心を媒介としないで、それゆえ市場を媒介としないで、「直接」に「全体（国家）」に奉仕するべく労働意欲を昂揚させる生産倫理こそが、「西欧的近代を超克」する道なのだと、はっきり主張されるまでになっているのである【8-323】。

例えば「最高度〝自発性〟の発揚」という論文では、戦時の統制経済とそれが要請する「生産責任」に応ずる総動員体制の現実について、つぎのように書かれている。

> いまや、世界史の現実はこのすぐれて歴史的な「資本主義の精神」を批判し、その限界をうちこえて、新たな「経済倫理」（エートス）がしだいに姿をあらわしはじめているのである。そのばあい、

「資本主義の精神」に固有な価値の倒錯が現実の破局に直面して、覆うべくもなくなったという消極的な事実ももとより看過すべきではない。しかし、一層積極的に、いまや新たに姿を現わしつつある「経済倫理」（エートス）が「資本主義の精神」と異なって、「全体」（国家）からの生産力拡充の要請に対する個人の「生産責任」を、「営利」による媒介などを揚棄して、直接にかつ明確に意識するものであるという事実を、何にもまして、はっきりと識別しなければならないであろう。そしてこのことは、新しい「経済倫理」の形成に相応じて、むしろそれによって主体的に推し進められながら、「経済統制」（経済計画）が急速に進展しつつあるという歴史的現実に即して考察するならば、見紛うべくもないのである。【8-341】

大塚の考えでは、「資本主義の精神」は、国民的生産力の拡充という観点からすれば、特にイギリスにおいてそうであるように世界商業戦における覇権を根拠づける力として大きな働きをしてきた。しかしそれは、個人的な営利（利潤の追求）によって媒介され、それゆえ「勤勉」や「質素」という倫理的実践が営利の手段になってしまうという「価値倒錯」を含んでいて、その高い国民的生産力も自覚的というより事実上の社会的結果として現実化したものに他ならない。これに対して、総力戦を戦う日本で新たに姿を現しつつある経済倫理は、全体＝国家からの生産力拡充の要請に生産責任を直接かつ明確に意識して応ずる、最高度に「自発的」な経済倫理であるし、そうでなければならない。このように戦中の大塚は、「新しい経済倫理」の確立を、西欧の資本主義近代を「超克」する「わが国」の「世界史的役割」とか「世界史的使命」として説くようになっているのである【8-342, 352】。

もちろん、このような大塚の戦中の言説が、自由な言論が不可能になっている厳しい戦時下での、レーニンのいわゆる「奴隷の言葉」も含むかもしれない、ぎりぎりの選択に支えられているはずだということは十分に見極めておく必要はあろう。しかしその注意をしたとしても、この言説が、状況に抗するというよりは、むしろ総力戦という事態の中に積極的に活路を求めて新しいエートス形成（「全体（国家）性」の自覚！）と「経済計画」の可能性を探ろうという内容をもつことは否定のしようがない。しかも、これまで本章で見てきたことからすれば、それは、自己中心的近代人への批判から始まる三〇年代からの思想的歩みの到達点として、決して単に外側から強いられただけではない大塚の内的な志向にしっかり結びついていると考えられるのである。

さて、そうだとすれば、このような大塚からどのようにして「戦後啓蒙家」としての大塚久雄が生まれてくるのだろうか。

第四節　戦後生産力としての人間類型

一　視界の内閉

大塚は、日本の敗戦から一年以内に、すなわち一九四六年七月までの間に、少なくとも三つの論考を専門研究者ではない一般の読者を念頭に置いたメディアに発表している。「近代的人間類型の創出――政治的主体の民衆的基盤の問題」（『大学新聞』、四六年四月）、「生産力における東洋と西洋――西欧封建農民の特質」（『中央公論』、四六年四月）、「資本の封建性と近代性――後進社会究明の前提条件」（『帝国大学新聞』、四六年七月）がそれである。わたしの見るところここには、戦後啓蒙家として出発する大塚の言説の基本的な枠組みがすでに現れてきていると考えられる。「近代的人間類型の創出」という提起は、大塚の戦後の第一声であり、これがまず彼を戦後啓蒙の中心に押し出したということは周知であろう。しかしここでは、それについては後で検討することにして、後の二論考から問題にすることにしよう。

戦中の大塚が、「世界商業戦における覇権」という関心から、イギリスのスペインやオランダに対する優越の所以を探求し、それを「国民的生産力」の優劣にもとめたということについてはすでに見てきた。そこで問題となっていたのは、スペインやオランダに対比してのイギリス資本主義の固有性であった。ところが、敗戦直後の大塚が真っ先に関心を抱いているのは、もちろん「近代」という時代性だったのではあるが、それは、「東洋と西洋」と「封建性と近代性」という二つの軸によって枠づけられて考えられた「西洋近代」だった。このことは何を意味しているのだろうか。

日本の敗戦が、問題設定の軸の変更を余儀なくさせているのは明らかである。世界商業戦における覇権という関心からイギリスとスペイン・オランダを比較するというのは、戦争中の問題設定としては、日本を覇権争奪戦（帝国主義戦争！）の当事者として、「敵」の国力の所以を探るという関心であり、また、戦争に勝利して覇権を獲得するためには何が必要なのかを「先例に学ぶ」という関心であると見なせよう。仮に当面は軍事的な意味での戦争には反対する立場に立つ場合でも、それは覇権争奪そのものを拒否しているのではなく、目の高さをスペイン・オランダに対するイギリスと同じところに横並びにおいて（帝国主義の見地に立って！）、彼我の国力を比較し、その差の因って来るところを確認して、なお必要な備えがあればそれを先行させようという、戦略的な見地からの判断であると考えられる（その限りで「無謀な戦争」にはもちろん反対だったのだ）。ともあれ、覇権争奪戦への参加者であるという自覚に立てばこそ、「わが国」の「世界史的使命」などということが仮にも言えたのであった。

ところが日本が戦争に負けた結果、この立場が維持できなくなる。丸山眞男の証言によれば、敗戦直後の日本の知識人たちは未曾有の敗戦という事態を受けとめかねて、あたかも「悔恨共同体」を形成していたかのようであったと言われるが、大塚ももちろん例外ではあるまい[45]。ともあれはやく、敗戦の所以を納得できる了解の枠組みを作り上げると共に、その枠組みにつなげて、敗戦後にも活路を見出しうるように過去の言説を回収しておかなければならない。そこで大塚は、「日本」の絶対的な遅れという物語を産出する。そして戦中に自分がしてきた議論についても、それが、そもそも世界商業戦における覇権の帰趨を問題にしたのではなく、それゆえスペイン・オランダとイギリスとの対比が実は問題だったのではなく、目標とすべき西洋近代の姿をイギリスを典型として描写することがもともとの目的だったのであり、それゆえ封建的で遅れた「東洋」としての日本と近代的で進んだ「西洋」としてのイギリスとの対比が問題だったのだ、と解釈替えを行なうのである。はじめから問題は日本批判だったという自己解釈である。そのようにして敗戦後いち早く提出されたのが、「東洋と西洋」という軸であり「封建性と近代性」という軸だったと考えられる。このときに大塚は、西洋近代の理念をもって「わが国アンシャン・レジーム」に対峙する「近代主義者」になったのである[46]。だが注意しなければならないのは、この「転換」が、ある重大な犠牲を伴ってのみ成立しえたということだ。

日本が戦って破れたこの戦争の問題を、世界覇権の争奪戦の結果としてではなく、日本の「遅れ」の問題として、「東洋と西洋」と「封建性と近代性」という二つの軸で捉えようとすることは、実は、二重の意味で決定的な視野狭窄を伴わざるをえないことになる。二重の意味とは、つぎのことである。まず第一に、それは、戦争への反省を日本の「遅れ」に求めるのであるから、この戦争の帝国主義的な覇権争奪としての問題性を、それゆえ、帝国主義を発動するに至った資本主義と近代国民国家の問題性を、全体として反省の対象にしない（できない）ということになるだろう。二〇世紀のこの世界戦争を、近代という時代そのもののひとつの帰結であると考えて、そこから徹底して反省を加えるということができなくなるのである。また第二に、それは、「日本」を「東洋」と「封建性」の代表として考えようということであるから、日本が侵略し植民地化した他のアジア諸地域と「日本」との間にある問題を、さらにはそうしたアジア諸地域そのものを反省の視野から取り落とすということになるだろう。「イギリスとわが国」が直ちに「西洋と東洋」と同一視されるような心象地理（サイード）が表象されることで、現実のアジアが見えない（見なくていい）ものとなってしまうのである【7-255】。この二重の視野狭窄によって、反省の視界はひたすら「日本」へと内閉する。近代の帝国主義という同時代性に立って覇権の帰趨を見つめていた目は、かくて一挙に狭隘な「国民主義」へと収縮する。(47)

たしかに一見するだけならば、「近代主義」とか「西洋中心主義」とすら言われてきた大塚について、このように視界が「日本」に内閉していると言い立てることは、奇妙に感じられるかもしれない。だが、戦中と戦後の大塚の著作を注意深く比較して見れば、スペインやオランダとの対比において語られていたイギリスの歴史の具体性が、戦後になると「西ヨーロッパ」に一般的なものとして類型化され、それが西洋近代の範型にまで抽象化されているということは間違いなく理解されるだろう。しかも大塚は、それを「西ヨーロッパにおける明るい、裕かな近代社会建設」と手放しで理想化して語るようにもなる【4-322】。

また、社会の経済的構造の「継起的な発展諸段階」を語り、「近代化」を明示的に強調し出すのも戦後になってからのことだ【6-291ff.】。すなわち、ここで西洋近代は、発展段階の彼方にある「理想」として、もっぱら「わが国アンシャン・レジーム」の遅れた姿を浮き立たせるために用意された背景装置となっており、いわばそれは外部を抹消する機能をもつ抽象化された「外部」なのである。

他方で、アジアがまた、語られることによって隠されることになっている。たしかに戦後の大塚の著作には「アジア的」という表現が多出するようになるのだが、その「アジア」は、現実のアジアのどこを指しているわけでもなく、マルクスが「アジア的生産様式」を語るときに観念のなかに捉えた「アジア」であったり、東西の比較文明論として語られるような「大アジア」であったりと、いつまでも大塚の中での観念に留まっているのである。[48] 大塚における「アジア」のこのような観念性は、例えば、ヴェーバーの『儒教と道教』や『ヒンズー教と仏教』を論ずる際にも、「オリエントやアジア諸地域」をひと括りに「アジア的社会」として語ってしまえる語り口のなかにはっきりと問題となって現れてくる（オリエンタリズム！）。[49] ここでは経済史家のイロハたる実証と現実感覚までも、全く影を潜めてしまっているのである。

また、もっと重大に思えることは、この「アジア」についての語り口には、戦後日本ではもっともしっかりと念頭に置かれねばならなかったはずの、旧植民地、朝鮮や台湾や南洋諸島への、あるいは東南アジアへの視野が全く開かれていないということだ。これが四六年という「内鮮一体」のスローガンの記憶も生々しかったはずの時期から一貫している大塚のアジア像であってみれば、問題は意図的に選択されているのだとどうしても考えざるをえまい。すなわちこちらの方でも、現実のアジアそのものを遮蔽する機能をもつ観念としての「アジア」が構成されているのである。そしてそれにより、また、視界が「日本」へと内閉しているという事態も隠されてしまっている。

このように見てくると、戦中から戦後へと移行する境において大塚は、確かにその議論の枠組みを大きく変更しているということが分かる。このことは、大塚を戦後日本の啓蒙的知識人にするに際してどうしても不可欠な前提であった。少なくとも戦中のままの意匠では、何かを語り出すことはできなかったのだ。だがしかし、この「転換」は、大塚の思想に内在してみるといかなる意味での転換だったのであろうか。そこで、大塚の戦後啓蒙家としての出発の枠組みを構成するもうひとつの要素に考察を進めることにしよう。

二　戦後生産力への動員

先に見たように、「戦後『精神』」論文では、戦中に語られた生産への「挺身」を通した「全体（国家）」への貢献の倫理が、「市場」を通じて結びついた「中産者」たちの市民倫理の形に変えられてしまっているように見える。そのこともあって大塚は、戦後には「市民社会派」の中心人物と見なされ、個人の自由と独立を譲りがたい至上の価値と認めるような「近代主義者」であるとも見なされてきた。だが、前節で見てきたような視界の「日本」への内閉を前提にすると、戦後の大塚の思想には、そうしたイメージによっては隠されてしまうある一定の構造が備わっていることが分かる。明確にされねばならないのは、その点である。

大塚の戦後の第一声は「近代的人間類型の創出——政治的主体の民衆的基盤の問題」という論文であったが、これは、敗戦後の日本にその復興のため何が一番必要なのかを問い、この問いに「新しいエートス」としての「近代的人間類型の創出」を解答として与えたものと受け止められている。そのように理解できることから、この論文は、戦後啓蒙家としての大塚をもっとも早くしかも明瞭に代表するものと見なされてきたし、実際これにより戦後の大塚が始まったと考えることができる。(50) ところが、ちょっと子細に見ると、この論文は、同年の内に立て続けに発表される「生産力と人間類型――近代資本主義発達史研究の基礎論点」(『歴史学研究』、四六年八月)、「自由な近代人」(『教育文化』、四六年八月)、「自由主義に先立つもの――近代的人間類型の創造」(『基督教文化』、四六年一二月)という一連の文章によって補完と注解がなされていて、これらをつなげて読まなければ大塚の真意を理解することが困難な複雑なテクストになっているのである。

そこでまず「生産力と人間類型」という文章だが、これはその表題が示すとおり、「生産力」と「人間類型」との概念的な関係を論じている。すなわち大塚はここで、「近代生産力」の根元的推進力を問いその主体的要因を追究してゆくときに、「その基底に決定的条件《スペキフイクム》として見出されるものこそが、いうところの『近代的人間類型』にほかならない」とするのである【8-237】。言い換えると、「人間類型」という新たに持ち出された概念は、実は「生産力」という概念でそれまで論じられてきたものの核心部分を言い当てているというわけである。とすれば、この「人間類型」という概念が前面に出てくるときには、たとえそれと明示されていなくとも、そこでは「生産力」に関わる問題が論じられていると考えねばならないことになるだろう。そのように理解してみると、この文章が、戦中の大塚と戦後の大塚とを橋渡しするという点で重要な意義をもつものであったことが分かってくる。わたしは前段で、「戦後『精神』」論文においては戦中の大塚の中核にあった「生産力」の思想が隠蔽されていると述べたが、ここではそれをさらに正確に言い直すことができる。すなわち、大塚における「生産力」の思想は、実は戦後に抹消されたのではなく、「人間類型」という新たな装いをもって生き延びさせられたのである。

それでは、そこで大塚の言う「近代的人間類型の創出」というのは、いったいどのような内実をもつのだろう。それを知る手がかりが、引き続く「自由な近代人」および「自由主義に先立つもの」という二つの文章である。ここで大塚は、「自発性」を基調とする「近代的・民主的人間類型の形成」が「意識的計画的に推し進められなければならない」【8-181】ということを繰り返し強調している。近代的人間像の育成の基礎に「規律権力」への臣従を読みとったフーコーの近代批判を知っている今日なら、[51]「自発性」を「意識的計画的に形成する」（？）（啓蒙のパラドックス！）という大塚のこの主張が、それだけですでに重大な問題性を孕むということは比較的早く理解されやすいであろう。だが、フーコーを引き合いに出すまでもなく、これまで大塚の戦中の軌跡を辿ってきた目で見るならば、この「新しいエートス」の要請が、実は戦後にはじめて登場した主張なのではなく、むしろ戦中から戦後へとストレートな連続線を描いて続いている「全体（＝国家）からの要請」を引き受ける「主体」という関心に発したものであることははっきり見えてくる。

大塚は、近代的人間類型の内実を示すに際して、ここでもフランクリンに触れながら、そうした人間類型に特徴的な精神態度として「勤労」と「質素」という二つの徳性を強調する。しかも大塚の議論の筋道は、ここでも、この勤労と質素こそが「社会的生産力」を高め、その結果として生ずる「社会全体の富裕」が民衆全体の独立と自由を達成する「現実的な足場」になるというものだ。だからここでも、「自由主義に先立つもの」として強調されるのは、利己心を抑制した「全体への顧慮」だということになる。

近代的人間類型のつくり出す精神的雰囲気のなかでは、一見外形的な自然法的な枠は取り去られるけれども、そうした外面的な枠よりは遙かに強力な社会的連帯の内面的意識が、かえって全体への顧慮をつくり出してくることを忘れてはならない。【8-184】

およそ「利己的」ならぬ、この「建徳的」……な倫理的雰囲気の横溢するところ、近代社会を特徴づけるあの巨大な生産力＝産業経営体の建設と正しい経済的繁栄は急調に実現されてゆくであろう。【8-196】

「人間類型」という概念が戦中の「生産力」の思想を引き継ぐ道具立てだとすれば、新しい人間類型を「創出」するという要請は、戦後復興への貢献の倫理とそれを担う主体の創出を意味することは間違いない。それゆえ戦中の大塚の言説が「戦時動員」の思想になっているとすれば、戦後のこの大塚の言説は、いわば〈戦後動員〉の思想であると見なす他はあるまい。この全体（＝国家）中心の動員という思想において、大塚の戦中と戦後とははっきりと連続している。大塚＝ヴェーバーの倫理的な言説は、この意味で一貫している。

このように見てくると、大塚における戦中から戦後への移行の実相が、ようやくはっきりと理解できるようになるだろう。それを一口で言えば、戦後においては、「近代化の遅れた日本」という内閉した視界の中で、動員の思想が語られるようになっているということである。戦中においては、「新しい経済倫理」の確立は、「資本主義の精神」の価値倒錯を超えて直接に「最高度自発性」を促すものとして、それゆえ、西欧の資本主義近代を「超克」する「わが国」の世界史的使命として語られた。それは、帝国主義の覇権争奪に視界が「開かれて」いて、その同時代の意識から課題が捉えられているからである。これに対して戦後においては、視界ははじめから「近代化の遅れた日本」に限定されている。だからここでは、近代の精神を語り、近代的人間類型の禁欲的性格を説くことが、日本の戦後復興に目標を示して人々を動員する、まさしく啓蒙的な言説として機能するのである。言説の布置が変化して、「近代」の位置価もまた変容する。大塚の戦中から戦後への移行は、そのような転換と連続の構図において捉えることで、ようやく統一的に理解することができると見てよい。

とすれば、この大塚を「近代主義」とか「西洋中心主義」と規定して済ませるようなありきたりの大塚批判は、少なくとも事柄の一面しか捉えていないということになるだろう。本章の考察の主軸となっている三〇年代からの軌跡という観点から見るならば、大塚の戦中と戦後における以上のような動員の思想は、自己中心的近代人への批判というもう一つ背後にある思想的モチーフの一貫性のなかに包摂される。この背後にある思想的モチーフが、戦争とそれに続く敗戦という日本の国難に際会して、国中心の貢献という思想にまで積極化し、大塚をして人々に動員を呼びかける啓蒙家たらしめたということなのである。だから、大塚自身の主観においては、そもそも「近代主義」などという批判は全くお門違いだと思われただろうし、この全体に奉仕する主体という思想そのものについては、決して反省すべきところはないと信じられていたと思う。

すると原理的に見るとき、大塚のこの思想の問題点は、どのように捉えられたらいいのだろうか。おそらくはっきりしていることは、全体に奉仕する主体を顕揚する大塚の思想は、戦中から戦後へと貫かれている「日本」の近代化の、その歩みを導く原理と共に考えられねばならないということだ。すなわち、大塚の思想の問題性を根本から捉えるためには、戦中と戦後の日本へと動員を促すその思想そのものに、さらには戦後日本が方向づけられた「復興」と「近代化」の論理そのものにも、しっかり立ち入った批判的考察と確認が必要だということである。そう考えてみると、その考察と、本章で考えるべき課題として冒頭に挙げておいた疑問の第三のものが重要な関わりをもっているのではないかと分かってくる。というのも、大塚の最晩年の仕事である『プロ倫』の改訳は、大塚＝ヴェーバーの軌跡という点から見るとその思想的な総仕上げという意味をもっているはずだし、またそれは、ヴェーバー解釈という事柄に結びつきながら、むしろ「近代の精神」という根本問題についての大塚の最終的な理解を示すものであると見ることができるからである。それゆえその考察は、ひとり大塚久雄その人を越えて、戦後啓蒙という思想運動の思想的核心に確実に触れ、その通路を通って「戦後日本」とその「近代化」の論理にも新たな光を当てることになるだろう。

　そこで、大塚＝ヴェーバーの軌跡を辿ること自体は戦中から戦後への転換と連続を見定めたところまででとりあえず打ち切り、以上のような観点から最後の疑問に取り組むことにしよう。それは、丸山眞男を正面に据える次章への結節となるはずである。

結節　近代批判の二つの道——主体化という問題

さて、先に摘出しておいた第三の疑問とは、『プロ倫』の末尾の結論を導く下りで、ヴェーバーが「Gewiß : A. Aber : B.」という留保の表現を使っている箇所を、大塚がその留保という含意を全く消し去って訳し直しているということであった。すなわち問題は、ヴェーバー自身としてはBという結論を導き出そうとするプロセスで、いったんAという留保を行なっているはずのところを、大塚がむしろAの方を強調する形で改訳してしまったという点にある。するとそこでAとBに当たる箇所には、どんなことが書かれているのだろうか。まずそのことを確認しておこう。

問題の表現が出てくるパラグラフは、つぎのように始まる。

ピュウリタニズムの人生観の力がおよぶ限りで、この力は、いかなる場合においても、経済的に合理的な市民的生活態度への傾向を助長するものであった。このことは、もちろん、資本形成への単なる寄与よりはるかに重要なものである。ピュウリタニズムの人生観は、市民的生活態度のもっとも核心的で唯一首尾一貫した担い手であった。この人生観は、近代的「経済人」の揺籃を見守ったのである。(52)

この短い記述は、主題に対するあまりにすっきりと明快な主張となっていて、さればこそこれは、この最終部分において『プロ倫』全体が論証しようとしてきた当のものを端的にまとめたものである、と理解することができよう。ここでこの論文は、いよいよ結論部に突入しているのである。すると問題は、このピュウリタニズムと近代的経済人の生成との関係を、『プロ倫』という論文はどのように説明したのかという点であろう。「Gewiß : A. Aber : B.」という留保の表現は、そのことを結論的に言うためにこれに続く箇所に出てくるのである。そしてそこでAにあたる部分で述べられていることは、三つある。

まず第一は、いわゆる「所有の世俗化作用」と言われる事態についてである。すなわち、ピュウリタニズムの生活理想も、「富の『誘惑』」という試練に対しては無力であって、富めるものはクェーカーでさえその元々の理想を否定する方向に傾いてしまうというものである。つまりここでヴェーバーは、禁欲の結果もたらされた富がかえって貪欲への誘惑を生み、それが信仰の堕落を招くという、かの「神中心」から「富中心」への転換について述べている。

また第二は、功利主義の働きについてである。すなわち、プロテスタンティズムの禁欲が経済上の作用を十全に果たすようになるのが、宗教的な熱狂の時期よりも、むしろそれが「功利主義的な現世志向」に取って代わられた後のことだという点である。つまりここでヴェーバーは、信仰の枯死と功利主義への転換について述べている。

そして第三は、低賃金でも職業に忠実な労働者を賛美するという傾向が、プロテスタンティズムに限らず、およそあらゆる宗派になにがしかはある禁欲主義一般に共通するものだということである。つまりここでヴェーバーは、忠実な労働は神の意に叶うと一般的に労働者に推奨するだけのことなら、なにもプロテスタンティズムに特別なことではないと言うのである。

ヴェーバーは、これらの三つの論点をここで挙げるに当たって、それぞれについていちいち「この点では、プロテスタンティズムの禁欲それ自体が、なんら新しいものをもたらしたわけではない」などと強調する。[53] すなわちそう強調することでヴェーバーは、これらの論点があらためて縷説を要しない、それゆえ自分の主題にはするまでもない、周知の事柄であるという認識を明示しているのである。この三つの点は、プロテスタンティズムの禁欲が特別にもたらしたものではなく、それゆえそれは、この『プロ倫』が結論とすべき特別な論点なのではない。

もっとも、問題を複雑にしているのは、この留保の表現が含まれるパラグラフが、一九〇五年に雑誌論文として発表された初出稿では一パラグラフであったものが、一九二〇年に『宗教社会学論集』に納められた改訂稿では大幅な加筆を施された上に三つに区分されてしまっていることだろう。それゆえ、文脈がかなり読みとりにくくなっているのは否めない。とはいえ、加筆部分に含まれる所有の世俗化作用を憂えた有名なウェズリーからの引用も、「その一節が、禁欲的宗派の指導者たち自身がこの一見逆説的な連関について十分に知っていたこと、しかも、ここで説明したのと全く同じ意味において知っていたこと、を示している」という理由からなされていることは、ヴェーバー自身の明言のとおりである。[54] すなわち、文脈を複雑にしているように見える加筆も、よくよく見ると、この三つの論点がすでによく知られていることだという主張を補強しようとしてのものであることが分かる。

そうだとすれば、ここに挙げられた三つの論点をヴェーバーの結論とすることは、『プロ倫』の独自な業績を認めず、これを単なる周知の考え方(常識)の追認にすぎないと見なすということになるだろう。大塚新訳における改訳は、実はこのような意味をもっているのである。だからこそ、大塚が最晩年になってことさらにこの箇所に手を入れたことが、重大な問題とならざるをえないのであった。

だが考えて見れば、大塚がこの箇所を『プロ倫』の結論としたいと思う動機そのものは、まったくよく理解できる。実は最初から大塚は、『プロ倫』をそのように解釈してきたのである。先に見た大塚の最初のヴェーバー支持論文である「経済と宗教」を思い出そう。そこですでに大塚は、「貪欲の蝕み」に負けた結果として、資本主義の精神がプロテスタンティズムの倫理から自立し堕落するのだと言っていた。これは明らかに「所有の世俗化作用」から『プロ倫』を解釈しようというものだ。だから大塚の立場からすれば、これがヴェーバーの結論でなければ、大塚＝ヴェーバーの基盤そのものが揺らいでしまうということになる。大塚が、自らの理解を原典に投影するために、『プロ倫』の翻訳そのものを直したいという気持ちを起こすのは、たぶん不可避である。

そこで考えねばならないのは、大塚がヴェーバーの結論を取り違えるときに、いったい彼が何を見失っているのかという点であろう。何が見えていないかを明らかにすることによって、大塚の『プロ倫』理解の、さらには、近代資本主義理解の思想的な水準が見えてくる。そうなれば、ここから、大塚＝ヴェーバーの軌跡全体にも、別の面から思想的な光が当てられよう。そこで問題となるのが、かの留保表現「Gewiß: A. Aber: B.」におけるBの部分、すなわち、ヴェーバーが自分の結論としたいと考えている箇所のことである。

その箇所は、一九〇五年の初出稿ではいたってシンプルに、つぎのように記されている。

> しかしながら（Aber:）、プロテスタンティズムの禁欲は、この（忠実な労働が神の意に叶うという——引用者）観点をもっとも強力に深めたばかりでなく、労働を、職業（Beruf）として、恩寵の

地位を確保する唯一の手段として把握することによって、この規範が働くための心理的駆動力を生み出した。そして他方で、この禁欲は、企業家の貨幣営利をも「職業」として解釈することによって、上述の特殊な労働意欲の搾取を合法化したのである。労働義務を職業として充足することを通じて神の国をひたすら求めてゆくことと、教会規律が当然まさに無産階級に課した厳格な禁欲とが、言葉の資本主義的な意味において（傍点引用者）労働の「生産性」をいかに強く促進することになったかは、きわめて明白である。(55)

明らかなように、ここでは、労働義務を「職業（Beruf）」として求めるプロテスタンティズムの禁欲そのものが、一方で、労働者には忠実な労働に従うという規範への心理的駆動力をもたらし、他方では、企業家の搾取を合理化することによって、大塚はそう考えたくないだろうが、直接に資本主義的な意味においての「生産性」を促進したと言われている。そしてこれが、つぎの有名なくだりへと直ちにつながってゆくのである。

ピュウリタンは職業人たらんと欲した――われわれは職業人たらざるをえない。というのは、禁欲は、修道士の小部屋から職業生活のただ中に移されて、世俗内道徳を支配しはじめるとともに、こんどは、機械のように作動するメカニックな生産という技術的・経済的条件に結びつけられた近代的経済秩序の、あの強力なコスモスを作り上げるのに力を貸すことになったからだ。そして、このコスモスは、今日、圧倒的な強制力をもって、この駆動機構の中に産み落とされた一切の諸個人――直接に経済的営利にたずさわる人々だけでなく——の生活スタイルを決定しているし、おそらく将来も、化石燃料の最後の一片が燃え尽きるまで決定しつづけるだろう。(56)

二つ合わせてちょっと長い引用になったが、このように並べてみると、プロテスタンティズムの禁欲と資本主義的な近代的経済秩序の生成との関わり、そしてその行く末がここに端的に語られていて、『プロ倫』でヴェーバーが提示している結論が簡明に理解できると思う。しかもそこで顕れてくる思想は、大塚がヴェーバーから取り出そうとしてきたものとは、鋭い対照をなしている。

わたしはこの対照を、近代批判の二つの道として理解できると考えている。

大塚＝ヴェーバーの思想は、プロテスタンティズムの禁欲と「職業人」理想に力を借りつつ成立してきた近代資本主義の圧倒的な生産性（＝国民的生産力）を高く評価しながら、その下で、やがて人々が「富の『誘惑』」という試練に負けて「貪欲の蝕み」を受け、富中心の生活へと堕落してゆくということを批判するものである。言い換えるとこれは、近代的生産力の観点から、職業人たらんと欲する「主体」をもたらしたプロテスタンティズムの倫理の意義を高く見て、そこからの倫理の堕落を憂い、人々に「本来」の意味の自覚、あるいは意味への覚醒を求めるという構成をとっている。(57) このような近代人批判は、それゆえ諸個人の意識のあり方にあくまで定位するもので、もともと啓蒙主義的あるいは説教家的であって、それゆえ、無教会派クリスチャンとして出発した三〇年代の大塚が意識した自己中心的近代人への批判がその延長上に辿り着いた形であると見てよい。

これに対してヴェーバー自身が示している結論は、「職業人」を理想とするプロテスタンティズムの禁欲が直接に人々を規律して、忠実な職業労働という規範に組織し、これが近代的経済秩序という「強力なコスモス」を作り上げるのに大きな力を与えたということである。そして近代においては、この「コスモス」が一切の諸個人の生活スタイルを否応なく決定し支配するようになる、と見るのである。ここで批判の視線は、意識の堕落というよりはむしろ、職業人を理想とする人間の規律化とそれにともなって進行する社会的秩序の物象化的な自立そのものに向けられている。わたしはかつて、このようなヴェーバーの近代批判の要諦を〈物象化としての合理化〉と概念化し、「職業人」理想の極点にある専門人の運命に即しつつ、つぎのように述べておいた。

〈近代ヨーロッパ的文化人〉の理念型としての〈職業人〉理想は、ベトリープ（経営）における「専門労働」への〈物象的（sachlich）〉な献身に目的合理的かつ価値合理的な意味を与えて、徹底的合理化に最も適合的な人格類型となったのである。ところが、〈物象化としての合理化〉の進展は、〈職業人〉理想を体現して〈物象（Sache）〉に献身する〈専門人〉をしてパラドクシカルな運命を辿らしめる。すなわち、〈専門人〉が、目的合理的かつ価値合理的に〈物象〉へと献身すればするほど、有目的行為たるベトリープは次第に〈物象化〉を遂げ、やがてそれは「鋼鉄のように堅い外枠」へと転化し、〈凝結した精神〉として逆に〈専門人〉達を隷属せしめるようになるのである。(58)

このことを直視するヴェーバーとそれを見ない大塚とは、近代批判といっても、批判しようとしているところがまるで違うのだ。すなわち、ヴェーバーの近代批判が、社会秩序の物象化とその起点となった

「職業人」理想そのものに向かっているのに対して、大塚の近代批判は、貪欲の蝕みによって「堕落」したとされる近代人を批判して、むしろプロテスタンティズムの「職業人」理想に立ち帰らせようとするものなのである。だから大塚は、ヴェーバーから学んだと称しながら、実はヴェーバーが批判していた当のものにむしろ理想を見出しそれを称揚していると言っていいだろう。

社会のシステム化が進行する総力戦体制以後の時代（戦中と戦後）においては、この二つの近代批判の質的な相違が、とりわけ重大な意味をもつことになるのは不可避である。この総力戦という体制は、戦争というシステム全体の危機を背景にしながら、すでにそれ自体の特性からして、あらゆる「国民」を平準化（グライヒシャルトゥンク！）しつつこの体制への能動的な参与を求めるという性向をもっているからである。その強力な目的志向をもつ社会的秩序は、すでに物象化的な自立の方向へと歩みだしており、諸個人をあらがい難くその下に「臣民」として隷属させようとする。そして、この体制の下で「主体化」という要求（「職業人たれ」という要求だ！）は、総力戦というシステムに抗するというよりは、むしろ総力戦体制を担う能動的な国民としての「主体化＝臣民化」という要求に帰着していかざるをえなかったのである。大塚の思想が「動員の思想」にはまっていってしまうというのは、このシステムの物象化と人間の主体化の相関をまったく見ることなく、人々の「自己中心」を批判して、むしろ総力戦体制の担い手としての「主体」の最高度自発性を求めるというものだったからである。

このシステムの物象化と人間の主体化への無批判は、戦後の大塚が「近代主義者」として理解される時にも続いている。戦後の大塚のいわゆる「近代的人間類型」とは、システムの生産力の担い手を名指すものであり、戦後日本というシステムの機能上の連関を表現するものに他ならない。戦中の志向を引き継ぐ戦後の大塚は、自己中心的近代人への批判を、「職業人」を理想とする近代的人間類型の理念を語ることによって表現しようとし、それゆえこの近代的人間類型の自由や独立について語るときには、それに「先立つもの」として、つねに禁欲とか全体性の自覚とかが説教風に説かれることになる【8-577】。この時、戦後啓蒙は、ひとつの規律権力として立ち現れている。そして、まさにこのことが、総力戦体制を引き継いでシステム化・物象化してゆく戦後社会の現実のなかで、大塚の言説を戦後動員の思想にしたのである。大塚の学問人生にとって最後の仕事となったヴェーバー『プロテスタンティズムの倫理と資本主義の精神』の改訳作業が示しているのは、大塚久雄という人物が、晩年に至るまでそうした思想的立場を基本的には改めることなく堅持し続けたという事実である。それが、彼の〈信仰〉なのであった。

大塚その人については、もういいかも知れない。以上のことから確認できる重要な点は、むしろ、戦時動員から戦後動員へと転進した大塚のその言説への批判が、システム化・物象化の進展する戦後社会に対する原理的な批判に別の方向性を与えているということであろう。戦後啓蒙についての批判的な考察は、学問批判に向かうと同時に、現代社会批判にとっても新たな理論的指針を与えるものとなっているのである。もっとも、戦後啓蒙の思想史的な総括を特別な主題としているここでは、システムの物象化と人間の主体化の相関を乗り越える原理的な社会批判に進んでいくためにも、その前に、「主体化」ということに即しながらもう少し戦後啓蒙それ自体の問題点を押さえておく必要があるだろう。この「主体化」という課題は、大塚に限らず、戦後啓蒙という思想運動が全体として正面に据え続けたテーマであり、この「主体化」を前景に取り出して考えるときに、戦後啓蒙のもうひとりの中心人物である丸山眞男の姿がそこにとりわけ大きく立ち現れてくる。しかも、この丸山においてそれは、もっと深刻な意味を孕む現実の歴史的諸問題と結びついて考えねばならなくなるはずだからである。そこで、以上のことを意識しつつここで章をあらため、つぎにこの丸山眞男を正面に据えて、戦時動員と戦後啓蒙との関係をさらに問うていくことにしよう。

第二章

主体性への動員／啓蒙という作為

丸山眞男の政治思想史研究における戦中と戦後

本章では、戦後啓蒙を代表するもうひとりの思想家である、丸山眞男を主題としよう。丸山は一九一四年の生まれであるから、大塚よりは七歳ほど若いことになる。この七歳という年齢差は、成長プロセスにあって変化の大きい青年期までの時代経験という点から見る場合には、かなり大きな差異であると考えなければならない。とりわけその時期が戦時に当たっているとなると、その差は、生死の場を分かつという意味すらもちうることにもなる。事実、大塚が病弱だったということがあるにせよ、若い丸山の方は現に兵役に服しており、それが広島での被爆という体験に結びついている。それゆえ、両者の思想形成期における時代経験、とりわけそこにおける「戦争」の意味などについて、簡単に同列に論ずることはできないのである。一口に「大塚、丸山」と言っても、それぞれを見ればかなり異なった思想のドラマが展開されているに違いない。

とはいえもちろん、この二人が、日本の敗戦直後の時期にそろって「戦後啓蒙」の知識人として登場し、両者相呼応しつつ、敗戦日本からの復興と再建への道を説いたということを否定する者はいないだろう。少なくとも敗戦前後のこの時期においては、二人の言説は明らかに緊密な思想的連繫の中にあるのであって、そのことは、「経済倫理」という問題への関心や「前期的」という特有な言葉遣いなど、この時期に若い丸山が大塚から意識的に取り込んでいることの数々からもはっきり確認できる。(1)

そうであるなら、前章で大塚に即して見てきたことは、丸山においては、いったいどれほど妥当するのだろうか。またそのことは、「戦後精神の柱」と認定されている丸山の言説を、どのように意味づけ、その後の展開をいかに方向づけてきているのだろうか。丸山の辿った思想的軌跡を直ちに大塚のそれに重ねることは出来ないとしても、少なくとも大塚において戦時動員と戦後啓蒙の思想的連続と展開が検証されたのであれば、今度は丸山についても、同じ観点からの、その思想的歩みの再検討が問われるのは明らかだ。されば、本章の丸山に関わる考察でも、この観点が導きの糸とならねばならない。そうした検討によってこそ、戦時動員と戦後啓蒙というふたつの思想運動の関わりも、もう少しはっきりとその形を見せることになるだろう。

かくて、本章の課題はおのずと定まってくる。そこで直ちにその考察に着手したいところだが、実は、事はそう簡単ではない。というのも、丸山をその思想的歩みに即して再検討するというこの課題には、前章で大塚について試みた時より、ずっと複雑で困難な事情が伴っていると考えられるからである。誰もがそう見るだろうように、まずは丸山その人の思想と学問が、大塚のそれよりはるかに複雑で多義的な仕組みをもっているということがある。発言の場や体裁だけを考えてさえ、丸山眞男というテクストは大塚より格段に多様である。しかも、問題はそれだけではない。そもそも丸山の「思想的歩み」が、丸山眞男という個人の思想の展開と捉えるだけでは決して理解されえないということがある。丸山は晩年になって、福沢諭吉の著作を読む際の注意として「議論の本位を定る事」を強調しているが、(2) 実は、丸山自身の言説そのものが、一貫して極度にコンテクスト依存的な意味内容をもち、また、それ自体からもコンテクスト形成的な作用を強力に生み出してきている、と見なければならないのである。発言の頻度は時に応じて変化したが、丸山は、他の誰よりもずっと深く「戦後思想」の渦中にある。だから、その思想の意味は、丸山眞男という個人においてまとまっている独立した「学問」や「思想」の体系においてではなく、むしろ、丸山をめぐって現れたさまざまな言説を広く包含する膨大なテクスト群の動態においてこそ捉えうるということになるだろう。言い換えると、丸山眞男とは、言説上の一連の〈事件〉のことなのだ。それゆえ、丸山の思想的歩みを摑まえるという作業には、丸山のテクストをただ「読む」だけに止まらない、特別に自覚的な方法が必要になってくるのである。

もっとも、あるテクストが当該のコンテクストにおいて／とともにのみ理解できるということなら、それはテクスト論の基本中の基本であるから、もちろん丸山の場合に限ったことなのではなかろう。そうであるなら、どうしてここで、ことさら丸山においてそれを強調し特別の注意を促さねばならないのか。そのことを明瞭に理解するというのは、それ自体すでに丸山眞男論そのものの領域に属する事柄である。そこで、その点から考察を始め、丸山眞男への可能なアプローチの方法をまず探っていくことにしよう。

第一節　丸山眞男というテクストとコンテクスト

一　欲望されるテクスト／再構成されるコンテクスト

棺を蓋いて事定まるとは一般に言われることだが、丸山の場合、一九九六年の死はむしろ、その評価をめぐる論争を再燃させるきっかけとなったと見てよい。それは、ひとつにはもちろん、丸山眞男という人物の評価に沿いながら、日本の「戦後」という時代をあらためて考え直そうという問題関心がここで顕在化してきたということによるだろう。わたし自身がこの関心の流れに棹さしているのだが、この関心からすれば、論争は起こるべくして起こったと言うことができる。とはいえ他方では、丸山眞男というテクストそのものが、問題を孕んで一筋縄ではいかない特性をもっていることも、この論争を複雑にしているのではないか。ここでは、そのことをもう少し立ち入って考え直すことから始めたい。

戦後日本の学問世界という視野で見るとき、丸山眞男は、その「貢献のずば抜けた質量とものの大きさ」をもって評価されるというのが普通になっている[3]。だが、この丸山眞男を考えたり論じたりする者なら誰もが知っていて、しかし、誰もそれについて正面からは言及しようとしないひとつの事実に、ここでは注目しよう。それは、丸山が、その長きにわたる学問人生において、ただの一冊も書き下ろしの著書を上梓しなかったということである。もちろん、晩年に新書三冊を費やして書かれた『「文明論之概略」を読む』があるにはあるが、これは古典の注釈書という性格を持つものであるから、独自なプランに基づく単独の著書とは見なせない。そう考えてみると、丸山の著作は、どれも独立論文か論文集という体裁をもって公刊されているということが分かる。このことは、丸山ほどの貢献を認められた「大学者」にしては、かなり不思議といえば不思議なことではあるまいか。

こんなことをここであらためて指摘するのは、もちろん、丸山の学問世界への「貢献」をもっと小さく見積もろうという意図からでは全くない。そうではなく、丸山の「仕事」が、これによりある特別な性格を持つことになっているのではないかという、ひとつの疑問を考えたいためである。丸山の著作がどれもはじめは独立の論文として発表されていて、包括的な書き下ろしの著書がないということは、よく考えてみるとそれ自体が、丸山眞男という人の仕事の進め方の強いコンテクスト志向性を示していると見ることができよう。丸山は、自分の仕事をコンテクストを越えた包括的な一大業績に仕上げていくことより、つねに状況に敏感に反応しながら、いつも先に進むことを選んでいると言えるかもしれない。だが、ここで考えてみたいのは、そうした丸山自身の主観的な「意図」の如何ではなく、むしろ、独立した諸論文がまず発表され、それが論文集という書物の形をとって再び上梓されることになるという、彼のこの著作形式がもってしまった実際上の意味である。

論文集という著作形式は、もちろん、始めから統一的なプランに基づくのではなく、それぞれ固有なコンテクストに結びついて別個に書かれた複数の論文を、テーマや時期などの大まかなまとまりに従って編集するというものであろう。だから、ひとつひとつの論文は、もちろんオリジナルに発表された際のコンテクストにまずは強く結びつき、それゆえ、論文ごとにモチーフは微妙に異なるし思考にもズレが含まれるものだ。丸山の場合も、その点は変わらない。だが、丸山において異なっていたのは、彼が「戦後精神」を代表する人物と見なされ、広範な人々のそのようなまなざしに曝されるようになったということである。この多くのまなざしの中で、丸山の各論文における個別的な論点は、不可避に攪乱的により一般的な意味を負荷され、当該のコンテクストを超えた問題系に結びつくように切り取られて、そこから「全体」がさまざまに解釈され構成されるようになる。そのようにして、やがて、多様な読みの中からいくつもの「丸山眞男像」が生み出されることになっているのである。

丸山の主著と見なされる『日本政治思想史研究』や『現代政治の思想と行動』などにおいてとりわけ顕

著であるが、諸論文の個別的な言説は、原論文が装い新たに論文集に収録されると、丸山の「統一的」な思想の「一側面」という意味を背負うことになり、論点は一般化的に抽出されて読者に受容され、流通するようになってくる。そのような論文がいくつも集められ関係づけられることで、丸山の著書は、多重的なコンテクストをそのまま内に抱え込みながら、そのことがかえって変幻自在に解釈可能かつ応用可能な「重層的思考」[4]を例解するものと読者の目によって読みとられ、独特な世界《ユニバース》を形作るようになる。論文集である丸山の著書が政治思想史や政治学の「教科書」として版を重ねるとき、著者の初発の意図に導かれてというより、むしろ、そこに一貫した「思想」を求める読者たちの事後的な欲望に押し出されて、「丸山眞男の思想像」がさまざまにそこに浮かび上がってくるのである。「丸山眞男」という教科書をそれぞれが解説したくなるわけだ。このテクストの仕組みにおいて、「思想家＝丸山眞男」は、つねに読者たちの欲望のまなざしが切り結ぶ虚焦点に「ある」と言わねばならない。丸山をめぐる論争は、いつもまずはここで始まっている。

　しかも、この著作形式においてもっと問題だと思われるのは、このテクストに、「オリジナル」なコンテクストを自ら解説しようとする教師＝丸山の事後的な解釈が、「私の思想なり立場なりの大体の歩みがなるべく文脈的に明らかになるように配慮」〔7-54〕したという自己主張とともに、書き込まれているということである。これが実に躓きの石なのだ。丸山の論文集に特徴的な懇切丁寧なる「あとがき」や「追記および補注」の類は、丸山による事後的な解釈や意味づけを、読者たちに、あたかも執筆当時の筆者と共に歩むリアルタイムの「文脈的」な追体験であるかのように錯認させる、よくできた装置になっていると考えねばならない。それにより、論文集というこの著作の形式では、諸論文がはじめに「埋め込まれ」

ていたコンテクストを事後的な解釈に基づいて再構成し、その中に、当の諸論文の意味についての事後的な自己了解を、著者自身の「本来の意図」として、あるいは、当事者の「証言」としてあらためて埋め込むということが可能になっているのである。しかも、このような事後的な再構成や自己了解には、著者を囲繞する支持者や読者たちの願望や欲望が、当人の自覚如何にかかわらず、密かにかつ不可避に取り込まれてしまう。こういう形で、論文集である丸山の著書は、論文集を編む時点での状況に対応しながら、「オリジナル」なテクストとコンテクストとを解釈的に再構成しつつ内側に包摂して、自己言及的な不壊の構造をもつに至るのである。並の著作家なら、初発のコンテクストにただ埋もれているだけに止まるか、あるいは、コンテクストを越えていると自認する書き下ろしの「主著」をもつことで、かえってこの自己言及的な構造を自ら壊してしまうものだ。しかし丸山においては、著作形式に基礎を置くこの自己言及性が、彼の著作活動の骨格をなす特性として、最晩年である九二年の論文集『忠誠と反逆』に至るまでずっと維持されたのであった[5]。

これに、「従来発表された著者の論文・講演・談話等を、長短にかかわらずすべて発表年代順に編成した」というふれ込みで登場した著作集である、『丸山眞男集』の問題が加わる[6]。いままで述べてきた丸山のテクストの問題は、オリジナルなテクストが「編集」によって再構成されているということに基づくものだから、もちろん、それを最初に発表された年代順とオリジナルな形に戻して「一括して社会の目にさらす[7]」というのであれば、ある部分は解消に向かう問題でもある。ところが、「発表年代順」を公式には標榜しながら実は編集後のテクストをそこに入れ込んでいる『著作集』が登場するなら、「テクストが編集されている」という事実そのものが隠蔽されることになって、問題はさらに決定的に錯綜してしまうであろう。現行の『丸山眞男集』は、そういうことを、しかも丸山の主著についてやってしまっているのである。

例えば、初期丸山の作品として有名な「近世儒教の発展における徂徠学の特質並にその国学との関連」、「近世日本政治思想における『自然』と『作為』」および「国民主義理論の形成」という三論文は、いずれも彼の日本政治思想史研究における戦中の主著であると認められていて、現行の『丸山眞男集』でも確かに初出の年代順(一九四〇年、四一~二年、四四年)[8]に第一巻と第二巻に分けて収められている。ところが、そこで採用されているテクストの方はと言えば、実は、初出のものではなく、いずれも戦後の一九五二年に論文集『日本政治思想史研究』が編集されたときに作られたものなのである。すなわちここでは、戦後のテクストに戦中の年代が付され、まさしく戦中のものとして取り扱われているわけである。しかもテクストの異同について、解題には一言の言及もないのだ。これは著作集を編む際の最低限のルールを考えれば、驚くべきことと言う他はないだろう。かくて、「発表年代順」に「社会の目にさら」されるはずだった初出のオリジナルテクストは、むしろ、その存在そのものがもっと見えなくなってしまっているのである。

丸山眞男というテクストが一筋縄ではいかないというのは、それがこういう様々な問題を孕んでしまっているからなのである。このような問題の意味については追々論じて行こうと思うが、少なくともまず、丸山とテクストとの関係は、一方に統一的な思想の担い手としての「著者」がいて、他方にその思想的な表現として「著書」がある、という単純な関係として捉えられないことは明らかであろう。丸山眞男というテクストとそのコンテクストは、むしろ、読者の欲望と著者の解釈・再構成とが切り結び相呼応しながら繰り返し編集され再構成されていて、「丸山眞男の思想像」もそこに多様に立ち上がっていると考えなければならない。だからこそ揺れ動く「丸山眞男像」を前に読者の欲望は際限を知らず、丸山の死後も、『丸山眞男集』、『丸山眞男講義録』、『丸山眞男座談』、さらには『丸山眞男手帳』へとテクストの産出は続き、「隠された問い」や「知られざる視角」を求めて論議も続く。果ては、公表を予定せずに書かれたはず（?）のノートまで、ルール違反を顧みず公刊されてしまった（『自己内対話』）。こうした現象も、ある程度までは、丸山眞男というテクストの特性に由来していると考えなければならない。

　このような丸山眞男というテクストの特性は、本書でわたしが正面に据えようとしている課題にとっては、すなわち、戦時動員と戦後啓蒙というふたつの思想運動の連関に関心を寄せつつ、戦中から戦後へと続く丸山眞男の思想的歩みを再検討しようという課題にとっては、とりわけやっかいな問題であることは明らかだろう。テクストとコンテクストとの関わりを問おうとするこのような課題設定に対してこそ、自己言及性の構造を孕んだ丸山眞男というテクストは格別に困難な障壁を作ってしまうはずだからである。著者が当事者の特権をもって「コンテクスト」を饒舌に語れば語るほど、そこで落とされたコンテクストについてはかえってますます見えなくなってゆく。丸山眞男を論ずるこれまでの議論が、丸山の提出したありとあらゆる論点について言及しながら、しかし、本書で立てているような出発点の課題には一向にとどかないというのも、ひとつにはこの大きな壁の故ではなかっただろうか。

　すると、どんな仕方でなら、この障壁を越えて問いを進めることができるのか？

二　批判的な問いの形／批判可能な問いの方法

本書での課題にもう少し引き寄せて、当面する問題を考えてみよう。わたしは、丸山眞男というテクストとそのコンテクストが再構成されてゆく際に働いていると見られる、事後的な著者の解釈や読者の欲望の存在を指摘したが、ここで「事後的な」を「戦後の」と言い換えると、もっと問題の性格がはっきり理解されるかもしれない(9)。戦時動員と戦後啓蒙とのかかわりに関心を寄せながら問題を考えようとするときには、そのコンテクストに、戦争をめぐる時期区分が最も重要なかかわりを持ってくるのは間違いないだろう。丸山のテクストについても、この時期区分に即して、「いつの意識なのか」を問い返して見なければならない。

だがこう言うと、丸山の読者なら、しかも丸山をよく読んでいる人であればあるほど、何を今更と訝しく感じるかもしれない。というのも、「戦後の意識」ということで言えば、丸山ほど、「戦中」のことを「戦後」の見方で捉えてはならないと繰り返し強調してきた人物はいないはずだからである。確かに、丸山のそうした強調は、戦中から遠ざかれば遠ざかるほど、それゆえ、晩年に向かうに従ってますます念入りで強いものになっている。例えば、そもそも戦中のコンテクストに関する丁寧な解説（「あとがき」）つきで出されている『日本政治思想史研究』（一九五二年）も、英語版（一九八三年）になるとさらに、「いわゆる『暗い谷間』の時代に、ほかならぬ日本思想の……研究者が置かれた精神的雰囲気を説得的に伝えることは容易ではない」と特に強調して、「論文を執筆した当時の時代的雰囲気がどのようなものであったか」を西欧の読者をも意識してそれまでよりはるかに念入りに説明するようになるし〔12-75ff.〕、また学生など若い世代を念頭に置いて発言する場合にも、戦中と戦後とのコンテクストの違いをことさら強調する方向に意識が向いている。「戦後」から「戦中」への意識の投影を最も強く戒めてきたのは、他ならぬ戦後の丸山その人なのである。

しかし、よく考えてみよう。本書で主題にしたいと思っているのは、戦時動員と戦後啓蒙というふたつの思想運動の、もっと広い視野で言えば、戦中から戦後への思想と社会意識の連続という問題である。この問題設定は、戦中と戦後の社会をまったく異質なものとして見る常識的な「断絶」という時期区画の認識が、実は「戦後」という時期において作り出された虚偽意識ではないか、という疑問から出発している。すなわち、「軍国主義の支配する暗い谷間の時代としての戦中と、民主主義が実現した明るい戦後」というように、戦中と戦後の歴史と社会を「断絶」させて捉える歴史認識が「戦後」に生まれ、この歴史認識が、戦中から戦後へと現に引き継がれているさまざまな事象を見えなくさせているのではないかという疑問である。この疑問からわたしは、「戦後」から「戦中」への意識の投影を戒める丸山についても、その前提となる歴史認識を問わねばならないと思う。すなわち、丸山は、「戦後の意識をもって戦中を推し量ってはならない」という言い方で、戦中から戦後への「断絶」をそこに自覚的に持ち込み、それにより、一方で「暗い戦中」という特殊なコンテクストを自ら事後的に構成し、他方では「生まれ変わった戦後」という意識を生み出すことに絶大な寄与をなしているのではないかということである。言い換えると、コンテクストへの配慮を促して問題の性格を特定しようとする丸山の、その教師的な賢明さの表現にこそ、人々が戦後啓蒙を戦時動員から断絶させて理解するようになる仕掛けが隠されているのではないか、という問題である。

すると、こういうことにも注意しなければならないのであれば、この丸山眞男というテクストには、いったいいかなる仕方でならアプローチが可能になるのだろうか。これまで見てきたように、丸山眞男に関しては、そのテクストにもコンテクストにも、事後的な解釈と再構成がありうると考えなければならない。それによりテクストとコンテクストとの関係がまた再構成されていて、テクストの意味理解がずれてしまっている可能性があるのである。わたしの見るところ、これまでの丸山眞男論はいずれも、一番大切なこうしたことに充分に自覚的な対処をしてこなかった。丸山を批判しようとする者たちでさえ、丸山のテクストにも語られるコンテクストにも、充分に〈批判的（kritisch）〉でなかった。反省しなければならないのはこの点だ、とわたしは思う。

そこで、いかにしたら充分なほど〈批判的〉でありうるかだが、ここでの困難は、テクストとコンテクストとの双方を検討の対象として問わねばならないということだろう。すなわち、通常であれば、一定のコンテクストについての「客観的」な共通了解を参照しながら、テクストの意味解釈について批判的な検討を行えばいいということになるはずなのだが、コンテクストについての意味解釈がテクスト自体に組み込まれてしまっているために、批判的検討が出発点として依拠できるような「共通了解」をどこにも安心して確定しえなくなっているということである。批判は、テクスト批判とコンテクスト批判を共に含まねばならないのである。そこで本章では、これに対して一定の方法を自覚的に試みることにしようと思う。これが唯一の方法であるとか、絶対確実な道だとか主張するつもりはないが、少なくとも採用する方法をそれとして明示することで、今後の議論において批判可能な構成を備えようという考えである。

コンテクスト理解を確定したものとして引証するのではなく、それをも問題として対象にしつつ、テクストとコンテクストとの関係の批判的な検討を進めようとするときには、あらかじめ確定した参照系が与えられていないということであるから、まずは、テクストとテクスト、テクストとコンテクスト、コンテクストとコンテクストとを関係づけ、それらの相互参照の中から問題を発見していくということにならざるをえないだろう。その際、第一に重要なことは、その変化やズレに〈問題〉そのものを発見し、その意味を理解的に解明してゆくということである。もちろんこれまでも、丸山のテクストにおける変化やズレに関心が寄せられ、問題にされてこなかったというわけではない。だが、その取り扱い方は、それを丸山眞男という既知の人物の思想的変化、すなわち「発展」や「展開」あるいは「転向」として捉えられるような思想的変化として理解するというのがつねであった。このときには、コンテクストについてはもちろん、ひとつひとつのテクストについても、その意味理解はすでに前提にされている。両端のテクストの意味が確定できていると考えるから、その間の「思想的変化」が語りえたのである。しかし、ここで提案している方法は、むしろ逆で、変化やズレの方から、言い換えると、差異の方からテクストとコンテクストの関係を解明し、そこから当該のテクストが書かれたことの実際上の意味をも確定してゆこうということである。

要するに、これは、記述の変化と思想の変化とを直対応させるのではなく、むしろ、記述を変更するという志向に内在してその思想の特質を読みとっていく、ひとつの理解的方法だと言っていいだろう。もっとも、この方法の切れ味については、実際にそれを示すことで大方の判断を仰ぐしかない。また、このような意味理解の方法の認識論的な根拠についても、わたしとしては、マックス・ヴェーバーの「理解的解明（verstehende Deutung）」という概念と方法にひとつの範例を見ていると示唆するにとどめておく。その方法論上の詳細については、拙著『マックス・ウェーバーと現代』の第一章「解明的理解の論理構造と

〈人格性〉の原像」で詳論したので、方法論に関心を持たれるむきには別著を参照していただきたいと願う。(10) ここで実施される方法の実際は、主に問題設定の相違ゆえに、ヴェーバーのそれとはかなり異なっているのだが、その異同についても、この小著で方法論的な議論を重ねるよりは、むしろ丸山に即した実践例を示すということでそれに代えよう。ここでは、議論に立ち入る前に必要な、分析の対象と目的の限定についてだけ簡単に述べておくことにする。

丸山のテクストの中にある変化やズレに注目するといっても、もちろん、多岐にわたる論題について繰り返し言及している丸山のことであるから、その主要な議論に即してさえ、それぞれの論点での変化やズレは多様な内容をもつに違いない。いわんや、揺れ動くコンテクストの中で繰り広げられる状況への発言とか、個々の事象や書物あるいは個人についての論評などに至ると、それも丸山の「思想と行動」を考える上では重要な手がかりを与えるに違いないが、その変化は、数においても内容においても、およそ収拾のつかないほど膨れ上がることになるだろう。そこでここでは、戦時動員と戦後啓蒙の関わりに関心を寄せつつ丸山の思想的歩みを再検討するという本章の課題に即しながら、分析の起点を、丸山自身が「本店」と称して他の仕事（すなわち「夜店」）から区別し特別な位置に置いている、政治思想史研究に定めて常にそこから考察を進めていきたいと思う。

このようなアプローチの仕方の特定は、もちろん、「丸山眞男の思想と行動」の全見通しからすればひとつの一面化となる可能性はある。とはいえ本章の課題からすれば、これが、必要十分な考察として重要なメリットをもつということも明らかだ。

まず第一に、揺れ動く時代状況に即応すべく書かれた論説や政治論などと異なって、思想史研究は論ずる対象が既存のテクストとして相対的に安定しているから、これを論ずる丸山においても、その言説の変化やズレを特定しやすいということがある。同一の既存のテクストや問題についての意見の変化が特定できるということである。だから、変化やズレから分析を開始しようとする本論においては、ここに安定した出発点を定めることができることになる。

また第二に、対象が安定している思想史研究においては、生じている言説上の変化やズレを、対象の質変に起因するものとしてではなく、明確に考察者としての丸山の側の変化、すなわち、「動機の変化」とか「見解の転換」とか「思想の展開」とかに結びつけて分析し解釈することができる。それ故ここは、丸山眞男の思想的歩みがそれとしてもっとも明瞭になる場であると考えてよいはずだ。

そして第三になによりも、ここは、丸山自身が「本店」と称して自らの仕事のメインステージに定めている場である。だから、ここに考察の起点を据えれば、丸山の思想的歩みの基本線を外すことなく捉えられると期待できるのである。そこでこの期待にかけて、いよいよ本論に入っていくことにしよう。

第二節　総力戦という危機状況と丸山眞男の出立

一　出発点にある「変化」

戦中から戦後へと激動するコンテクストの中での丸山眞男を考えるのだから、方法的なコントロール無しに自分の好きな（あるいは、気に障る）片言隻句を集めて「わたしの丸山眞男」を語るという類の議論は何の役にも立たないとわたしは判断するわけだが、それにしても、高度に学問的な政治思想史上の研究を起点に丸山の言説の変化やズレを考えるということが、本書での特別な関心、すなわち戦時動員と戦後啓蒙との思想的な連関を探るというむしろアクチュアルな関心にとって、確実な認識をもたらしうるのだろうか。その点について結論から言えば、わたしは、もちろんそれは可能だし、それが可能だというところにこそ、丸山眞男の思想の特質があると考えている。もっとも、そのように言えることをテクストそのものに沿って理解するためには、考察の軸をさらに明確に確定しておく必要があるだろう。丸山の政治思想史研究は、視野の広がりは格別だけれど研究の柱とされている対象人物は明確に定まっており、しかもその人物の評価や取り扱い方をめぐって、かなりはっきりした変化や曲折を看取することができる。この変化や曲折にそって考えていくと、時々の状況をしっかり見据えながらしかもそれに高度に学問的な表現をもって応じていく丸山の思想態度の特質が、この上なく明瞭に見えてくると分かるのである。その人物とは、荻生徂徠と福沢諭吉の二人に他ならない。

丸山の学問にとって徂徠と福沢という二人の人物が占める意味の大きさについては、ここではことさら詳細な論証を重ねる必要はあるまい。丸山自身、「少なくとも戦争が終るときまでに、日本の思想家のなかで自分なりに本当によく勉強したなあと思える」人物として、荻生徂徠と福沢諭吉を挙げているわけだが〔13-39〕、戦中から戦後に視野を広げて考えても、彼が繰り返し言及し論じ続けた思想家はこの二人をおいていない。研究者としての出発を告げる助手論文「近世儒教の発展における徂徠学の特質並にその国学との関連」（一九四〇年、以下、助手論文と称する）[11]に始まって晩年の岩波新書『「文明論之概略」を読む』（一九八六年）に至るまで、徂徠と福沢は、丸山政治思想史学のいわば中心テーマであり続けているのである。だからこの二人に関係する議論を追跡することは、少なくとも丸山の言説の主軸に沿うことにはなるだろう。

そこでまずは、本格的に荻生徂徠を論じ始めた丸山の政治思想史研究の出発点に立つことにしよう。丸山のこの学問は、そこで、いかなる問題を立て、どのように始まっているのだろうか。本章で提案した新しい方法意識をもってあらためてそう考え始めてみると、そもそも丸山政治思想史学のこの出発点に、ひとつの大きな「変化」があったと見なしうることに気づかされる。丸山眞男のオリジナルな思想世界は、ある「変化」をもって生成しているると見られるのである。そうだとすれば、本章が最初に解明しなければならないのは、この「変化」の意味だということになる。

それでは、丸山の政治思想史研究の出発点にある「変化」とは何なのか。この「変化」をそれと知るためには、そこに至る前史である、学生時代の丸山眞男に立ち返ってみる必要がある。丸山は、東京帝国大学法学部の学生であった一九三六年に、学生団体である緑会の論文公募に応じて「政治学に於ける国家の概念」(以下、緑会論文と称する)という一文を書いている。この緑会論文と一九四〇年の助手論文とを比較してみると、この間で丸山は、一見すると、近代批判者から近代擁護者へとすっかり丸ごと変身したかのような大変貌を遂げていると見られるのである。本書での問題設定にとって、これは見逃せない。

一般に受け入れられている理解によれば、徂徠を最初に主題とした助手論文は、「近世儒教の自己分解の過程を跡づけ」ながら、そこに「近代意識の成長」を見てゆくという明確な議論の軸にそって叙述されていて〔1-299〕、これが、「近代」にポジティヴにコミットする丸山眞男の学問の出発を画するものとなったと認められる。そのような助手論文の前史に、丸山自身の近代批判を主題にしているとも解釈できるような論文があったとすれば、その事実は、なによりもまず思想家＝丸山の思索の出発点に格別の疑問を

生じさせよう。たしかに緑会論文は、

一　はしがき——政治的思惟の歴史的性格
二　市民社会と個人主義的国家観
三　市民的国家観の転回
四　ファシズム国家観

という節の構成をもって、近代的市民社会の発展がその内側から「ファシズム独裁」に奉仕する思惟形式を準備するという道筋を解明するものである。その限りでこれは、近代市民社会に内在する論理に対するひとつの重要な批判に他ならないと読める〔特に1-19ff.〕[12]。すると、この「近代批判者」＝丸山が、どうして一転して（そう見えるわけだが）近代を明示的に擁護する主張を掲げ、そうした思想と学問へ歩みだしてゆくのか。丸山眞男の思想的歩みは、その冒頭において、なお明確には解明されていないこの重大な疑問を抱えているのである。

　ところで、この出発点の疑問を前にしてわたしがさらに注目したいことは、この重大な疑問が、これまでのところ、丸山を声高に論ずる人々の間でさえ取り立てて大きな問題とは考えられてこなかったということである。この疑問は、明らかに丸山眞男の思想の出発点にかかわっている。それ故それはまた、丸山が独自な思想を営み始めたことの意味そのものにかかわっているはずだ。それなのに、この出発点の疑問が深刻に問われたり、特別に何かの論争の焦点になったということを、わたしは寡聞にして聞かない。そして、どうして、そのことが問題にされてこなかったのかといえば、その重要な理由のひとつに、丸山自身が本人の「証言」として自らの思想的出発の意味を語っていて、その「証言」がそれだけで充分なものと人々に受け入れられてきたということがあるだろう。しかし、わたしの見るところ、その丸山の「証言」には大きな疑問が残されている。

丸山は、戦後である一九五二年になって、助手論文を他のふたつの論文（「近世日本政治思想における『自然』と『作為』」および「国民主義理論の形成」（論文集に収録時に「国民主義の『前期的』形成」と改題））と合わせて書きあらため、論文集『日本政治思想史研究』として上梓する際に、それに懇切な「あとがき」を付し、執筆当時のコンテクストと自らの執筆動機についてかなり詳しく述べている。そしてこの「あとがき」は、戦時期の丸山自身の内面を語る重要な証言として、丸山を論ずるときには必ずと言っていいほど引用されてきたテクストなのであった。だが、この「あとがき」には、それだけでは重大な疑問をかき立てるような問題点が含まれていると、わたしは思う。

そのことを考えるために、当該の有名な箇所をちょっと長めに引用しておこう。

> 本書執筆当時の思想的状況を思い起しうる人は誰でも承認するように、近代の「超克」や「否定」が声高く叫ばれたなかで、明治維新の近代的側面、ひいては徳川社会における近代的要素の成熟に着目することは私だけでなく、およそファシズム的歴史学に対する強い抵抗感を意識した人々にとっていわば必死の拠点であったことも否定できぬ事実である。私が徳川思想史と取り組んだ一つのいわば超学問的動機もここにあったのであって、いかなる盤石のような体制もそれ自身に崩壊の内在的な必

然性をもつことを徳川時代について——むろん思想史という限定された角度からではあるが——実証することは、当時の環境においてはそれ自体、大げさにいえば魂の救いであった。〔5-290〕

ここで丸山は、「近代的要素の成熟」への着目が「ファシズム的歴史学」に抗するものの必死の拠点であったと述べ、それを中心に据えて自らの執筆動機を説明している。だが、この説明は、そのままで素直に了解可能なのだろうか。

そもそも、近代的要素を擁護することがそれだけで直ちにファシズムに抗するものと受け止められうるためには、その前提に、「近代」と「ファシズム」がカテゴリカルに対立するものであるという認識がなければならないだろう。そこまで論理的に詰めていなくても、いずれにせよ結果としては、「近代」への進展がファシズムの社会的基盤を奪うはずだという認識がなければならない。そういう認識が間違いなく前提にできるのならば、「近代的要素の成熟」を確認することは、もちろんそれだけでファシズムに抵抗する者にとって希望の根拠になりうる。だが丸山は、少なくとも学生時代には、近代的な市民社会こそがその「転回」の末にファシズム独裁に奉仕する思惟形式を生み出すという認識を示していたのだ。まず、この事実をどう考えたらいいのだろうか。

学生時代の丸山がそうであったようにファシズムを「近代的なもの」の極限において捉えるならば、ファシズムへの批判は、普通には「近代的なもの」への批判の徹底という形で深められていくことになるはずだろう。そうした批判の形がありえて、しかも、それが実際にさまざまな実りある成果に行き着いているということは、よく知られている事実である。例えば、いわゆるフランクフルト学派の人々の仕事がそれである。アドルノとホルクハイマーの共著による『啓蒙の弁証法』をその中からひとつ挙げるだけでも、近代批判として深められていくそうしたファシズム批判が、ときに深刻で射程の長い思想の地平を切り開きうるということは明らかであろう[13]。亡命という境涯に至るかどうかで表現の仕方は異なってくるだろうが、丸山眞男も、可能性としては、そのような思想の方向性をもつことがありえたのである。だからこそ、なぜそうならなかったのかが問題になってくる。

　そこで今度は、助手時代以後の丸山が、学生時代とは見方を変えて、日本においてはむしろ「前近代的なもの」がファシズムの基盤になっているとの認識に立ったと考えてみよう。だが、もしそうであるとするなら、ファシズム批判は、日本における「前近代的なもの」の残存の強調から始まるはずだし、残存するこの「前近代的なもの」への批判が基調になるのではないだろうか。そうならないとしても、その場合には、中国との比較などをわざわざ持ち出して近世以来の日本の近代性を強調するそのことが、どうして日本の前近代性に基盤をおいたファシズムを批判することになるのか分からなくなってしまう。「前近代的なもの」こそがファシズムを生むと見ているのなら、丸山がここでファシズムとして批判しているのは、中国なのか日本なのか。ここで近代性において日本が中国より先行していると強調するのは、ファシズムというまさにそのことにおいて日本は中国より危険が少ないと言いたいためなのか。どう考えても、つじつまが合わなくなるだろう。

　すると丸山はこのとき、ファシズムそのものよりも、それに相関しつつ当時まさに流行しようとしていた「近代の超克」論を批判するという点を重視して、この助手論文に取り組んでいるのだろうか。後年の丸山は、そんな風にもとれる発言をしている〔12-95〕。だが、それが主題だというのなら、議論の中心はむしろ、「超克」論が言うほどには日本が近代化されていないというところにこそおかれるはずではないのか。そうならないとしても、「超克」論が主敵であると考えると、「近代的要素の成熟に着目すること」がどうして批判のための主要論点になるのか、充分に説明できなくなると思う。

要するに、「必死の拠点であった」などと万感の思いを込めて叙述されているにもかかわらず、この「あとがき」は、コンテクストを踏まえて論理的に考えてみるとそれ自体の叙述だけでは説得力に欠け、疑問がいくつも残るものだと言わざるをえないのである。そんなことを丸山自身気づいているのか、「必死の拠点」であったことの理由付けとして、「いかなる盤石のような体制もそれ自身に崩壊の内在的な必然性をもつこと」を実証するのが「魂の救い」だったなどと言い加えてしまう。でも、そうなるとそれは、例をローマ帝国や秦漢帝国の崩壊に取ることも可能であるような歴史の一般的な法則性の例示にすぎず、「近代」を言うことに特別な意味はなくなってしまう。このような内容の付け加えをしなければならないというところにも、この「あとがき」の論理的な不備は顕れていると見た方がいい(14)。

でも、それなら、これまでどうしてこの「あとがき」が、これだけで説得力を持つものとして通用してきたのだろうか。それはおそらく人々が、戦後の丸山を、つまり日本のファシズムを「超国家主義」と捉えこれに「近代」を対置するという仕方で論陣を張ったこの戦後の丸山を、そのまま漠然と戦中に投影して考えてしまうからだろう。すなわち、「日本型ファシズム」を近代化のコースからの逸脱として捉え、これに対抗してひたすら一貫して「近代」を擁護したのが丸山眞男なのだという、戦後日本の正統的な了解図式が、丸山の出発点にある「変化」を見えなくし、「あとがき」にある論理的な不備を察知させない遮蔽幕になってきたのだ、とわたしは思う。この点では、丸山に一貫した戦時抵抗を認めたいと願う丸山擁護者も、丸山を単なる「近代主義者」と見る丸山批判者も、同一の戦後的な地平に立っていると考えなければならない。

すると、学生時代にファシズムに関連させて「近代批判」をしていたはずの丸山が、どうして一転して（そう見えるのだが）近代の擁護者となって登場しうるのか。丸山にそのような転換を促す動機とはいったい何だったのか。また、丸山眞男に独自な思想世界の出発そのものと見なしうるこの転換は、戦中のコンテクストにしっかり即して見ると、どのような意味をもったのだろうか。ここできちんと考えてみなければならないのは、まずはこのことである。

二　「弁証法的全体主義」という立場

1．二つのテクスト

一九三六年という年を考えるならば、学生であった丸山眞男が「近代批判」をしているという事実そのものは、取り立てて特別な出来事であると見なすことはできない。大塚久雄を論じた前章でも触れたとおり、この時期において、自己中心的近代人への批判は思想のむしろ一般的な風潮なのであり、多少とも人間と社会について考えようとする者であれば、「近代批判」という問題関心を抱くのはむしろ普通のことであったとすら言えるのだ。ここで時代思潮の両極を考えるなら、そもそもまず、大塚や丸山が直接に影響を受けたはずのマルクス主義が、資本主義的近代への批判を自覚的な基調にしていたことは明らかであろう。他方の極では、「天皇機関説」問題を機にこの時期ちょうど沸騰してきていた「国体明徴」へのプロパガンダがまた、近代の個人主義への批判を自己正当化の前提にするようになっている。このような時代の思想的雰囲気が、やがて「近代の超克」論が声高に主張されて受け入れられていく背景にもなるのである。もちろん学生の書いたものと考えれば、緑会論文は、さすが優等生＝丸山らしくよく勉強して手際よく整理された論述にはなっている。しかし、そのような時代の思想的気分の中では、この論文は、議論の筋立てそのものが特別に独創的であるとは見なされえず、懸賞論文として「第二席A」（第一席は該当なし）の評価に止まったのだと見た方がいい。

それはそうなのだけれど、この緑会論文にも抽象的には、丸山が独自な思想的地平を切り開いてゆくときのその原点と方向性は書き込まれているのではないか。そしてそう限定して考えれば、丸山のその後の展開について、この緑会論文から重要な手がかりが得られるように思う。その意味を解明していくために、ここで緑会論文の要点が集約的にまとめられた「むすび」の末尾に注目し、それをもうひとつ別の文書と対比させてみよう。

①「緑会論文」（一九三六年一二月）の末尾

今や全体主義国家の観念は世界を風靡している。しかしその核心を極めればそれはそれが表面上排撃しつつある個人主義国家観の究極の発展形態にほかならない。我々の求めるものは個人か国家かの Entweder-Oder の上に立つ個人主義的国家観でもなければ、個人が等族のなかに埋没してしまう中世的団体主義でもなく、況《いわん》や両者の奇怪な折衷たるファシズム国家観ではありえない。個人は国家を媒介としてのみ具体的定立をえつつ、しかも絶えず国家に対して否定的独立を保持するごとき関係に立たねばならぬ。しかもそうした関係は市民社会の制約を受けている国家構造からは到底生じえないのである。そこに弁証法的な全体主義を今日の全体主義から区別する必要が生じてくる。〔1-31〕

②「国体の本義」(一九三七年三月)の緒言

抑も社会主義・無政府主義・共産主義等の詭激なる思想は、究極に於てはすべて西洋近代思想の根底をなす個人主義に基づくものであつて、その発現の種々相たるに過ぎない。個人主義を本とする欧米に於ても、共産主義に対しては、さすがにこれを容れ得ずして、今やその本来の個人主義を棄てんとして、全体主義・国民主義の勃興を見、ファッショ・ナチスの台頭ともなつた。即ち個人主義の行詰りは、欧米に於ても我が国に於ても、等しく思想上・社会上の混乱と転換との時期を将来してゐるといふことが出来る。久しく個人主義の下にその社会・国家を発達せしめた欧米が、今日の行詰りを如何に打開するかの問題は暫く措き、我が国に関する限り、真に我が国独自の立場に還り、万古不易の国体を闡明し、一切の追随を排して、よく本来の姿を現前せしめ、而も固陋を棄てて益々欧米文化の摂取醇化に努め、本を立てて末を生かし、聡明にして宏量なる新日本を建設すべきである。

この前者①が丸山の緑会論文の末尾なのであるが、後者②は、一九三七年三月に日本の文部省が編纂して公表した文書「国体の本義」の緒言からの引用である。これまで対比的に見られることなどおよそ無かったはずの二つのテクストだが、緑会論文が三六年一二月に発表されていることを思えば、この二つは、相前後してほぼ同一の時代状況の中に投げ込まれていると考えなければならないものである。そして、見られるように、西洋近代に由来する個人主義の観念が、ファシズムに至る当代の思想的、社会的、政治的な「混乱と転換」状況を生み出す基礎にあるとする認識において、この両者は、その限りで言うならば、見方を共有していると理解してよい。もちろん議論の学問的な骨格や精密度などはまったく異なっているのだけれど、まことにこれらは、同時代の人々に広く共有された時代思潮、近代に批判的なその社会の気分に共通に棹さしているテクストだと見てよいのである。

このように二つのテクストの同時代性を押さえるとき、そこでこそ差異としてはっきりと際だってくるのが、「国体」という観念に対するところの、緑会論文で言われる「弁証法的全体主義」という立場設定であろう。「国体の本義」においては、「国体」観念が、近代の個人主義がもたらす「混乱」を超克するという見地から擁護されているのに対して、緑会論文は、ちょうどそれと同じ位置に弁証法的全体主義を対置し、それを「今日の全体主義」から区別せよと主張しているのだからである。このテクスト間関係を見ることにより、丸山の思想的・政治的主張が始動しているのが実はここであり、これが丸山眞男の思想活動にとっての出発点であると理解することができる。丸山は、このような「今日の全体主義」と自らの「弁証法的全体主義」との対抗関係を明確に意識しながら、この出発を恩師＝南原繁の依って立つカント的あるいは新カント派的な二元論という近代的地平（「静止的・合理的な近代的思惟様式」）からの自立としても位置づけて、同論文でつぎのように書いている。(15)

混乱と動揺の末期社会に於て最も有力に相争う保守理論と革命理論とはともに一元論である。なぜなら前者は現実の理想性を、後者は理想の現実性を根拠づけようとするからである。静止的・合理的な近代的思惟様式は現存社会の歴史的推移に重点を置く無産層の代表者にも、現存社会の非合理的な美化を要求する市民層のスポークスマンにも最早《もはや》担い手を見出しえない。それは必然的に「無力」となる。〔1-24〕

あまりにシンプルな論断に若さゆえの性急さと観念性は否めないが、まことにここには、歩み始めた思想家＝丸山眞男の志と自負が溢れている。丸山は、南原におけるナチス批判をその志において受け継ぎつつ、しかも南原流のカント的二元論と自由主義とを越えたところに踏み出して、近代とファシズムへの独立した批判の論陣を張ろうとしている、とまずは見てよいだろう。そして、ここで革命思想を担うものとされる「無産層の代表者」を労働者階級あるいはその前衛と言い換えられるなら、[16] 丸山の出発点におけるマルクス主義の影響をそこに見ることもできようか。若き丸山のこの言説が、少なくとも彼の主観的な意図において、近代の「末期社会」におけるある抵抗として出発しているというのはやはり確からしい。しかも丸山のこの近代への抵抗が二つの側面をもっていることを、ここでは正確に押さえておこう。すなわち丸山は、一方で近代の個人主義に対し、そして他方では全体主義（ファシズム）と対するというように、現状に両面作戦的に対峙し抵抗するものとして弁証法的全体主義の立場を出発させているのである。

だがそうであれば、前項で見た疑問は、いよいよ膨らむことになるだろう。すなわち、このように出発した丸山がいったいどうして、本格的に荻生徂徠を論ずる政治思想史研究を始動させるに当たっては、ここに示されたような近代の個人主義と全体主義（ファシズム）への批判の形を変えてしまうのかという疑問である。近代の個人主義批判から出発し、同時に、「国体」を押し立てる同時代の全体主義にも抵抗しようとするこの「弁証法的全体主義」という立場は、どのような論理的道筋を辿って、その後の政治思想史研究における近代擁護に結びついていくのか。その時、そのような思想の表見上の展開を導いている、より根底的な動機とは何なのか。またそうした思想展開は、戦時動員という時代状況の中で、実際上どのような意義を持つことになるのだろうか。当面する考察の課題はいよいよ明らかである。そこで、この問いを携えて、もう少しコンテクストに分け入ってみよう。

2．持続する近代批判

丸山の学生時代の弁証法的全体主義というこの立場を、「国体」という観念にかかわらせ、それとの関連でその後の丸山の思想展開を考えてみようということは、一見唐突にも見えようが、実は戦中の丸山を考える際に無視できないコンテクストの一つに直結している。すなわち、日本政治思想史の研究者として出発する丸山当人のおかれた状況という点でも、彼がどうしても「国体」という問題にこだわらざるをえない事情がそこにはあったのである。丸山が徳川時代の儒教や国学を中心にして日本政治思想史の研究に進んでいくのは、自分から選んでというよりは、指導教授である南原繁の強い勧めによってのことだが、その背景には東京帝国大学法学部における講座新設への動きが絡んでいる。すなわち、当時、日本の文部省は、天皇機関説事件をきっかけに折から展開されていた「国体明徴」運動を背景にして、帝国大学の主要学部に「国体」の明徴に寄与する講座（いわゆる「国体講座」）の新設を認めようとしていた。この流れの中で、東京帝大文学部には一九三八年一月に「日本思想史講座」が設置され、法学部にも三九年一〇月に東洋政治思想史講座（正式名称は「政治学、政治学史第三講座」）が新設されることになるのである。この動きを見ていた南原は、ゆくゆくはこの講座の担当者として丸山を迎えるべく、丸山をまずは助手に採用し、日本か中国の政治思想史の専門研究に当たらせようと考える。この意向を受けて丸山は、「国体講座」と目されている講座の担当者になるべく、三七年四月から法学部の助手として日本近世の儒教や国学の研究を本格的に始動させたのであった〔cf. 1-332f., 10-177ff.〕。

このような事情であってみれば、丸山の初期の研究活動には「国体」という観念がいつも影のようにつきまとい、丸山自身としてもそれをつねに意識せざるをえなかったことは間違いなかろう。この「国体」への意識と自らの「弁証法的全体主義」への意識とは、表裏の関係にある。丸山は、三七年から四〇年に至る助手時代に、一方で日本政治思想史にかかわる基礎研究を積み重ねていくかたわら、他方では欧米の政治学界の研究動向や内外の新刊書をフォローし、それについてのレポートや短評を書いているが、特にこの後者からは、台頭するファシズムを強く念頭に置きながら同時代の思想・理論状況を注視する丸山の、この時点での学問的・政治的関心を直接に読みとることができる。そしてそこには、学生時代以来の弁証法的全体主義という立場から思想状況に分析のメスを入れる、丸山に固有な認識視角が注意して読めば分かる仕方で表されている。

「一九三六—三七年の英米及び独逸政治学界」と題された一連のレポートは、一見すると篤実な学界サーヴェイにも見えるが、丸山自身「思想的潮流に重点を置いた」〔1-43〕と言っているように一定の傾向性をもった関心に導かれていると考えねばならない。その中で、特別に丸山の関心を引き寄せていると見てよいのは、一方で、英米におけるイデオロギーの葛藤状況とその中での自由主義の没落であり、他方では、ナチス・ドイツにおける全体主義内部の亀裂、とりわけ「民族の国家に対する優位」〔1-70〕なる原則を振りかざした政治闘争にまで発展しつつある国家論論争の状況である。

　前者については、ここで丸山が、他の思想動向に先んじて自由主義と個人主義を取り上げ、基本的には自由主義批判の文脈に即して、あるいはその観点からそれを論じているのが目を引く。もちろん、学界サーヴェイというレポートの性格上、その役回りに応じて自由主義擁護の言説を紹介することも忘れられてはいないのだが、そのような場合にも丸山はその論者について、「しかし流石《さすが》に経済的敗残者の保護に就ては彼も政府の統制を容認する様である」〔1-51〕などと注釈を付け加えて、自由主義擁護論がもう限定つきでなければ語れなくなっていることを強調するのである。また、民主主義について論ずる際にも、「自由的民主政《リベラルデモクラシー》」が容認されなくなって、それに代わる別の形の民主政が求められていることを殊更に紹介している〔1-53〕。本場の英米においてさえ、かの地の「『平均人』の見解」であった自由主義および個人主義は〔1-48〕、進んだ議論の中ではすでに乗り越えられねばならない対象になっているという、はっきりした認識がここにはある。

　また後者については、丸山が、ナチス・ドイツにおけるその論争状況を、「国民社会主義」と「独逸観念論一般とりわけヘーゲル哲学」との亀裂として描き出していることが特に注目されよう〔1-69〕。というのも、この対立の構図は、「今日の全体主義」と「弁証法的全体主義」との区別という、丸山自身が抱いていた問題構図にはっきり重なるからだ。今日の全体主義＝ナチスは、個人主義を「克服」するとして、個人を「人種」や「民族」という共同体に実体的に従属させ、精神の自由（ヘーゲル！）にではなく、むしろ「人間の自然法則的拘束性に歴史の推進力を認め」〔1-70〕ようとしている。このとき、「こうした自然主義的に着色された民族概念の奴婢となった国家」は、「もはやヘーゲル哲学のみならず如何なる普遍化的＝超場所的基礎づけをも拒否」〔1-71〕するようになり、それに代わり「国家にあらずしてただドイツ民族、その名誉、その血」が、そしてそれの「母なる大地・血と土との結合」が、「永遠なるもの」として顕揚されることになる〔1-72f.〕。このように分析することで、丸山は、今日の全体主義＝ナチスが弁証法的（ヘーゲル的）国家概念を切り捨ててゆく行く末を見定めているのである。

「国体講座」と目されるポストに就任が予定されている丸山であれば、「民族こそ決定的な価値」〔1-91〕として強調されるナチス・ドイツのこのような論議状況が、「国体」を不可侵なものとして神聖化しようとしている日本の同時代の状況と重なり合って見えるのは間違いなかろう。そしてここで、一方で英米流の自由主義および個人主義がいよいよ限界に直面していると見定め、他方では今日の全体主義＝ナチスが民族を自然主義的に実体視して個人をこれに従属させるようなイデオロギー（非弁証法的！）にいよいよ落ち込んでいると診断する丸山の視角は、かの緑会論文における批判の視角と同型である。ドイツにおいても日本においても「今日の全体主義」がいよいよ神秘的性格を強める中で、丸山自身は自らの立場に「弁証法的全体主義」というややミスリーディングな表現を与えなくなっているとしても、ファシズム国家観と弁証法的な国家概念を区別して後者につこうとする丸山の、学生時代以来の基本的な思想スタンスに変化は認められない。

このことを確認してみると、この時期に漸く構築されつつある丸山眞男に独自な思想世界の、一見すると奇妙な仕組みが次第にその姿を現してくる。たったいま確認したことは、緑会論文における近代批判、すなわち個人主義と非弁証法的な全体主義への批判という意味での「弁証法的全体主義」の立場が、その後においてなお維持されていると見られることである。だがしかし、この「一九三六―三七年の英米及び独逸政治学界」というレポートが書かれている一九三八年といえば、丸山はすでに助手となっており、その地位にあって助手論文たる「近世儒教の発展における徂徠学の特質並にその国学との関連」をちょうど準備していた頃に当たる。そしてこの助手論文では、丸山は、「徳川社会における近代的要素の成熟」に着目し、それの擁護に明確に乗り出していると見られるのである。つまりここで、「近代批判」という志向の持続と「近代的要素の擁護」への転換とが同時期に重なり合っているわけだ。すると丸山は、三八年以降の状況の中で、「近代批判」という志向は手放さないままに、あらためて〈近代〉に行き当たっていたということになる。

　とすれば、それはどのようにして可能になったのだろうか。またそのことは、総力戦体制という時代状況において、丸山の思想にどのような性格を刻印しているのだろうか。

三　急転する危機状況と思想のコンテクスト

　緑会論文は一九三六年一二月に発表されている。いまここで問題にしているのは、この学生時代の丸山と、すでに助手論文を準備し始めた三八年以降の丸山との連続と変容である。そのことを助手論文とそれ以後に目を移しながら考えていくに当たって、ここでも、その時代状況的な背景を今度は丸山を中心に据えて見直しておこう。

　一九三七年九月二九日という日付のある作品「秋風辞」で、詩人高村光太郎はつぎのように書きしるしている。

秋風起つて白雲は飛ぶが、
今年南に急ぐのはわが同胞の隊伍である。
南に待つのは砲火である。
街上百般の生活は凡て一つにあざなはれ、
涙はむしろ胸を洗ひ
昨日思索の亡羊を歎いた者、
日日欠食の悩みに蒼ざめた者、
巷に浮浪の夢を余儀なくした者、
今はただ澎湃たる熱気の列と化した。
草木黄ばみ落ちる時
世の隅隅に吹きこむ夜風に変りはないが、
今年この国を訪れる秋は
祖先も曾て見たことのない厖大な秋だ。
(後略)

ここで詩人の実感は、時代状況の急速な変化に激しく煽り立てられている。その時代状況の変化とは、言うまでもなく、一九三七年七月七日の蘆溝橋事件に端を発する日中戦争の全面化という事態に他ならない。ちょうどこの時期から戦争協力詩を目立って数多く書くようになり、また中央協力会議の議員や日本文学報国会詩部会の部会長などを歴任することになる高村光太郎とはもちろん歩む軌跡は異なっているけれど、わが丸山も、同一の時代状況の中で思索し行動しているということをまずは銘記しておこう。

一口に「十五年戦争」と言うが、蘆溝橋事件を境にした戦火の飛躍的な拡大は、総力戦体制の形成という観点からしても、局面の重大な転換をもたらしたと見なければならない。三七年六月に成立した第一次近衛内閣のもと、まさにこの時期に、企画庁が企画院に拡充されるなど戦時統制のための機構が急速に整備され、また他方では、国民精神総動員運動がやがて国家総動員法の成立にまで進んで、戦時の統制と動員の体制はいよいよ国民生活の深部にまで及ぶようになってくるのである。電力管理法などの統制立法と並んで、国民健康保険法などの社会立法が成立するのもこの時期である。戦時のいわゆる「挙国一致体制」がこの時期に急速に固まってゆくわけだが、人々の意識の中にも、それが文字通り「総力戦体制」として大きな影を落とすようになっている。そうした状況下で、一方では、知識人に対する言論統制が人民戦線派と言われる人々の大量検挙からさらには自由主義派の発言封殺にまでいよいよ矛先をのばし、他方では、多くの知識人・官僚・社会運動家たちが、「昭和研究会」や「満鉄調査部」のような調査研究機関に参加するなどして、政策の立案や遂行に積極的に関与することに現状打破と「革新」への活路を見出し、すすんで戦時体制の内部に踏み込んでゆくようにもなってゆく。東京帝国大学にいる丸山の身辺でも、矢内原忠雄が辞職に追い込まれ（三七年一二月）大内兵衛は検挙される（三八年二月、第二次人民戦線事件）一方で、矢部貞治や大河内一男らは、昭和研究会などを通じて時局に積極的に関与しようと行動を開始している。この両者が同時に丸山の身辺で動き出しているのである。言論圧殺の時代は、同時に、政治参加の時代でもあった。

ところで、このような日中開戦から日米開戦へと続く時期を理解する上で特に重要なポイントは、この時期が、総動員体制の構築が急がれるという事態の中で、戦争指導と戦時体制構築の方向や性格づけをめぐってさまざまな路線が交錯しヘゲモニーを争うという、大きな「岐路（Krise）」だという意味で、ひとつの危機状況（kritische Situation）にあったということであろう。日中開戦期の「自由主義経済論」と「統制経済論」との対立に始まり、近衛新体制下の経済新体制論争へとつづく統制経済をめぐる路線対立は、「生産力拡充」と「国民生活安定」という要請をもって反資本主義的政策を実現する戦時変革への展望を内包しつつ進んだし、日中戦争の勃発と長期化は、その戦争の意義づけをめぐって東亜新秩序論・東亜協同体論といった秩序構想を生み、その挫折の後も大東亜共栄圏建設の主導権をめぐるかたちで、ヘゲモニー抗争は激化し継続している。[17] この危機状況が、一方で言論をめぐる抗争と権力的弾圧を一段と激化させると共に、また他方では、多くの知識人たちとりわけ革新左派と見なされる人々の時局関与をも促したのであった。戦時の社会をひたすら暗黒のファッショ支配とのみ捉えていると見えなくなってしまうことだが、ここに現れた危機状況とは大きな岐路でもあり、それに少なくとも主観的には乗じて戦時変革をめざし状況に投企するような人々が出てくる条件も、そこにはあったと言うことができる。[18] もちろん、そうした行動が結果としてどんな意味をもったのかは、その主観的意図とは別に論じなければならないが、「吹き荒れるファシズム」とそれに対する知識人の「抵抗‐屈服‐転向」という二項対立的図式によるありきたりの理解では、この危機状況に参与しようとする人々の「自発性」、「主体性」の契機が隠されてしまう。むしろ事態は、急速に大きく流動化して人々を行動へと突き動かしつつ、丸山の周辺にも時局への態度決定を迫るようになってきていた、と理解しなければならない。

もっとも、大塚久雄もそうだったのだが、丸山眞男という思想家はいつもどこか自分の健康への不安を抱えており、それが彼の実際の行動をつねに制約していたというのは確かなようである。この時期もまさにそうで、助手になった三七年には肺炎にかかって半年間も療養を余儀なくされているし、四四年に応召して平壌へ行ったときも、すぐに脚気にかかり内地送還されている。しかも大塚より七歳若い丸山は、この時はまだ助手からようやく助教授になる頃で、毎月一〇日間くらいは『国家学会雑誌』の編集事務作業に時間をとられながら勉強と論文執筆を続けていて、それ以外の対外的活動に打って出るのは困難な状況にあった。もちろん、そばにいた師＝南原繁たちがそのようにし向け、丸山自身が自重したということもあるのだろうが、そうした状況下の丸山には、いかなる意味でも実際の政治的・社会的な活動に積極的に携わったという形跡が認められない。だから丸山においても、戦時の思想と行動の意味は、学問的な著作の作業に内在して評価される他はないのである。

そこで本章の考察は、今一度、丸山の学問的な営みに焦点を戻すことになる。とはいえ、前項で見たように丸山が三八年以降にも「弁証法的全体主義」という立場を維持していると理解すると、この時期の彼の学問的営みそのものが、実は同時代のアクチュアルな思想状況と地続きのように結びついているということがはっきり分かってくる。ここでは、丸山に即してはこれまであまり語られてこなかった二つのことに特に注目して、そうした丸山の学問的テクストの思想的コンテクストを確認しておきたい。

ひとつは、丸山眞男と田辺元あるいはいわゆる「種の論理」との関係である。この時期に丸山は、先に見た学界レポートの他いくつかの短い書評を書いているが、その中で、長さにおいても内容においてもひとつだけ少し際だっているものに、務台理作『社会存在論』（一九三九年）についての書評がある。ここで丸山は、田辺元の「種の論理」に依拠して論じられた務台のこの新著にこと寄せながら、危機状況の中で弁証法的な社会理論が進むべき思想的方向を考察している。わたしの見るところ、これは、この時期の丸山の思想的な志向を理解するのにとても重要なテクストだと思う。

戦後にその評価が一気に下落した感のある田辺哲学だからでもあろうが、丸山が、田辺による「種の論理」の提唱を「画期的な一石を投じた」ものと認め、それを引き継いで現実世界の論理を展開する務台のこの著作を「すこぶる重要な意義をもつ」ものと評価している事実は〔1-113〕、これまでほとんど顧みられることはなかった。しかしここで丸山が、務台を批判するに当たってもその前に、種的社会こそが「歴史的文化の担い手」であり、「歴史的世界の中に於いて種的社会を基体としない如何なる現象もありえない」とする務台の主張を、まずは「当然となしえよう」〔1-114〕と認めて出発しているのは注目に値する。この「当然」だという認識から出発すれば、「主体的存在（個体）」も、この種的社会に参与することではじめて歴史的世界に現れ、歴史的文化に関わるものとなるという把握になるはずだ。このような把握に即してあらためて考えると、種的社会の社会存在論と丸山の弁証法的全体主義という立場は「全体と個」あるいは「種と個」という問題系において重なり合っており、ここで丸山は、自らの立場の理論的可能性を意識しながらこの社会存在論を読んでいると理解できるようになる。であれば、丸山が、これを「苟《いやしく》も文化と世界に関心をもつ人士の血となり肉となるべき営養剤」〔1-117〕だと褒めたりするのも、単なるリップサービスと見るわけにはいかない。

そう思ってみると、同じく「種の論理」に棹さすと見てよい田辺元と務台理作という二人の思想家に対しての、丸山の立場取りが大変興味深いものとなってくる。

丸山がここで務台を取り上げて批判的に問題にするのは、務台の所論に垣間見られる、種的社会論の民族主義的な理解である〔1-114〕。民族の身体性・自然性・基体性を重視し、これを種的社会と等置する務台の見方では、一方で「個体は個体の生活を持つ」とされながら、他方では「社会は部分に対する全体として、その優勢的圧力を個体の上に加へる」〔1-115〕とされる。それにより個体は、自然的な種の直接性に一方的に従属すると見なされるのである。だが、そうなってしまうなら、個体の実践性や自由の要求といっても、それは実質のない「単なる当為《ゾルレン》に止まらないだろうか」〔1-116〕、丸山はそう問いかけている。このような丸山の務台批判は、前項で見たナチス・ドイツにおける民族主義の台頭に対する丸山の批判的視線と明らかに重なっている（「自然主義的に着色された民族概念」！）。ここで丸山は、もちろん、務台を単純な民族主義と決めつけているわけではないとしても、「種の論理」に内在するそのような民族主義への性向、そしてその「政治的性格」〔1-115〕を批判的に意識していると見てよい。

もっとも、わたしがそこでむしろ注目しておきたいと思うのは、実は丸山が、「種の論理」そのものはもともとは民族主義では決してなく、逆に、「種」を世界性や人類性に媒介する論理を提示するものだと考えている点である。ここで丸山は、務台の中にも読みとれるこの反民族主義の可能性を明らかにポジティヴに読み解きながら、そのことを翻って務台に批判的に突きつけているのである。この入り組んだ批判の形に注意しよう。

務台によれば、個体の自由なる文化的生産と種的社会への従属という両側面は、「人類性と民族性、人道的性格と国民的性格、世界文化と民族闘争の対立」として表現され、これが「歴史に於ける基本的対立」を形づくる。そして、この対立の統一は、「種が根本的に世界性によって媒介されていることの自覚」を通じて実現されることになる〔1-115〕。このとき個体は、種的社会を基体としながら、その自由なる活動の実践を通して、この種が世界性によって媒介されていることの自覚をもたらすものとなる、というわけだ。丸山の務台批判は、務台自身が提示するこの前提から発せられている。すなわち、そうであるはずなのに、他方で務台が言うように、個体が民族と等置された種的社会に一方的に「従属」し、その「優勢的圧力」にもっぱら服するとされてしまうなら、そのような個体は、どうして「種の疎外性」を転向せしめ、それを世界へと媒介させうるのか、と。丸山の見るところ、務台は「『種の主体をして世界の媒介を拒ませる』ところの有としての種の直接性をむしろ運命的なものにまで強大にしている」〔1-116〕。

こうした論法によって丸山は、「種の論理」がもともと含意していた反民族主義的な契機を、務台が事実上台無しにしてしまっていると論難しているのである。確かに、田辺元その人は、一九三七年(十、十一、十二月連載)に発表された論文「種の論理の意味を明にす」で、「種の基体」を「類の統一」の否定的媒介と位置づけ、その統一の回復実現は対自的な自覚という「個の主体的行為」に外ならぬとして、つぎのように言っている。

類に於ける全体の統一は、既に見た如く、種の自己否定態に契機として即自的に含まるる統一の回復であり、対自的なる自覚であって、その自覚の成立が統一の回復実現として個の主体的行為に外ならないとするならば、個は、自己否定の否定として類の統一を即自的に意味する種の契機が、絶対否定の転換に於て種から類に転ずるその転換点に相当する。(19)

酒井直樹は、田辺元におけるこうした「種の論理」について、それを明確に反民族主義と性格づけ、『種』という用語がともすれば有機的統一性を示唆してしまうにもかかわらず、田辺の『種の論理』は民族や国民の統一を直ちに文化の有機的統一と同一視する文化主義から自由であるように思える」と言う。[20]この酒井の田辺解釈を受け入れるとすれば、むしろ丸山の方が、務台批判を通じて、田辺元の「種の論理」に内在する反民族主義を事実的に引き継いでいると言えるのかもしれない。しかも、丸山にとって重要になるはずの「個」の意義も、このコンテクストで考えれば、種の自己否定的契機と理論的に位置づけて理解することができる。この理解は、国家を種的社会と捉えるときに、「個人は国家を媒介としてのみ具体的定立をえつつ、しかも絶えず国家に対して否定的独立を保持するごとき関係に立たねばならぬ」〔1-31〕とされた「弁証法的全体主義」の観点と明らかに重なってくるし、むしろそれをさらに論理的に展開させたものだと見なすこともできるだろう。もちろん、このような論理の同型性を指摘するだけで両者の思想的なつながりを過度に言い立てることは出来ないが、少なくとも丸山がこの時期に、田辺から多くを学んでいるのは明らかであるし、このような「種の論理」とごく近接したコンテクストとロジックで思索しているというのは間違いない。

そう考えてみると、もうひとつ、このような丸山なら当然意識するだろうところの、同じくごく近接した問題構成を持つ同時代の思想的営みにあらためて注目せざるをえないようになってくる。それは、三木清の思想と行動である。というよりもう少し広く、三木に代表されるような同時代の知識人たちの思想動向であると言った方がいいかもしれない。既に触れたように、この時期の危機状況の中で、多くの知識人・官僚・社会運動家たちは、「昭和研究会」や「満鉄調査部」のような調査研究機関に参加するなどして、つぎつぎと政策の立案や遂行に積極的に関与するようになっている。とりわけ、日中戦争の長期化が不可避となった一九三八年の後半からは、この日中戦争に「世界史的意義」を認めてそれを機に「戦時変革」を実現しようと志向する革新左派の人々がそれに加わって、知識人の時局関与は「戦時挙国一致体制」として一般化している。その中で、東亜協同体論などの理念づけを担い、この革新左派の知識人たちをリードして大きな影響を与えたのが、三木清なのであった。[21] 三木は、三八年七月には「支那事変の世界史的意義」を説き、昭和研究会の文化問題研究会のリーダーとして「協同主義」という変革のための基本理念を主唱するようになっている。そしてここで、この三木の主張をあらためて見直すと、それがまたこれまで見てきたような丸山の問題圏と関心が重なり合うと分かるのである。

三木が主に執筆して、一九三九年一月に昭和研究会の名前で出されたパンフレット『新日本の思想原理』を見てもよい。そこでは、「支那事変の世界史的意義」が「時間的には資本主義の問題の解決、空間的には東亜の統一の実現」[22] にあると規定され、その観点から協同主義にたつ「東亜思想の原理」が述べられていくのだが、「イ　民族主義の問題」に始まるその論述は、この時期の丸山が書いていることと明らかに基本的な関心を共有していると読める。例えば、「全体主義」の項に現れるつぎのような論述を見よう。

外来の全体主義は実質的には民族主義であるやうに、それはまた多くの場合個人の独自性の否定に陥つてゐるのであつて、新しい原理としての協同主義はこの点に於て個人の自発性を認めることが文化の発展にとつて肝要であるといふ認識に立つことが要求されてゐる。そのうちに含まれる部分が多様であるとき全体は豊富であり、そのもとに立つ部分の独自性を認めることのできぬ全体は自己が真に強力でないことを示すのである。(23)

本章で試みているように、「民族」や「国体」の神秘化を強く懸念して「今日の全体主義」に抵抗しようとする丸山の思考の歩みを辿ってきてみると、それがこの三木の主張と大きく重なるということがよく分かる(「個人の自発性」!)。もちろんそのような重なりの確認は、ここでもそれだけでは、三木と丸山の思想的立場の一致や、両者の思想系譜上の連続を示すとまでは言えない。ここで確認できるのは、それではなく、三木と丸山の思想的な問題関心の交錯である。すなわち、具体的行動や表現の選択については両者に明確な違いが現れてくるとしても、少なくとも当面する状況の中で、何が思想的に問題であり、何を考えなければならないのかについては、両者の関心が大きく重なっていると理解できるわけである。

この時期の丸山が、田辺元や務台理作あるいは三木清やその周辺の知識人たちから多くを学び、彼らといわば同じテーブルを囲んで議論しているという認識は重要であろう。少なくとも戦時の丸山を、通説のように、「政治的窒息の時代」に「専門領域」に専心して身を潜め、密かに近代の可能性に希望を託しつつ「独自な知的活動」をもって戦後に備えていた人と見てしまうことは出来ない。(24)そうではなくむしろ、現に時局に関与している知識人たちと精神的には入り交じって、当面する時務を丸山なりに積極的に考えているのである。そう理解するとき、表面的には日本政治思想史の学問研究に専心していたように見える丸山自身の、つぎのような証言があらためて重みを持ってくる。

（一九三七年頃――引用者）ともかく福沢を読みはじめると、猛烈に面白くてたまらない。面白いというより、痛快々々という感じです。そういう感じは今からはほとんど想像できないくらいです。とくに『学問のすゝめ』と、この『文明論之概略』は、一行一行がまさに私の生きている時代への痛烈な批判のように読めて、痛快の連続でした。……私などは、はっきりした形ではないけれども何となくこの両者（徂徠と福沢――引用者）には親和性というか似たところがあるとかねて思っていたのです。〔13-39f.〕

戦時期において丸山は、政治思想史研究としては荻生徂徠や福沢諭吉に学びながら、実はそこにおいても当面する時務のことを考えている。だから、丸山にとっては、総力戦体制に突き進む同時代の真っ直中で徂徠や福沢を論ずるということそれ自体が、彼なりの仕方での時代状況への投企なのだと考えなければならない。しかもそれが、丸山の自己認識においては、「時代への痛烈な批判」でもあると理解されているのである。そうだとすれば、この戦時の政治思想史研究には、時務を意識した丸山のどのような主張が盛り込まれているのだろうか。また、それは、丸山にどのような観点から「時代への痛烈な批判」として理解されていたのだろうか。そして、実のところそれは、総力戦体制という時代状況の中でいかなる意義をもったと評価しなければならないのだろうか。

かくて、いよいよまた丸山のテクストが問題になってくる。そこで、これまで本節で洗い出してきた問いをしっかり携え、ここで節をあらためて、考察を戦時の丸山の「日本政治思想史研究」の方に絞り込んでいくことにしよう。

第三節　「日本政治思想史研究」の作為

一　介入するテクスト

1.「国家理性」の危機

念入りに作られたはずの『丸山眞男集』の年譜には奇妙にも採録されていないのだが（どうしてだろう?）、丸山は、「ちょうど日中戦争が全面戦争に拡大し、第二次大戦に発展する一九三〇年代後半から四〇年代にかけて」、「国家理性（Staatsräson）」を主題にしたマイネッケの古典的著作（『国家理性の理念』）を熟読し、「深刻な感銘」を受けたと証言している〔15-179〕。この証言の中で丸山は、当時、「皇道の宣布」などの美辞麗句を掲げて軍国主義の道を突き進む同時代の日本において「国際権力政治の中での『国家理性』のリアルな認識」が見失われていくさまが、権力行使になお自覚のあった明治前半期との「精神的態度のコントラスト」において、「戦慄に近い感銘をもって脳裏にきざまれた」とも述べている〔15-182〜3〕。このような証言は、助手論文を書くプロセスにあった丸山の精神的境位を知る上でとても重要であろう。

事柄はここでも、日中開戦を契機とした総力戦体制の急進展という時代状況に揺り動かされている。「戦慄に近い感銘をもって脳裏にきざまれた」というのはずいぶん強い表現だが、丸山の自己認識に即する限り、この時期に彼の「時代への痛烈な批判」の意識がひとつの極点に達しようとしていたのは間違いないだろう。そして、この時点の丸山が「国家理性（＝国家実存理由）」の問題をこれほど強烈に意識しているというのは、すでに戦争が始まっている状況の中で、同時代人である丸山自身が、その時代状況を国家実存の危機として痛切に覚知しているということである。すなわち、丸山自身がこの時、「国際権力政治の中での『国家理性』のリアルな認識」を呼び起こされ、国家の自己保存という「国家利害」を「国家利害の問題として自覚」する必要に目覚めているのである。そうでなければ、同時代の日本における国家理性の「危機と堕落」が、どうしてそれほど深刻に受け止められようか。丸山の精神的境位という点で見るとき、日中戦争の拡大と長期化を背景に明確に自覚されるようになった〈国家理性の危機〉ということの切迫した危機意識が、緑会論文を書いた三六年と助手論文を書いた四〇年との間をはっきり分けている。

ところで、すでに戦争が始まっているこの危機状況の中で、「歴史の理性」や「国家の理性」という問題を同様に自覚し、それを公的な議論の俎上に持ち出して、戦争の意味転換を図るべく知識人に時局への関与を積極的に訴えていたのは、三木清であった。(25) 三木は、例えば当時広く読まれて人々に大きな影響を与えた「知識階級に與ふ」（一九三八年六月）という論説で、当面する知識人の使命をつぎのように説いている。

大事件はすでに起こつてゐる、すべての好悪を超えてすでに起こつてゐる。これをどう導いてゆくかが問題だ。この大事件にどのやうな意味を賦與するかが問題である。歴史の理性の意味を明かにすること、そしてその意味賦與に向かつて積極的になることがインテリゲンチャに対して要求されてゐる。日本が現在必要としてゐるのは解釈の哲学ではなくて行動の哲学である。……日本の行動の「世

界史的意味」を発見し、この意味賦與に向かつて能動的に行動することが要求されてゐる。(26)

また、別の論説（「世界の危機と日本の立場」一九三九年十月）では、三木はこうも言う。

> 国家の理性は特殊的なものである。しかしそれは単に特殊的なものでなく、却つて普遍的なものと特殊的なものとを如何なる仕方で結合するかといふことが国家の理性の問題である。日本の立場は特殊的なものである、その特殊性を決して忘れてはならない。しかしまた日本の立場は普遍性を有しなければならぬ。それは世界史的構想を含まなければならない。(27)

三木のこうした主張は、危機という状況の中で、同時代の多くの知識人たちを揺り動かし行動へと駆り立てた。丸山も当然これを読んでいるはずだが、国家理性の危機の自覚という点でこの三木にも決して後れを取らない丸山が、このような三木の問いかけになんら心動かされなかったとは考えられない。すると、徳川時代の政治思想史研究に専心していたはずのこの時期の丸山が、そのような問いかけに応える形で、「世界史的構想」を含んだ「行動の哲学」を提示しているとまで言えるのだろうか。わたしの考えは「しかり」である。もっとも、そのことを十全に明らかにするためには、その準備作業としてまず、この時期の丸山のテクストに関わる問題にしっかり注意を向けておく必要があるだろう。

すでに少し言及したが、『丸山眞男集』において「発表年代順」に整序したと称されているこの時期の論文、すなわち、一九四〇年の「近世儒教の発展における徂徠学の特質並にその国学との関連」（助手論文)、一九四一年の「近世日本政治思想における『自然』と『作為』」(以下では「作為」論文と称す)、一九四四年の「国民主義理論の形成」(以下では「国民主義」論文と称す、『丸山眞男集』での標題は「国民主義の『前期的』形成」)という三つの論文は、現行の形は、いずれも一九五二年に論文集『日本政治思想史研究』が編集されたときに作られたテクストである。そしてこの現行の形から、これらの丸山の仕事は、「徳川時代の政治思想史」を通観した研究として、すなわち、「近世儒教の自己分解の過程」を辿ってそこに「近代意識の成長」を跡づけていく歴史研究として、一般に受け止められ理解されてきているのである。ところが、ここで目を転じて、学会誌に発表された初出のオリジナルテクストに注意を向けてみると、そこでかなり異なった力点をもつ丸山の著作に出会うことになる。

どこが違うのか? まず本文の「修正」についてみれば、語句の置き換えや強調のための傍点の付加あるいは削除、そして段落の編成替え、活字のポイント替えなど実はいろいろあるのだが、文章そのものが大きく書き換えられているというのはあまり多くはなく、それだけなら、丸山自身が言うようにまずは大部分が「技術的性質」のものであると認めてもよい〔5-283〕。しかし見逃せないのは、そうした「技術的性質」をもつ変更を全体としてリードし統御する変更であるところの節と見出しの変更、それゆえ論文全体の構成の変更についてである。この変更は、少なくとも効果において、これらの論文の焦点を移動させ性格を変化させる力になった、とわたしは思う。論文の標題そのものが変わっている「国民主義」論文については後で触れるとして、先行する二論文について言えば、変更点はつぎの通りである(次々頁の表参照)。助手論文では第二節の表題が、現行は「朱子学的思惟様式とその解体」となっているが、初出オリジナルは「徂徠学の思想史的前提」とされていた。また「作為」論文では、現行の形が六節からなる構成なのに対して、初出では五節の区分になっていて、末尾の「第五節　昌益と宣長による『作為』の論理の継承」と「第六節　幕末における展開と停滞」という二節は、もとは「五　徂徠学以後の思想的展開」という単一の節であった。

　すると、それによってどう変わったのだろう。明らかなことは、オリジナルテクストが、いずれも「徂徠学」を中心に据えつつその「思想史的前提」や「以後の思想的展開」という位置づけで徳川時代の思想史にも触れるという構成をとっていたのに対して、現行の形では、節の構成が通史的な叙述の展開として位置づけ直されたということであろう。確かに、それによってこれらの論文は、『日本政治思想史研究』という表題の一般向け著書にはふさわしいものになったかもしれない。しかし、そこで後景に退いてしまうのは、徂徠学に焦点を定めた特定の関心である。つまり、これらの論文は、元々は特定の関心をもって徂徠学を解析しようとするものだったのに、現行では「近世儒教の自己分解の過程」を順次辿ってゆく「通史」的な叙述であるかのように見えてしまうということである。それにより現行論文は、オリジナルとはだいぶ雰囲気の異なった概説風著作に「仕上げ」られてしまっている。

　すると、そのような現行の形からオリジナルテクストに立ち返って考えると、この二論文からはいかなる内容が読みとれるのだろうか。徂徠学に向かって丸山が発している特別な関心とは何なのか。それは、戦争の拡大の中で国家理性の危機を痛切に自覚する丸山の、どのような「行動の哲学」に結びついているのだろうか。しっかりとこの視点を据えて、丸山のテクストに向かってみよう。

『日本政治思想史研究』所収三論文の節構成——初出版と『研究』版との新旧対照表

第一論文　「近世儒教の発展における徂徠学の特質並にその国学との関連」

初出版（一九四〇年）——『国家学会雑誌』第五四巻第二～五号

一　まへがき——近世儒教の成立
二　徂徠学の思想史的前提
三　徂徠学の特質
四　国学とくに宣長との関連
五　むすび

『研究』版（一九五二年）

第一節　まえがき——近世儒教の成立
第二節　朱子学的思惟様式とその解体
第三節　徂徠学の特質
第四節　国学とくに宣長との関連
第五節　むすび

第二論文　「近世日本政治思想における『自然』と『作為』——制度観の対立としての——」

初出版（一九四一～二年）——『国家学会雑誌』第五五巻第七、九、一二号、第五六巻第八号

一　本稿の課題
二　朱子学と自然的秩序思想
三　徂徠学に於ける転回
四　「自然」より「作為」への推移の史的意義

五　徂徠学以後の思想的展開

『研究』版（一九五二年）
第一節　本稿の課題
第二節　朱子学と自然的秩序思想
第三節　徂徠学における旋回
第四節　「自然」より「作為」への推移の歴史的意義
第五節　昌益と宣長による「作為」の論理の継承
第六節　幕末における展開と停滞

第三論文

初出版（一九四四年）――『国家学会雑誌』第五八巻第三、四号
「国民主義理論の形成」
一　国民および国民主義
二　近代的国民主義の歴史的前提としての徳川封建制
三　「前期的」国民主義の諸形態

『研究』版（一九五二年）
「国民主義の『前期的』形成」
第一節　まえがき――国民および国民主義
第二節　徳川封建制下における国民意識
第三節　前期的国民主義の諸形態

2・「世界史的意味」としての「脱亜」

まず助手論文であるが、ここで最初に注目されるのは、丸山にとってはじめての日本政治思想史研究であるこの論文の問題設定の仕方である。「近世儒教の発展における徂徠学の特質並にその国学との関連」と題されたこの助手論文を手にする読者が、おそらく誰しも始めにちょっと驚かされるのは、ヘーゲルの『歴史哲学』を冒頭に据えたその問題設定の広大さ、別の言い方をすれば、その大仰さではないだろうか。江戸時代の儒教について論ずるのに世界史を語るヘーゲルを前面に持ち出し、徂徠学の性格を描き出すのに「シナ歴史の停滞性」という世界史的認識を対照項にするということ。丸山ほどの人物がやったことなので誰もそうは言わないが、このような枠組みの設定は一論文としては明らかに過大であり、篤実な研究者なら眉をひそめるほどの「大風呂敷」だとさえ言えるのではないか。「シナ歴史の停滞性」などという固定観念（オリエンタリズム！）の問題性はここでは問わないとしても、それを儒教の問題に直ちに因果的に接続させるのだって、方法的にはずいぶんな飛躍がある。

そう思ってみると、このような問題設定をもった助手論文がアカデミズムの牙城とも言うべき『国家学会雑誌』に現れ、それがあまり違和感もなく受け入れられてきているというのも、不思議と言えば不思議なことではあるまいか。これは、丸山個人の学問スタイルだけには還元することの出来ない、同時代の思想状況全般になにがしか関わる問題だと考えなければなるまい。そこで浮かび上がってくるのが、たったいま引用した三木による同時代的問いかけ、とりわけ「日本の行動の『世界史的意味』」を発見するという知識人の使命への問いかけである。思えば、この時代状況の中で「世界史」を意識しだしているのは、決して三木ひとりなのではなかった。そもそも「世界史の哲学」を標榜する京都学派の哲学者たちにおいてその自覚は文字通り鮮明であるし、第一章で触れたように、それとはまったく異なった学的系譜に属する上原専禄などがまた「大東亜戦争の世界史的意義」に関わる論文を書いている。世界戦争という時が、人々に「世界史」を強く意識させているのである。助手論文を大きな世界史から説きはじめる丸山の問題設定も、このような思想のコンテクストを踏まえてこそ理解しうるものになるはずだ。しかも、それを捉えてみると、日中戦争が長期化しこれに対して挙国一致の総力戦体制の形成が叫ばれるこの時期に、「シナ歴史の停滞性」に対照させて日本における「近代的要素の成熟」を語ろうとする丸山のこの論文の主張内容が、時代状況に介入するテクストとして、一気に生々しいアクチュアリティをもって立ち現れてくる。

まずもちろん、その時期が、「東亜協同体」や「東亜新秩序」が声高に語られているまさにそのときであることに注意しよう。このようなときに、「シナ歴史の停滞性」をあらためて指摘し日本における近代的要素の成熟を実証するというのは、それ自体、時代思潮に対する一定の立場表明を意味することになるのは避けられないだろう。この丸山の議論は、思えばひとつの「脱亜論」の提起となっていて、なによりもアジア主義的な共同体論と、つまり、欧米帝国主義に「東亜」を全体として対立させて「東洋」の文化と伝統の回復を主張するような類の議論と、際だって対立している。それゆえこの丸山の議論は、「皇道の宣布」とか「八紘一宇」とかの標語にのせて語られる戦争遂行のための「ファナティック」なアジア的共同体のイデオロギーが前面にでてくる時下の状況の一面を想起する限りで、そうした時代状況への「痛烈な批判」になっているとまずは見ることができよう。

もっとも当時の時代状況が、そのようなアジア主義的共同体論の制圧的な支配として捉えられるのではなく、むしろ先に見たように、戦争指導と戦時体制構築の方向や性格づけをめぐってさまざまな路線が交錯しヘゲモニーを相争うという危機の相にあったと理解するならば、丸山の論説の意味もかなり微妙になってくる。というのも、そうした状況下で、「ファナティック」なアジア主義に対抗して語られる「東亜協同体論」に対してなら、丸山の議論が一定の親和性をもつと理解することもできるからである。例えば、東亜協同体論の理論的支柱となった昭和研究会の『新日本の思想原理』は、「支那の近代化は東亜の統一にとって前提であり、日本は支那の近代化を助成すべきである」[28]と主張している。とすれば、丸山の論説は、日本によるそうした「助成」が必要かつ可能であることの根拠をしっかり示すことで、日本が主導する東亜協同体というそのコンセプトを側面から支えるものになると見ることができる。すなわちこれは、アジア的共同体を実体視する類の「八紘一宇」論の無限定な主張にはもちろん鋭く対立するのだが、それとの路線闘争において、日本の主導する東アジアの近代化を強調する方向に議論を差し向ける力にはなるのである。三木清の言説においては明らかだが、当時の東亜協同体論には概してそのような志向が含まれていた。

しかも、そのように特定の東亜協同体論とことさら結びつけなくても、丸山のこの「脱亜論」的な問題設定は、それ自体で時代状況にかなり微妙に反応する危うさを持っていると考えられる。というのもそれは、総力戦という危機状況の中で、日本の「国家理性（国家実存理由）」を積極的に自己確認するための論拠を提示するという役割を果たすことになろうからである。そうだとすれば、東亜の解放と統一を標榜する東亜協同体論がそのままアジアに向かう総力戦の準備に参与する者の自己弁証の論理になってしまったように、丸山の議論が、日本帝国主義の生存要求を世界史の「理性」として合理化し下支えしてしまうという可能性がないとは言えなくなる。そしてまさに、この時に、この「国家理性」の危機を、丸山は痛切に覚知しているのである。このような思想史研究を枠づける問題設定の仕組みが、すでに始まっている総力戦という時代精神そのものに深く参与している客観的可能性は、表見されるよりずっと大きいと考えなければならない。

もちろん、以上のことは、まだ「可能性」を言っているにすぎない。しかし少なくとも、助手論文における丸山の世界史を意識した問題設定は、それ自体が時代状況へのひとつの立場表明になることは明らかであろう。そしてこの時に丸山は、国家埋性をめぐる鋭い危機意識をもって、あえてそのようなメッセージ性を引き受けていると考えなければならない。すると、この問題設定の仕組みの中で、丸山は、実際には何を考察対象にして論じ、それによりいかなる主張を伝えようとしているのだろうか。

二　危機に参与する近代人

1．危機における政治性の優位

助手論文をオリジナルテクストで見ると、中心主題である荻生徂徠の位置がこれまでそう思われてきたよりもさらに大きいということが分かる。そしてそのことが、この論文の内在的な読解にも重要な手がかりを与えていると考えられる。

まず、ここで丸山が徂徠を論ずるに当たって、徂徠自身が柳沢吉保の家臣として関与した二つの政治的事件を冒頭で取り上げ、それに対する徂徠の実践的態度から考察を始めているということに注目しよう。(29)この書き出しは、それ自体が、徂徠に接近する丸山の関心の所在を示すと考えられるものだ。現行の形に引きずられながら読むと、「近世儒教の発展における徂徠学の特質並にその国学との関連」と題せられたこの論文は、朱子学の解体過程を内在的に追跡しながら進められる徳川時代の概括的な思想史研究のようにも見えるのだが、オリジナルな形に即して見るとそれは、「学」あるいは「思想体系」としての儒教の発展を一般的に問題にするのではなく、むしろ徂徠学を、しかもそこで成立した思惟方法と「精神《ガイステス・》態度《ハルトウング》」の実践的な特質を主題にするものであることがはっきりする。そうであればこそ、そこでは政治的事件に対する徂徠の実践的態度が、単なるエピソード以上の意味をもっていたというわけである。

　そこでこの主題をしっかり踏まえて見ると、ここで丸山が、「徂徠学を金線の様に貫く特質」として、その「政治性の優位」という点に特別な関心を寄せていることがよく分かる(30)。徂徠学におけるこの政治性の優位というのは、朱子学における道徳性の優位に対応するものである。すなわち、天理と人性、気と人欲、法則と規範、物と人、人と聖人、知と徳、徳と政治という一切をことごとく直線的に連続させ、そうしたすべての連鎖を道徳性の優位の下に配列するという、静的＝観照的な「合理性」の体系をもつ朱子学に対して、徂徠は、個人道徳と政治的決定との連続性を否認し、その意味で、修身斉家から治国平天下を分離し、道の核心をむしろ後者の治国平天下という政治性において捉えることで、修身の道学と化して崩壊に瀕する儒教の根本的再建を試みたのであった。こうした基本認識に立って、丸山は、徂徠学におけるこの政治性の優位に、危機に対応する思想のある（べき）形を見出すのである。

　確かに、朱子学の道学的合理主義は、その連続的思惟方法によって倫理と自然とが一致し徳行と政治とが一致すると見なす、自然主義的なオプティミズムに帰結する。この前提の下では、徳行の目標は本来的に規範秩序と一致する「本然の性」の顕現に他ならないと見なされるのだから、この「本然の性」を見極めることが先決となり、実践道徳的立場から見るとそこでは行動性より観照性が重視されるようになる。このような静的な観照性の態度は、「安定せる社会に相応した精神態度《ガイステス・ハルトウング》でありまた逆に社会の安定化へ機能する」[31]ものであって、それゆえまた、固定的な秩序としてあった近世封建社会が揺らぎ、社会的変動がさまざまに顕在化して転換期的様相を呈し始めると、それに対応できず、やがて動揺を見せるようになるのである。これに対して、社会的変動が人々に「危機の意識」を生み出すような「限界状況（Grenzsituation）」においては、支配層の中にも、個人倫理の束縛から離脱して「現実を直視する真摯な政治的思惟」が存立する可能性が生まれてくる。[32]丸山の見るところ、徳川封建社会が動揺するまさにこのような状況の下で、政治性を優位におく「危機の思想」として徂徠学は成立した。

まこと荻生徂徠こそは近世封建社会が生んだ最初の偉大なる「危機の思想家」であった[33]。

思惟方法の変容を時代状況の危機を背景にして見るこのような丸山の視野の中に、丸山にとって同時代の危機状況が捉えられているというのは間違いあるまい。まさに丸山は、総力戦という国家実存の危機の時代状況において、荻生徂徠という「危機の思想家」を主題にして論じ、その精神態度の実践的特質を明らかにしようとしているのである。ここに、丸山が当時好んで読んだカール・シュミットの影を見出すことも、もちろん可能であろう。危機における政治性の優位は、現実を直視する真摯で自由な政治的決断に可能性を開くものである。国際権力政治の中での現実的な国家理性の認識も、このような政治性を優位させる志向と不可分である。そのような観点に立つ徂徠論であれば、一面ではもちろん学術的な思想史研究の基本要件を確保しながら、眼前の危機という時代状況の中で、他面においてはかの三木の問いかけにも応ずるような「行動の哲学」という色彩を帯びてくるのは不可避であろう。

そう考えてみると、この徂徠論では、内容的にも確かにひとつの行動の哲学が語られているということが見えてくる。ここで丸山は、道の本質を治国平天下という政治性に見る徂徠学において、各人がこの道に参与するのはいかにしてであるかを問い詰めている。

丸山の見るとおり、修身斉家から治国平天下を分離し、個人道徳と政治との連続的思惟を否認する徂徠学においては、個人の完成が道の実現すべき目標とはならない。この徂徠学では、各人はそれぞれ異なった気質をもち、その特殊性を貫くことによってこそ全体の部分たりうるとされる。各人の徳とは、狭義の「徳」にとどまるのではなく、それぞれの特殊技能をも広く包括する必然的に特殊的＝個別的なものであって、各人はこの特殊性をもって普遍的な道に参与するしかないのである。すると、「徳によつて万人が道に参与するとは何を意味するか」[34]。各人の特殊技能を包含する徳の涵養と政治性の優位とを媒介するのはいかにしてであるか。丸山は、徂徠の言葉の中にその答えを探索し、ついにそれを見出して徂徠をして語らしめている。

われわれは彼の答問書において次の様な注目すべき言葉を見出す、「農は田を耕して、世界の人を養ひ、工は家器を作りて世界の人につかはせ、商は有無をかよはして世界の人の手伝をなし、士は是を治めて乱れぬやうにいたし候。各自其の役をのみいたし候へ共、相互に助け合ひて、一色かけ候ても国土は立不レ申候。されば人はものすきなる物にて、はなれ〴〵に別なる物にては無レ之候へば、満世界の人ことごく人君の民の父母となり給ふを助け候役人に候」（答問書、上）。全人民が皆役人である！　これは前の疑問を矛盾なく解決する唯一の方向である。さうして儒教の政治化もまた是に至つて極まるのである。(35)

「全人民が皆役人である！」、丸山が徂徠の言葉をこう言い換えるとき、それは、なにがしかはもうすでに丸山自身の言葉になっていると見てよい。そして、これが時あたかも挙国一致の総力戦体制が叫ばれる一九四〇年のものであることを考えれば、わざわざ感嘆符を付したこの丸山の言葉を、時局を意識した行動への呼びかけとして理解するというのも、あながち的はずれなことではあるまい。全人民が皆役人として体制に参与すること、このことが、政治性を優位におく道のその普遍性に各人が与る「唯一の方向」として語られているのだからである。もちろん、これは徂徠論なのであって、ここに丸山自身の主張を過度に読み込むことは危険かもしれない。しかし少なくともまず、ここで丸山自身の意志によって、危機という時代状況への参与を促す行動の哲学がひとつ発掘されているというのは確かなことである。

すると、このような時代状況への主体的な参与の思想をすすんで発掘する丸山の、その意志を支えているのは何だろうか。危機という時代状況、そして丸山自身の国家理性をめぐる危機意識、そのような事情を勘案すれば、その意志を純学問的な好奇心だけに帰着させることが出来ないのは明らかだ。むしろそれは丸山自身の時代への態度決定に他ならないのであり、危機の時代にあくまで参与の思想を人に語ろうとする、彼自身の行動の哲学だと考えた方がいいだろう。参与を放棄して個の中に自閉してはならぬと、丸山その人が考えているのである。そう理解してみると、このような主体的参与の思想に向かう丸山自身の志向が、緑会論文においてすでに明確であった近代的個人主義と全体主義への批判意識からずっとつながっていると分かってくる。

思えば、ここで参与の思想に丸山を駆り立てているのは、その原点においては確かに「時代への痛烈な批判」として彼に意識されていたものなのだった。丸山は、個人主義と全体主義とに対決し、なによりまずは参与する主体たろうと説くことで、その主観的な意識においてはここでも時代に対する「批判者」であり続けている。すなわち、丸山の批判意識が、国家理性の危機という時代把握のもとで、ここでは主体的な参与の思想への強力な駆動力になっているのである。痛切な時代批判が個人主義批判をバネに熱烈な社会参与への志向につながること、このような思想の逆説がまさに挙国一致の総動員が叫ばれる時代に生じているというのは、もちろん丸山自身の成員主体（＝subject としての国民主体）という意識と無縁ではありえない。

しかも、戦中から戦後へと広く影響のおよぶ思想史的な出来事として重要なのは、丸山眞男その人の独自な思想的枠組みが、まさにこの時に誕生していると見られることである。というのも、この助手論文では、見てきたように「危機の思想家」である徂徠を通して危機の時代への主体的参与が語られているばかりではなく、実は、その徂徠を論ずる丸山の議論の枠組みそのものが、独自な個性をもって整備され、状況への参与にポジティヴな道を開く社会理論上の道具立てとして構築されていると理解できるからである。そのことを、少し立ち入って調べておこう。

「近代主義者」などと言われたりする丸山のことだから、彼の近代性への評価がどこから始まるのかは、その思想の基本性格を考える上で特別に重要な意味をもつことになるはずである。ここで問題となっているのは、丸山が、実はこの文脈において、すなわち徂徠のような政治性を優位におく思想を可能にする条件として、〈近代性〉をはじめてはっきりとポジティヴに語るようになっているということである。言い換えると、丸山はここで、緑会論文で批判の対象としていたような個人主義に帰着する「近代」とは異なった質をもつ〈近代〉に着目し、はじめてそれを評価するようになっているのである。それでは、そこで政治性の優位を可能にする条件としてポジティヴに語られる〈近代〉とは、いかなるものなのだろうか。

近代が政治性の優位を可能にするというとき、その第一の条件と丸山が見ているのは、「政治的なるもの」という独立した領域が発見され、政治が政治として理解されるようになっているということである。[36] 言い換えると、政治が、コスモロジー的世界観や道学的な個人道徳の制約を断ち切って、無制約の「政治的思惟」にゆだねられるようになるということである。助手論文のオリジナルテクストにおいて「徂徠学の思想史的前提」と名づけられた第二節は、のちに「朱子学的思惟様式とその解体」と表題が替えられることからも分かるとおり、道学的合理主義と連続的思惟に立つ朱子学的思惟様式の分解過程の記述としても理解されうるものだ。しかし、そこで丸山が関心を寄せているのは、思惟様式の解体に向かうプロセスそのものではなく、政治性を優位させる徂徠学の「思想史的前提」である、この政治領域の分化独立ということに他ならない。その帰結として丸山は、徂徠における「個人道徳と政治との連続的思惟に対する痛烈な否認[37]」を位置づけ、それをマキャヴェルリの「君主論」と対比して、つぎのような評価を下すのである。

ともかく徂徠学において政治的思惟の道学的制約がこの程度にまで排除されてゐる以上、欧州における近代的政治学の樹立者の栄誉を「君主論」の著者が担つてゐる様に、我国近世期における「政治の発見」を徂徠学に帰せしめることはさまで不当ではなからう。[38]

ところで、このような政治領域の分化独立という認識の基礎にあるのは、ひとつの新しい近代理解、すなわち、文化諸領域の分化という近代理解に他ならない。丸山は、朱子学的な合理主義の分解過程について、「一見思想的逆転のごとく映ずる合理主義より非合理主義への進展が、実は近代的合理主義成立のための不可欠の地盤[39]」であったと評価するが、ここには、近代の合理主義が諸領域の分化（政治のみならず、経済も学問・芸術も、道学的合理主義から解放されて自律的な営みとなること）を前提にしてはじめて可能になるという、一般的な認識が示されている。そのような認識を基礎に丸山は、危機における政治的思惟の合理化の可能性を求めていると考えていい。

つぎに、丸山が、政治性の優位を可能にする第二の条件と見ているのは、第一の条件と緊密に結びついていることだが、「公」と「私」の領域的な分岐である。[40]政治領域の分化とは「公」の領域の分化でもあるというのである。

広く文化的営為における公的な領域の独立、従つてまた私的な領域の解放こそまさに、「近代的なもの」の重要な標徴でなければならぬ[41]。

この点に目を留める丸山は、近代におけるこの二つの領域の自立に、「規範（道）の公的＝政治的なものへの昇華」と「私的＝内面的生活の一切のリゴリズムよりの解放」との両立可能性を読み取る[42]。これにより丸山は、危機における政治への参与が、私的＝内面的生活の自由と両立するという見通しを開こうとしていると見てよい。逆に言えば、私的＝内面的な領域で自由を確保する近代人は、それと矛盾しない形で、危機において公の政治に参与しうるし、参与しなければならないという認識である。

ところで、このように政治性の優位を可能にするものとして提示される近代理解を、緑会論文におけるそれと比較してみるならば、そこに理論構成上の大きな変化があることは明らかであろう。緑会論文において強調されていたのは、中世的国家の中で自主性を保っていた教会やギルドや村落共同体といった仲介勢力の基盤が解体し、諸個人と国家主権とが対峙する個人主義的な近代国家が形成されるということであった。そこでは近代は、共同体の解体と個の自立という枠組みで、いわば政治学的に捉えられている。その枠組みを前提にして、そうした近代を乗り越えるべき「弁証法的全体主義」も構想されていたのであった。

これに対して助手論文において見通されているのは、文化諸領域の分化という前提の下で政治領域の独立が確保され、公的な領域と私的な領域のそれぞれの自立と自由が可能になるはずの近代という、いわば社会学的に捉えられた近代社会像である。そして、政治性の優位において万人が等しく道に参与しうるし参与すべきだという観点に立つ限り、それは、諸個人と国家主権が Entweder-Oder の形で対峙してしまう個人主義的な国家観とは、はっきり対立する志向性をもつものである。この意味では助手論文も、緑会論文からそうした個人主義的近代の批判あるいは超克というスタンスを引き継いでいると言える。とはいえ、この近代を批判し超克するための足場とされるのは、助手論文では、近代において生成する文化諸領域の分化という社会システム上の事態である。それにより、弁証法的全体主義という立場に組み込まれた近代的な個人主義の批判という契機は、組み替えられた理論構成の上において、いわば「近代による近代の超克」という方向へとひとつ展開を遂げていると言うことができよう。

このような近代了解の転換は、また、それに応じた近代人像の転換を伴っている。文化諸領域の分化は、それぞれの領域を自立的に機能させる担い手の生成をもってはじめて可能になると考えられるからである。丸山は、ここにおいていよいよ大塚＝ヴェーバーと出会うことになる。緑会論文で批判の対象にされていた個人主義的な近代人の表象は、「あらゆる社会的拘束から脱却した自由平等な個人」〔1-13〕というものであった。これに対して、ヴェーバーは、それとは全く異なる近代人像をもたらしていると理解されたのである。丸山は、助手論文に取り組みはじめる三七年から三八年頃にヴェーバーや大塚久雄を集中的に読んでいるが〔別-40〕、それと同時期に読んで理解の手がかりとなったはずのボルケナウ『封建的世界像から市民的世界像へ』は、いわゆる「ヴェーバー・テーゼ」をつぎのように端的にまとめている。

資本主義は、エゴイズムそのものの所産、つまりまったく利己的なものと擬制された人間本性の所産なのではない。そうではなく、資本主義が機能するにはむしろ、マックス・ヴェーバーが言うように、労働プロセスに対する大衆のまったく新しい禁欲的態度が不可欠なのである。[43]

経済領域の自立を基盤に成立する近代の経営資本主義は、それを引き受けて専心する主体の禁欲的態度を前提にする。そう言えるとすれば、そのような近代的主体は、政治領域の自立にとっても不可欠であり、それこそが危機状況における政治性の優位を実際に可能にもすると考えられよう。前章で見たように一九三八年は、大塚久雄にとって自己中心的近代人への批判を最高度自発性の生産倫理へと展開させていく決定的な転機であったが、同時代の危機状況は個人主義的近代人を批判する丸山をも同じ岐路に連れ出し、そこで大塚＝ヴェーバーと出会わせることになったと見てよい。

かくて、そこから見通しうるようになってきているのは、危機の政治に合理性を求めて主体的・能動的に参与する近代人という近代人像であり、新たな理論構成と共に定まってきているのは、この近代の潜在力によって戦争の時代における近代の危機を超克するという思想的立場に他ならない。この思想は、危機状況における政治への参与が私人の内面的自由と両立する可能性を求めている。他面から言えば、それは、私的＝内面的生活の自由を確保しながらも、危機状況においては政治への参与を明確に優位におくという立場でもある。この意味でそれは、時下の危機状況に応じて、時務に主体的・能動的に参与することを求める考え抜かれた思想の形なのだと見なければならない。

助手論文における丸山は、こうして近代的な個人主義と全体主義への批判の見地を彼に独自な参与する近代性の思想に展開・転回せしめている。そう読めるとするなら、これに対して、引き続く「作為」論文は何を論ずるものなのか。

丸山の説明によれば、四一年の半ばから一年以上にわたって『国家学会雑誌』に断続的に連載されたこの「作為」論文（論文題目「近世日本政治思想における『自然』と『作為』」）は、前年に完結している助手論文と「とくに密接に補充し合う関係」〔5-287〕にあるとされている。すなわち、かの助手論文では近世儒教の自己分解過程が思惟様式の全体としての推移に重点を置いて扱われていたのに対して、この「作為」論文では、そこから派生した「封建的社会秩序の観方乃至は基礎づけ方」が問題の焦点になるというわけである。[44] この説明をそれだけで聞くと、論文の基調となっている「自然から作為へ」という記述の展開は、ひとえに学問対象である近世政治思想史に内在して析出されてきたもののように受け取れるのだが、しかしここでも、こうした「作為」論文を産出するに到るまでの丸山自身の問題意識の展開というコンテクストにしっかり留意しなければならない。

振り返ってみれば、そもそも緑会論文において「国体」を押し立てる「今日の全体主義」に弁証法的全体主義が対置されたとき、そこではいかなる対立が生じていたのだったか。「国体の明徴」という運動が、「真に我が国独自の立場」への還帰を主張し「万古不易の国体」を顕揚するとき、戦争に向かって歩むこの時代の危機を自然的な秩序観の利用によって乗り切ろうと志向しているのは明らかだろう。これに対して、丸山の弁証法的全体主義というのは、近代的な個人主義を批判しつつ「個」と「全体」の関係を抽象的に性格づけたにすぎないから、ここで何か具体的な秩序構想の「作為」への志向が成立していたとまではまだ言えない。とはいえ、この緑会論文においても、ファシズム国家観における「民族の自然的生物学的把握」が指摘され、この「非合理的なヴェール」によって権威的な国家権力の「合理化」された基礎構造が覆い隠されるということがすでに分析されている〔1-28f.〕。丸山にとって「自然的秩序」という観念の問題性は、はじめから現代の問題として主題化されていたのである。

また、これも既に見てきたように、丸山はその後、ナチス・ドイツにおける国家論論争をリポートした際に、「今日の全体主義」であるナチスが、民族を自然主義的に実体視して個人をそれに従属させ、弁証法的な国家概念を切り捨てつつあるという事態に特別な注意を払っている。さらに日本の文脈でも、弁証法的な社会理論の可能性を担うべき「種の論理」の中から、民族の身体性・自然性・基体性を重視しこれを種的社会と等置する務台理作『社会存在論』のような自然主義的社会理解が現れていることに、丸山は批判の眼差しを向けている。戦時下にある若き日の丸山にとって、自然主義的な秩序観念への批判は同時代のアクチュアルな思想的課題であり続けているのである。

「作為」論文というテクストは、丸山自身が織り上げてきたこの自然主義的秩序観念の批判というコンテクストにしっかりつながっている。とすれば、ここで考えねばならないのは、また本章での方法をもって考えたいと思うのは、そうしたコンテクストの中でのこのテクスト固有の「ズレ」、すなわち、そうした丸山によって持続的に維持された問題関心に解消されない「作為」論文に固有な位置価とは何なのかである。そのように問いを立てるとき、このコンテクストから浮き立つようにして、「作為」論文を特徴づける徂徠学への特別な関心が明確になってくる。丸山は、この論文における徂徠学に関する叙述をつぎのように書き起こしている。

社会関係が自然的な平衡性を失ひ、予測可能性が減退するや、規範乃至法則の支配は破れる。規範はもはやそれ自身に内在する合理性のゆへに自ら妥当するのではない。いまや誰が規範を妥当せしめるのか、誰が秩序の平衡を取戻し、社会的安定を回復させるのかが問はれねばならない。かくて社会規範の妥当根拠を確実にするためにも、政治的無秩序を克服するためにも危機的状勢に於て登場するのは常に主体的人格の立場である。……さうして荻生徂徠は「道は事物当行の理にても無レ之、天地自然の道にても無レ之、聖人の建立被レ成たる道」（徂徠先生答問書、下）だといふその有名な命題を以て、「誰が《ヴエーア》」といふ問題の近世最初の提起者となつたのである。(45)

「近世封建社会に内在する諸矛盾が急速に激化し」た元禄時代、この危機的状勢において「自然的秩序観が遂に全面的に覆され」ようとするときに、危機の思想家＝荻生徂徠は、あらためて社会規範の妥当を確保し秩序を設立する作為主体の問題、すなわち「『誰が《ヴエーア》』といふ問題」の最初の提起者として登場した。丸山が「作為」論文で特別に注目し主題としているのは、この徂徠である。そして、丸山自身のコンテクストの中で「作為」論文を特徴づけるのも、この徂徠への関心なのである。とすれば、これが助手論文と「とくに密接に補充し合う関係」にあるというのも、単に政治思想史学上の関心の連関からだけでなく、むしろこれが、危機状況の下で「誰が」時務に主体的・能動的に参与するのかということ、すなわちその主体的人格の形成という問題を立ち入って論ずるものだという点から理解されなければなるまい。(46)

このような「作為」論文における特別な関心は、徂徠学の制度観の特質とそこに込められた実践的意図を探り出すその考察の中身にも、もちろんはっきりと表れてくる。少し立ち入って追跡してみよう。

丸山の論ずるところ、徂徠を「危機の思想家」と捉えようとするなら、徂徠が朱子学的思惟の中にあった「自然的秩序」の論理を道の対象から排除したという点を見るだけでは足りない。道の対象から自然的なるものを排除して、道を人間規範に限定したとしても、もしその妥当根拠がそれ自体のうちにあるとなお考えるのであれば、いまだそれは「『自ら』妥当する自然的秩序」という性格を払拭しているとは言えないからである。「自然的秩序の論理の完全な克服には、自らの背後にはなんらの規範を前提とせずに逆に規範を作り出しこれにはじめて妥当性を賦与する人格を思惟の出発点に置くよりほかにはない(47)」。徂徠が「聖人」や「先王」を持ち出すのは、危機において新たな規範を作り出す「道の絶対的作為者」をそこに見ようとするからである。

だが、危機の思想家＝徂徠において決定的に重要なのは、このように聖人や先王を「道の絶対的作為者」として思惟の出発点に置いたということそのことなのでも実はない(「徂徠はさらに彼の歩を進めた」(48)!)。思惟の出発点に「作為」を置いても、その「作為」が単なる観念として歴史的過去に閉じこめられるなら、道たる規範の観念的な「基礎づけ」は可能になったとしても、危機のその時に求められる「現実の社会的混乱を克服すべき強力な政治的処置(49)」は生まれえないだろうからである。

危機克服のための作為が可能になるのは、他ならぬその時に作為し決断しうる主体が現実に存在し、この主体の作為が「先王の作為」とアナロジカルにその権威を承認されるときである。元禄から享保にかけての社会的変動を身近に体験する徂徠は、現実の封建社会を一切の身分秩序が失われた「混乱時代」と見る。こうした混乱は、そもそも「徳川開国の祖家康」が制度を建てる本来の任務を充分に遂行しえなかったからだ。そこで、徂徠は家康の行ふべかりし制度の作為を八代吉宗をして行はしめんと企図した。儒教理論から規範（道）の自然妥当性の思想を排斥するための彼の畢生の思索は、実にかうした政治的＝実践的意図に動機づけられてゐたと言つても過言ではないのである。[50]

だから、徂徠においては、単に制度観をめぐる「自然から作為への推移」を確認するだけではどうしても足りないのだ。むしろ注目しなければならないのは、危機の時代において制度を作為する主体の問題を現実的に提起する、この徂徠なのである。そのように強調する丸山の目は、しっかり「誰が」という問題を見据えて、それ自体実践的である。そしてその視野の先に、丸山にとって同時代の危機状況が映っているのは明らかであろう。「作為」論文に「自然から作為への推移」という「近代化」の論述を読み取るだけのこれまでの正統的な丸山理解は、この核心を見失ってきたと言わなければならない。

ところで、このように「作為」論文をその徂徠への特別な関心に即して読んでゆくと、丸山の考察がここで不可避にある問題に直面せざるをえないということに、さらに気づかされる。すなわち、徂徠を現代の実践的関心から読もうとすると、そこでは、徂徠の生きた時代とその読者＝丸山にとってのこの時代との落差がどうしても問題になってしまうということである。徂徠が立て直そうとしたのは、他ならぬ「身分社会」としての封建社会であった。しかも上にみたように、徂徠が制度を建てる作為の主体と見なしているのは、まずは聖人や先王であり、それとのアナロギーにおいて時々の政治的支配者、さらに具体化して言えば、徳川将軍であり八代吉宗である。その限りで、徂徠は紛れもない「封建主義者」[51]だと言わねばならない。そうだとすれば、この徂徠の思想は、丸山にとっての現代においてどれほど有効なのだろうか。

とりわけ問題なのは、徂徠が秩序を作為する主体を特別な人格に限定し、それを聖人などとして神秘化するにまで到っていることだ。それは、この思想の近代的性格を弱め、その妥当性の範囲を狭めるものではないのか。丸山の関心が当面する危機状況に参与する高度に実践的なものであればこそ、徳川時代の徂徠学の現代的意義について、このような問いが生まれるのは不可避であった。

そこで丸山は、この問いに切り込みながら、当面する危機状況における作為主体の形成についてかなり際どい考察にまで進むことになる。それは何か。

4・戦時啓蒙と「魔物」の存在

考えねばならないことは、「誰が」という問題、すなわち、秩序を作為する主体的人格の形成という問題を立てたときに、そこで、徂徠のように限定された「特別な人格」を優越させ、絶対化し、さらに聖人視することの意味とは何か、という点である[52]。逆に言えば、そうした特別な人格の絶対化は、万人の主体性を確信する啓蒙の普遍主義とは背反するのではないかという点である。少し先取りして言うなら、徂徠論という形をとったこの問いをめぐる行論で本当に興味深く重要なのは、そこで丸山が、一方で、主体的人格の形成という問題を「人間の発見」とか「主体性の自覚」という普遍的な啓蒙の問題として初めて明示的に主題化しつつ、他方ではそれを、特別な人格を神聖視する天皇制の存在意義という、当時の時代状況を思えば実に微妙な問題に結びつけて考察を進めていると理解できることである。丸山においてこの二つの問題が、総力戦体制下にあるこのコンテクストで相互に結びついて出てきたというのは、まずはその事実をしっかり確認しておく必要があるだろう。それは、丸山における〈啓蒙〉の出発に、重要な性格を刻印しているはずだからである。

「主体的作為の立場がゲゼルシャフトの論理を内包してゐるとはいかなる意味であらうか[53]」。「作為」論文においてこの問いかけから始まる一連の考察が、近代の啓蒙主義的な把握に立って、秩序を生み出す万人の主体形成という議論として展開しているのは明らかである。「ゲマインシャフトvsゲゼルシャフト」という二項対立図式に沿って近代化の意味を描き出すその論述は、中世から近代への質的な変化をつぎのような認識構図にまとめている。

中世に於ても「人間」「個人」が説かれなかつたわけでは決してなく、却つてそこでは個人の職分について論じられる事最も多かつた。人間の発見とはかうした対象的意味に於てではなく、人間が主体性を自覚したといふ意味に於て理解されねばならぬ。これまで彼が入り込む種々の社会的秩序を運命的に受取つてきた人間はいまやそれらの秩序の成立と改廃が彼の思惟と意思に依存してゐる事を意識した。秩序から行為した人間が秩序へと行為するに至つたのである。[54]

「近代化」を「啓蒙」のプロセスと並行させて捉えるこのような近代理解に立つ限り、すべての人の主体性の自覚を対等に認めるのではなく、むしろ、秩序を作為する主体を特別な人格に限定する徂徠学が、その近代性に「歴史的限界」ありと見なされるのは不可避であろう。丸山もまずはそれを認める。しかしそれなら、徂徠がそのように見ているように、「主体的人格がまづ絶対化された聖人として現はれたことになんらかの客観的必然性があるのだらうか[55]」。丸山はこう問いを立てている。

着眼点は、「自然的秩序の論理」から「主体的作為の論理」への転換がいかにして起こるのかである。啓蒙的近代の理念からして当然ながら、「完全に近代化されたゲゼルシャフト的思惟様式に於ては、自由意思の主体としての人間が社会秩序を作為するといふ構成がすべての個人に認められる」[56]。だが、自然的秩序思想が支配的な状況からの転換を考えれば、「かうした主体性は個人一般に最初から与へられたのではな」いはずだ。丸山は、そこでヨーロッパの歴史に遡及する。「歴史的には、近世統一国家の代表者としての絶対君主がまづかかる自覚者として現はれた。絶対君主こそは自己の背後になんらの規範的拘束を持たずして逆に一切の規範に対する主体的作為者の立場に立つた最初の歴史的人格であ[57]」った。だが、どうしてそうならざるをえなかったのか。それは、中世の自然的秩序思想を根本的に解体するには、「万物の創造主たるにとゞまらず一切の道徳規範進んでは自然法則の源泉」であるところの「世界に対して絶対無差別に超越する神の映像」が不可欠だったからであり、これこそが「秩序に対して完全な主体性をもった政治的人格の表象を可能にした」からである。そのように考えていった挙げ句、丸山はあらためて徂徠を振り返り、つぎのような一般的な結論に到達する。

自然的秩序思想の転換に際して、彼方に於て神の営んだ役割こそ、此処徂徠学に於ける聖人の役割にほかならぬことはもはや明瞭であらう。秩序に内在し、秩序を前提にしてゐた人間に逆に秩序に対する主体性を与へるためには、まづあらゆる非人格的なイデーの優位を排除し、一切の価値判断から自由な人格、彼の現実性そのものが究極の根拠でありそれ以上の価値的遡及を許さざる如き人格、を思惟の出発点に置かねばならぬ。このいはゞ最初の人格が絶対化されることは、作為的秩序思想の確立過程に於ける殆ど不可避的な迂路である。[58]

丸山は、この「最初の人格」を「魔物」だと言う。[59] なるほどそうだ。自然的秩序思想を転換させる力をもつこの「最初の人格」は、まさにその時に、何によっても制御しえない絶対の威力を保持するのでなければならないのである。これは、作為主体の形成を求める啓蒙の論理そのものに内在するまことに大きな逆説だと言うべきであろう。この啓蒙の論理は、すべての人格の主体的作為への転換が切実となる当の危機状況において、すべての人格に優越するこの「魔物」の存在を客観的必然とするというのだからである。するとこの「魔物」とは、具体的にはいったい何のことだろう。徂徠において名指されているのは、徳川将軍であり八代吉宗である。そこで丸山は問う、「徂徠以後の思想史はこの魔物をいかに又どこまで処理したであらうか」。[60] 魔物を必要としたのは徂徠学だけなのか。丸山の結論はつぎの通りである。

徳川時代の思想が決して全封建的ではなかつたとすれば、それと逆に、明治時代は全市民的＝近代的な瞬間を一時も持たなかつた。[61]

啓蒙的近代化の構図を採るこの「作為」論文での概念布置においては、「全封建的」に対する「全市民的＝近代的」という対比は、「自然的秩序の論理」に対する「主体的作為の論理」という対比に対応する。すなわちこれは、徳川時代も明治時代も結論から言えば、いずれも前者から後者への転換のプロセスだという認識を示している。すると、ここでも「魔物」の不可避性から抜け出しきってはいないのだということになる。この認識と後続する「国民主義」論文での「一君万民」型天皇制への評価とを考え合わせれば、ここで丸山が、近代日本における「魔物」として具体的に天皇のことを考えているのはほぼ間違いないだろう。とすれば、この時代評価によって丸山が実質的に主張しているのは、啓蒙主義的な主体的作為の論理の客観的必然性として、「一君万民」型天皇制が少なくとも明治までの日本では「不可避な迂路」だったということになる。

この「作為」論文では、これ以後の時代については、なかんずく総力戦体制下にある同時代の日本については、直接の考察が及んでいない。だから、戦時下の国家体制について、その時に丸山がどのような構想を描いていたかは確証することができない。この論文はこの時代についての実際の政治論にけなっていない。だがそうだからといって、この思想史論文のアクチュアルな政治性を見失ってはなるまい。むしろ、丸山は、この論文で充分すぎるほど多くを語っているのではないのか。ここでも、時は一九四一年であることに注意しよう。政治論を語るにはあまりにも危険の多いこの時に身を置いて考えてみよう。この危機の時に、丸山は、「誰が」という問題をこんなにも雄弁に語り、読む人が読めば分かる形で、危機に参与する作為主体形成という課題と、それに対する天皇制の意義を語っているのである。この四一年という時に実際に身を置くものが、しかも国家理性の危機を痛切に自らのものと感じている者がこれを読むとき、徳川時代ではなく明治初期でもなく、戦時のこの今はどうなのかと問うようになるのは不可避であろう。丸山は、そのことを意識してこれを論じている。すなわちこのときに丸山は、「一君万民」型天皇制の不可避な所以をも認めつつ、総力戦体制に必要な国民的啓蒙の役割を担っている。

このように見てくると、助手論文と「作為」論文というふたつの論文は、確かに「とくに密接に補充し合う」関係に立って、時務に主体的・能動的に参与する近代的主体の形成を包括的に論じていると分かる。その意味でこれらは、思想史論という形式を採りながら、その内容は丸山眞男その人の当面する時務への積極的な関与を示すものと読むことができるのである。すると、以上のように読みとってきたこの内容は、総力戦という時代状況の中で実際にはどのような意義をもつことになるのだろうか。ここで項をあらため、つぎにその点について整理して考えてゆくことにしよう。

三　戦時における「抵抗」と「加担」

1.「下から」の総動員という思想

ここで本節においてこれまで検討してきたことを全体的に振り返ると、そこに浮かび上がってくるのは、戦時における丸山眞男の思想的営みが、緑会論文以来ほとんど一貫して或る「批判」への志向に方向づけられていると理解できることであろう。この基本線から見ると、最初に取り上げた疑問である丸山の「出発点にある変化」の意味さえ、実はむしろ従属的であったとも言える。すなわち、近代批判者から近代擁護者への大変貌と見えるこの時期の「変化」は、急速に深まった危機状況に触発された丸山の理論構成上の組み替えであり、組み替えられた理論的道具立てによる「批判」の継続・展開であった。「出発点にある変化」に問題を発見した本節の考察は、むしろ変化を貫いているこの一貫性を認めたのである。そう考えられるとすれば、そもそも「近代擁護か、近代批判か」という枠組みを振り回してこの時期の丸山を論ずること自体が、むしろ「戦後的思考」なのだと言わなければならない。少なくとも、そうした二項対立の枠組みによっては、丸山自身を一貫して導いている「批判」への志向と、そして、その逆説的な帰結の意味が見えなくなってしまうだろう。

もちろんすでに明らかだろうが、ここで戦時の丸山に一貫している「批判」というのは、緑会論文ですでに提示されその後に継続した、近代的な個人主義とその反面である全体主義に対する「批判」のことである。これまで見てきたようにこの「批判」の見地が、助手論文と「作為」論文において、時務に主体的・能動的に参与することを求める近代性の思想と啓蒙による作為主体形成の論理となって、ポジティヴな形で提示されるに至ったのだった。そうした意図の連続性ゆえに、丸山その人は戦中も戦後も、自らのこの思想的営みを戦時の状況に対する一貫した「抵抗」の形であると本当に（！）信じ続けていたように見える。それにもかかわらず、この「抵抗」は実質的にはどんな意義をもつことになっているのか、しっかり見極めなければならないのはこのことである。

この時期の丸山がいかに実際の政治的・社会的活動に携わらなかったといっても、時務への主体的・能動的な参与を語る彼の思想が、現実の政治情勢と無縁なところで空回りしていたわけではないということに、まず注意しておこう。助手論文の雑誌連載が終了した直後の一九四〇年九月、丸山は、発哺熊雄の筆名で「或日の会話」なる会話体の一文を発表し、そこで、一見「現代離れ」に見える徳川時代の思想史研究が当面する時務にとっていかにアクチュアルであるかを自ら語っている。とりわけ興味深いのは、丸山が、危機状況における経済統制の進むべき方向について、太宰春台の所論と近衛内閣下の新体制運動とを重ねて論じている個所である。

（安定状態では統制は経済法則を顧慮すべきなのに対して――引用者）一旦安定状態が破れて非常状態に移ると、もはや法則は多少とも妥当性を失う。具体的状勢に即した具体的処置のみが事態を救いうる。ナチスの政治学者カール・シュミットはこれを「例外状態における政治的決断」と呼んでここに偉大な政治的転換の契機を見出しているが、春台もやはり「事ノ上ニ在テ、常理ノ外ナル」場合を重視して、「理ヲ知テ勢ヲ知ラザレバ大事ヲ行フコト能ハズ」と言っている。だから逆に言えば統制が経済法則を顧慮しなければならない間は、その統制はたかだか旧経済機構の修繕の意味しか持たず、それ自身新しい経済体制樹立という「大事」の主体的媒介者たりえないわけだ。

従来の統制は客観的には前者の範疇に属するに限らず恰《あたか》も後者に属するが如くに振舞ったところから色々の困難や摩擦が発生したのだろう。幸い近衛内閣の下に漸く後者的意味での統制確立の気運は熟して来た。〔1-312～3〕

この一文は丸山が戦時下において現実政治に直接言及した数少ない発言のひとつとして注目すべきものだが、ここで「例外状態における政治的決断」を「危機状況における政治性の優位」と読み替えれば徂徠をそこに重ねて理解できるし、その「例外状態」の把握が「作為」論文の前提にある「危機的状勢」の把握とぴったり重なってもいる。だから、これはそのまま丸山自身の仕事に直結する内容になっていると分かる。とすれば、これを書く丸山が、近衛内閣の成立に連動して進んでいる時下の新体制運動に実際に一定の期待を抱きつつ、この期待に自らの学問的営みの存在理由を広く結びつけているというのは間違いないところであろう。助手論文以来明らかに丸山が求めている時務への能動的な参与というのは、抽象的なものではなく、このときには新体制運動という特定の対象をもっている。

さて、そのことを確認してみると、助手論文以降の丸山の言説がいずれも、にわかに生々しい政治性を帯びて理解されるようになるだろう。この時期の丸山は、総力戦体制に向かう日本の政治状況に具体的に関心を寄せ、意識の上ではそれに深く関与しながら考えているのである。もちろん、であればこそ他方では、状況への発信の方は戦時のことゆえ慎重に、日本政治思想史研究という学問の形式を守って議論するという姿勢を維持している。だから、それを読む際には、いよいよしっかりと時々の政治情勢というコンテクストに関係づけながらそれを理解しなければならないわけだ。

そこで、この時期に関わる丸山のつぎの回想にもう一度注意しよう。

ともかく福沢を読みはじめると、猛烈に面白くてたまらない。面白いというより、痛快々々という感じです。そういう感じは今からはほとんど想像できないくらいです。とくに『学問のすゝめ』と、この『文明論之概略』は、一行一行がまさに私の生きている時代への痛烈な批判のように読めて、痛快の連続でした。〔13-39〕

あらためて言うが、「痛烈な批判」というのは時に「熱烈な参与」にも等しい。この時期に丸山は二つの福沢諭吉論を書いている。「福沢諭吉の儒教批判」（一九四二年）と「福沢に於ける秩序と人間」（一九四三年）がそれだが、この二つを以上のコンテクストにしっかり据えてみると、丸山の時代状況への関わりがさらにはっきりと見えてくる。

「福沢諭吉の儒教批判」というのは、その標題からして、徂徠を通じて朱子学の批判を果たしている丸山にとっては、自らの学問動機の表明と不可分であるのは間違いないだろう。そこでとりわけ注目したいと思うのは、この論文で丸山が、『学問のすすめ』や『文明論之概略』を書いた前期福沢の儒教批判を分析しつつ、その動機的な背景に言及している箇所である。問題はここでも「危機」という時代状況に結びついている。それ故ここは、どうして丸山が福沢のこの二著の言説を自分の時代への「痛烈な批判」として捉えたのか、明確に理解させてくれるところなのである。

丸山がこの論文で強調するのは、幕末における国際関係の緊張の中で福沢が示した「熾烈な対外意識」であり「強烈な国民的自覚」である〔2-150〕。すると、この意識をもって福沢がとりわけ強調したことは何か、言い換えれば、丸山がこの時期の福沢において何よりも注目したことは何だろうか。それは、丸山がこの文脈で一番最初に行う福沢からのつぎのような引用に明瞭に表示されている。

「外国に対して我国を守らんには自由独立の気風を全国に充満せしめ国中の人々貴賤上下の別なく其国を自分の身の上に引受け、知者も愚者も目くらも目あきも、各其国人たるの分を尽さざるべからず」（学問のすゝめ、三編）。〔2-150、原文ママ〕

見られるように、ここには危機の時代における対外意識と国民的自覚と主体的な参与への呼びかけが端的に結びついて提示されている。言い換えるとこれは、まさに危機の時代における「国民総動員」の思想に他ならない。すると丸山は、福沢の言説の何を自分の時代への「痛烈な批判」と理解したのか。丸山は続いて福沢から引用する。

しかるにまさに貴賤上下の別を絶対化し「民はこれに由らしむべしこれを知らしむ可らず、世の中は目くら千人目あき千人なれば、智者上に在て諸民を支配し上の意に従はしめて可なり」という「孔子様の流儀」では「此国の人民、主客の二様に分れ、主人たる者は千人の智者にて、よきやうに国を支配し、其余の者は悉皆何も知らざる客分なり。既に客分とあれば固《もと》より心配も少なく、唯《ただ》主人にのみ依りすがりて身に引受ることなきゆゑ、国を患《うれ》ふることも主人の如くならざるは必然」(学問のすゝめ、同) である。〔2-150f.、原文ママ〕

なるほどこれは、「下からの動員」という観点から、「上からの専制」を「痛烈」に批判するものだ。国民の総力を動員するためには、ナショナリズムとデモクラシーの結合が必要だという主張といってもいい。戦争態勢にある時の政府に同様の批判を直接ぶつけたらどうなるか想像してみれば、丸山が、福沢の何を「猛烈に面白くてたまらない」、「痛快々々」と感じていたのかは明らかであろう。この福沢を持ち出す丸山自身が、総力戦という同時代の状況の中で、下からの力を十分に生かし切れていないと見える同時代の動員の不備に大いに苛立っているのである。福沢はそれを批判してくれていたのだ。この観点は続く論文「福沢に於ける秩序と人間」にもそのまま引き継がれる。しかもこんどは、福沢の言葉は丸山自身の言葉に積極的に置き換えられている。

国民一人々々が国家をまさに己れのものとして身近に感触し、国家の動向をば自己自身の運命として意識する如き国家に非ずんば、如何にして苛烈なる国際場裡に確固たる独立性を保持しえようか。若し日本が近代国家として正常な発展をすべきならば、これまで政治的秩序に対して単なる受動的服従以上のことを知らなかった国民大衆に対し、国家構成員としての主体的能動的地位を自覚せしめ、それによって、国家的政治的なるものを外的環境から個人の内面的意識の裡にとり込むという巨大な任務が、指導的思想家の何人かによって遂行されねばならぬわけである。〔2-220〕

福沢を論ずる形の一文であるとはいえ、これを言っている時は一九四三年である。わたしは本章においてこれまで、丸山の思想そのものについて「動員の思想」と性格規定することをむしろ意識的に控えてきたが、しかしここまでくると、このように積極的に語る丸山の思想をもうはっきり「国民総動員の思想」だと言わなければなるまい。確かにその語り口は、思想史家の節度を守ってなお熱狂を排している。これは希有なことだと言ってもいい。とはいえ、すでに助手論文や「作為」論文において、時務に主体的・能動的に参与することを求める近代性の思想と啓蒙による作為主体形成の論理を提示してきていた丸山は、ここで間違いなく確信せる戦時総動員論者となっている。

もちろん、戦時期のファシズム体制がもっぱら「上からの専制」とか「一部の軍国主義者の独断専行」とか理解できるのであれば、なるほどこのような立場も、この時代状況へのひたすらな「抵抗」であると見なされる可能性はあろう。確かにそれは、「上から」に「下から」を対置するものである。しかし、この戦時期が国民総動員を基盤にした文字通りの総力戦体制下にあり、国民の「最高度自発性」にこそ依拠する戦時体制下にあると理解してみると、この丸山の立場は、個人主義や全体主義に抵抗するという思想的営みそのものを通して、そうした体制への動員を積極的に主張するものになっていると認めなければならない。この時丸山は、その位置で戦時動員体制の中にいる。そして、戦中戦後を貫く思想史的な事実として重視しなければならないのは、丸山眞男の近代性の思想と啓蒙の立場そのものがこの戦時総動員の思想として形成されているという、このことである。

しかし、たとえそうだとしても、まだ疑問は残る。それでも、この丸山の思想には「戦時動員」などという時代状況の外枠をはるかに超える質がある、と考える人はいるだろう。というのも、その思想の核心は、動員ということよりも、そのプロセスで自由に作為する主体性を形成するという点にあるのではないかと思われるからである。それ故、百歩譲って、たとえその思想が戦時動員という時代の渦中に生成しそれに巻き込まれたと認めたとしても、それが生み出そうとしている「主体」は、戦時体制の制約を超えて自由な社会形成に道を開く最も重要な担い手となるのではないのか。そうであれば、後代の者としては、厳しい時代的制約から来る難点（「時代の子」？）をあれこれあげつらうより、むしろその思想的可能性を見るべきではないだろうか。

このような疑問は、しかしわたしの見るところ、戦中の丸山の思想を考える際の、そしてそれを戦後の丸山に結びつけて考える際の、もっとも大きな落とし穴であるように思う。そしてその問題性は、それをコンテクストに即してしっかり読みとるならば、戦争の状況が苛烈になるに従って丸山自身が進んでいったその道にはっきり示されていると思うのだ。戦中の丸山が行き着いているその最後の地点を、ここでしっかり見定めておこう。

2. 国民主義への啓蒙が孕む暴力

年譜によれば、丸山は、一九四四年の七月に論文「国民主義理論の形成」(「国民主義」論文)の後半部を書き上げて友人辻清明に託し、その当日に応召して松本の歩兵第五〇連隊補充隊に配属されている。後に丸山は「この論文を『遺書』のつもりであとに残して行った」〔12-96〕と回想しているが、その経緯から見て、この論文は戦時の丸山のある到達点を示すものと理解することができる。

その「国民主義」論文は、冒頭からつぎのように始まっている。

国民とは国民たらうとするものである、といはれる。単に一つの国家的共同体に所属し、共通の政治的制度を上に戴いてゐるといふ客観的事実は未だ以て近代的意味に於ける「国民」を成立せしめるには足らない。そこにあるのはたかゞ\人民乃至は国家所属員であつて「国民」(nation)ではない。それが「国民」となるためには、さうした共属性が彼等自らによつて積極的に意欲され、或は少くも望ましきものとして意識されてゐなければならぬ。……通常この転換を決意せしめる外的刺戟となるのが外国勢力でありいはゆる外患なのである。(62)

「『国民』となる」ということ、あるいは、国家の自覚的な担い手としての「国民」を形成するということ、ここには論文の主たる関心がこのように明記されている。(63) この関心を丸山は、同論文の別の箇所では、「政治的関心を益々広き社会層へ浸透せしめ、それによつて、国民を従前の国家的秩序に対する責任なき受動的依存状態から脱却せしめてその総力を政治的に動員するといふ課題[64]」（傍点は引用者）とか、「依然として去らない国際的重圧のさ中にあつて、『全国人民の脳中に国の思想を抱かしむる』（福沢・通俗国権論）といふ切実な課題[65]」などと言い換えつつ繰り返し論じていて、そこでは、「作為」論文において提出された作為主体の形成という課題が、「国民」の政治的な「動員」という課題として、あるいはそのような「動員」を可能にする啓蒙（「国の思想を抱かしむる」）という課題として具体化され明示されていることが分かる。丸山の追求して来た関心の筋が、この「国民主義」論文では、いよいよはっきりと「国民」の「動員」という課題として意識され、「海防論」、「富国強兵論」、「尊王攘夷論」といった戦時に採り上げるものとしてはいかにも生々しい政治論のいくつかを考察の対象として辿りながら、国民主義成立の思想史的前提が検討されるということになっている。

戦局も押し詰まった一九四四年という年を考えれば、また丸山自身が応召を目前にしていて、それが生還の期しがたい旅立ちになるだろうと予想される状況を考えれば、丸山が自分自身の問題としても「国民」という存在をいっそう切実に意識し、この論文に自らの決意を託したと見ることは可能であろう。まさに「国民」として死なねばならない立場に立たされた者として、「『遺書』のつもりであとに残し」たとする丸山の言葉は、そのことをつよく示唆している。もちろん、この論文は『国家学会雑誌』の企画特集「近代日本の成立」への寄稿論文として作成されたという経緯があるから、その事情にも内容が規定されているということはある。それでも、「作為」論文とこの「国民主義」論文との明瞭なつながりを考えれば、また、寄稿論文の主題をあえて「国民主義」としているのは丸山自身であるということを考えれば、内容的にも、これが戦時における丸山のとりあえず区切りをつける立場表明であると見て誤りはあるまい。

すると丸山はここで、「国民主義」という立場になにを託そうとしているのだろうか。またその立場は、戦時のコンテクストの広がりの中でいかなる意義をもつことになるのだろうか。

まず、丸山にとって「国民主義」がここでどのような意味を持つのかを確認するために、この論文で「国民主義」に付されたひとつの註に注目しよう。(66)

Nationalism はまた民族主義と訳されるが、民族主義といふと例へば他の一国家の本土に少数民族として存在し、或は植民地となつてゐた民族が独立するとか、数個の国家に分属してゐた民族が一国家を形成するとかいふ場合は適当であるが、我国の様に昔から民族的純粋性を保ちいはゆる民族問題を持たなかつた国に於ては如何であらうか。日本で民族主義といふともつぱら対外的問題の様にひゞくがナショナリズムは後に明になる如く対外的問題であると同時に内部的問題なのである。国家主義といふ言葉も屢々個人主義の反対概念として用ひられてゐるので適当でない。ナショナリズムは一定の段階に於てまさに個人的自主性の主張と不可分に結合してゐるからである。結局かうした種々のニュアンスを包含する意味で国民主義と呼んだのである。(67)

はじめに目を留めたいのはこの後半部である。見られるように「国家主義（全体主義）vs個人主義」という対立概念に対して、「個人的自主性の主張と不可分に結合してゐる段階」にあるとされるナショナリズムを「国民主義」と表現すること、このような概念の布置の中で「国民主義」を捉えるというなら、それは、若き日の「弁証法的全体主義」に始まり、本章で辿ってきた丸山の思想的歩みの中でずっと求められてきたものとぴったり重なっていると了解できる。なるほど丸山は、自ら追求してきた立場をここにきて「国民主義」と表現しようとしているのだ。だからこそ丸山においては、国民としての「動員」の呼びかけが単なる国家主義への屈服なのではなく、むしろ国家に対して否定的な独立をも保持しうるような「主体」の形成に至るはずだという認識が維持され、戦時のこの思想にあくまで「抵抗」への志を認めようという事後の解釈も維持されえたのである。

たしかに丸山において「国民主義」というのは、決して借り物なのではなく、むしろ丸山自身の思考の採りうる形であり、戦中の思想的な到達点であると見てよい。だが、そうだとすれば、思想が鼎の軽重を問われるような危機状況である一九四四年というこの時に「国民主義」として表現されるようになっている思想とは、いったい何なのか。そこで「国民」とは、実際には誰のことなのか。

「国民とは国民たらうとするものである」と言われている。これは、丸山における「国民」の反本質主義的な理解の表現であると見なされうる。「国民」とは構成されるべきものだとされているのである。そういえば確かに、戦時の丸山にとって「国体」の神秘化や「民族」の実体化を批判することは思想的営みの主要なイシューのひとつであった。この意味で考えれば、その丸山を、国体論者であるとか民族主義者などと呼ぶことはもちろんできない。「国民である」というのは国民共同体や民族への帰属やその属性で決まるのではない、というのがまずは丸山の考えである。すると、「国民たろうとする」とはどういうことなのか。

考えてみれば、そもそも「国民たろうとする」というのは実に奇妙な言い方だ。ひとは、例えば「日本国民である」とか「韓国国民である」ことはできるが、一般的に「国民である」ということはできない。

とすれば、「国民たろうとする」と言うと普遍妥当的にも聞こえるのだが、実はそれは、それが語られるコンテクストごとに、誰かある一定の人々が特定の「何々国民」であろうとすることとして問題になるものに他ならないのではないか。そしてここで丸山が語るコンテクストでは、その「国民」とはもちろん「日本国民」を不可避に強く指示することになるはずだろう。そこで、まずそれを「日本国民になろうとすること」と言い換えてみよう。するとその言葉は、一九四四年という時代状況の中で、一気に生々しい支配と暴力の現場にまで結びついていってしまうことになる。

日本国内で挙国一致の総力戦体制の形成が本格化した一九三八年頃からこの時期にかけて、朝鮮や台湾など日本が植民地支配を行った地域でも、いわゆる「皇民化政策」の推進という形で、その地域の人々の帝国への統合が強力に押し進められているということは、しっかり認識しておかなければならない[68]。朝鮮で言えば、「兵員資源」の動員という観点から一九三八年に陸軍特別志願兵制度が導入されていたが、四四年にはそれがいよいよ徴兵制の実施・国民徴用令の適用にまで及んで、それと共に「内鮮一体」のスローガンのもと、創氏改名の実施、「私共ハ忍苦鍛錬シテ立派ナ強イ国民ニナリマス」と記された「皇国臣民の誓詞」朗読の徹底、朝鮮語の使用禁止、神社参拝の強要などの政策がつぎつぎと進められてきている。またこれに対して、朝鮮人の側からも、玄永燮や李光洙など、「内鮮一体」という方向に差別からの脱出の道を求めて「日本人以上の日本人」になろうと主張するものが現れてくるのも、この時期のことである[69]。少なくともこの時点の朝鮮のコンテクストに投げ込まれることを想定する限り、「国民たろう」という一般的呼びかけが、そのような支配と統合の進展の中でこれを「自主的」に支える「日本国民になろう」という意味を強くもってしまうのは明らかである。このとき、その呼びかけに応えるように設えられた「挺身隊」という仕組みの中に、「従軍慰安婦」の動員もまた含まれている。「国民たろう」という呼びかけは、それを正当化するイデオロギーなのである。

また沖縄でも、まさにこの時期に、迫り来る地上戦の予感の中で住民を戦場動員するという必要に向けて、「日本人になる」ということがいよいよ厳しく問われるようになってきていた。冨山一郎によれば、かねてより、「文化程度低き」ものとみなされた沖縄の近代化は、生活道徳としての生活改善運動を通じて、「遅れた」沖縄人の風俗・習慣を「勤勉」で「規律」ある日本人のそれに置き換えるという方向性をもってイメージされ進められてきていたのであったが、それがここにきて、戦場動員という軍事的要請に基づいた住民への軍事規律の拡大という方向に徹底されるようになっていくのである。[70]「文化程度が低く怠惰」な「沖縄文化」を払拭する生活改善の運動は、「日本人」たらんとして自ら監視し監視される主体に沖縄人を作り上げていくわけだが、それが、「沖縄語を話すこと」や「道徳的犯罪」まで「スパイ」の仕業と認定してこれを取り締まる戦場の軍律に、さらには、「敵」に投降するのを拒否して「日本人」として死ぬことが要求される「集団自決」の強制にまで進んでいくのである。丸山が「国民たろうとする」ことについて語っているまさにその同じ時に、この沖縄のコンテクストにおいては、「日本国民になる」ということが「監視され暴力を行使する主体になる」ということを強く意味していたのであった。[71]

かの時点で「日本国民になる」ということは、少なくともまずある一定の人々にとっては、支配と暴力への「臣従化」に他ならないというのは明らかだ。それでは、そのことは植民地朝鮮や台湾、そして沖縄の人々にとってだけ当てはまることだったのだろうか。それはもちろん、そうではなかろう。たしかに、帝国と植民地を抱える帝国主義的支配の構成はけっして平等で均質なものではなく、人々を異なったポジションに差別的に配置し、支配を構造化している。とはいえ、そこに引かれる「日本人の境界」は、単に空間的な意味においてだけ捉えられてはならない。戦場においても銃後においても、「非国民」とか「それでも日本人か」といった脅迫的言辞があらゆる機会にあらゆる人々に対して発せられうるようになっていて、またすべての人々が「内心」のその声に監視され、自己規律するように要求されているのが総力戦体制である。「日本」という「共属性が彼等自らによって積極的に意欲され[72]」なければならないと、明示的に要求するのが「挙国一致」体制なのである。そうだとすれば、その中では、丸山が求めている主体としての「国民」もまた、「非国民にはなるまい」という格律を不断に自己に課している、そういう「主体＝帝国臣民」であらざるをえない。それが「日本国民になろう」という呼びかけである限り、一九四四年の日本という内地の文脈においても、時下に優勢な抑圧や暴力と無縁であることができない。

それでは、「日本国民になろう」と呼びかけるのではなく、実際に丸山がそうしているように、あくまで普遍主義的に「国民たろう」と呼びかけるというのはどのような意味をもつのだろうか。そうした論じ方は、戦時のナショナリズム昂揚の気分に乗って「日本国民たろう」と扇動的に論ずるのとはとりあえず違う意味をもつように思われるし、そこに丸山の思想的立場の固有性があるとも考えられる。とすれば、そのことまで考慮に入れなければ、戦時の丸山についての評価としては公正を欠く。そこで、もう一歩、ぎりぎりそこまで論点を詰めてみよう。

わたしの考えでは、ここでの丸山の普遍主義的な「国民主義」の語りの意味は、二つの側面をもっている。

ひとつは、先に見てきたことだが、日本の「国家理性」の危機という認識の中で知識人たちに捧げられた三木清のつぎのような言葉に関わっている。煩を厭わず、もう一度引用してみよう。

国家の理性は特殊的なものである。しかしそれは単に特殊的なものでなく、却つて普遍的なものと特殊的なものとを如何なる仕方で結合するかといふことが国家の理性の問題である。日本の立場は特殊的なものである、その特殊性を決して忘れてはならない。しかしまた日本の立場は普遍性を有しなければならぬ。それは世界史的構想を含まなければならない。(73)

丸山の立場においても、ナショナリズムはまずは特殊的なものであるに違いない。国家理性の危機を痛感するときにも、丸山はその特殊性は認めている。だから、ただその特殊性に自足しているわけにはいかない。そこで、そこを超えていく道としては、このナショナリズムを「近代的国民主義」という普遍的な「世界史」の構想の中に位置づけるということが考えられよう。この意味でも、ナショナリズムは、単に国家的自利のみを求める国家主義ではなく、「個人的自主性の主張と不可分に結合」する「段階」におけるナショナリズム、それゆえその内に普遍性に結びついてゆく要素を含む「国民主義」でなければならない、丸山はそう考えていたのではないだろうか。そうでなければ、戦局も押し詰まった一九四四年という段階でナショナリズムを論じながら、「日本」が前面に出てこない理由が分からない。この点では、凡百の翼賛思想家とは異なって、丸山はあくまでも思想的な「自制」を保っていると見てもよい。

とはいえ、そのことがまた落とし穴でもあったのではないか。なぜなら、普遍主義的に語られる国民主義は、固有名のついたナショナリズムが「境界」でその時に実際に引き起こしている暴力を濾過して、かえって見えないものにしてしまうはずだからである。朝鮮や沖縄について触れながら見てきたことは、主体としての「国民」を求める丸山の言説が、同時代のさまざまなコンテクストに持ち込まれたときに果たすはずの機能のことであった。帝国の国民主義が、「皇民化政策」の遂行などを通じて植民地の人々にも「国民たろうとする」ことを強く求めるというのであれば、矛盾を含む言い方であるが、それは帝国主義的国民主義と名づけられてよいだろう。丸山の提出する普遍主義的な国民主義の言説は、この時期に、帝国主義的国民主義と同時に表裏をなして存在しながら、しかもそれにより、この帝国主義的国民主義の実際の暴力性を濾過して見えないものにしてしまうものだと思う。日本内地で「国民主義」論文を同時代に読むものは、朝鮮や沖縄などの現実は見ないままに、「国民たろうとする」ことの普遍的・世界史的な意義を信じて、あるいは戦地に赴いているかもしれない。この時国民として応召する丸山自身が、まさにそうであっただろうように。このような意味で、「国民主義」論文に示された丸山のこの思想は、〈戦中〉の思想としての位置づけ、そこでのイデオロギー的役割をしっかり持ってしまっている。

　ところで、そのことの裏面で、「国民主義」論文における国民主義の普遍主義的な語り、近代的国民主義一般の提起には、もうひとつ、以上のことと結びついていながらそれとはかなり位相の異なる意味が含まれてもいることに、ここではさらに注目しよう。それは、それが〈戦後〉の思想的フレームワークを直接に準備するものにもなっているということである。

　先に引用した「国民主義」に付された註の、こんどは前半部に注目したい。

Nationalism はまた民族主義と訳されるが、民族主義といふと例へば他の一国家の本土に少数民族として存在し、或は植民地となつてゐた民族が独立するとか、数個の国家に分属してゐた民族が一国家を形成するとかいふ場合は適当であるが、我国の様に昔から民族的純粋性を保ちいはゆる民族問題を持たなかつた国に於ては如何であらうか。日本で民族主義といふともつぱら対外的問題の様にひゞくがナショナリズムは後に明になる如く対外的問題であると同時に内部的問題なのである。

戦後日本において長らく維持されてきた正統的な自己意識であるいわゆる「単一民族」という観念が、ここでは絵に描いたようにはっきりと示されている。だが、それにしても、一九四四年という植民地帝国日本が現存していた状況を想起するなら、このように言えてしまう丸山のこの時の現実感覚を、どう理解したらいいだろうか。「アイヌ」や「沖縄」などの問題についてはここでは仮に問わないとしても、関東大震災の記憶(74)や父丸山幹治が『京城日報』に単身赴任していた経験などを持つ丸山が、また、東京帝国大学の同僚として植民政策学の矢内原忠雄などの去就にも関心をもたざるをえなかったはずの丸山が、民族の問題を現に抱えている日本帝国の現実に気づいていないというのは到底信じることができない。するとこれは、敗戦と植民地帝国の解体を予感する丸山の戦後への意識的な準備なのであろうか。すなわち、あえて意識的な切り捨てがなされているのだろうか。そのような強い自覚が丸山に実際あったかどうかは別にして、そう考えてみるときに、〈戦後日本〉の認識の構図がここから開かれていくということがよく分かってくる。

敗戦後の日本にナショナルなアイデンティティを再発見させる「単一民族」という観念は、植民地帝国の放棄と表裏をなすのみならず、その植民地帝国を「帝国臣民」として統合しようとした帝国主義的国民主義の忘却と表裏をなしている。すなわち、植民地朝鮮や台湾その他で、あるいは沖縄において、「日本国民になること」を暴力的に課し、そこで「監視され暴力を行使する主体」を育成しようとした事実がすっかり忘れ去られることによって、近代的国民主義へと一歩ずつ進んでゆく途上にある「単一民族」としての「日本」が観念できるようになるということである。そうだとすれば、「国民主義」論文で日本のナショナリズムを、対外的に拡張していく帝国主義的国民主義としてではなく「内部的問題」として、つまり封建的な「中介勢力」の介在を排除して「一君万民」に帰着してゆく国民主義の内的な形成という物語として描き出している丸山の作業[75]は、そこにぴったりはまり込む。すなわち、この「国民主義」論文を書いている丸山は、そうした「単一民族」としてのアイデンティティ形成に直接にしっかり奉仕しているのである。その時に、「国家的独立のための国民的統一」という要請が繰り返されているこの論文の視野には、朝鮮や台湾はおろか沖縄すらなく、すでに狭く限定された「日本」しか入っていない。

そう考えられるとするなら、〈戦後日本〉の方を向いている丸山がもうそこにいる。ここからは、「象徴天皇制」と「国民的民主主義」が結合した「単一民族国家＝日本」という戦後日本の基本構図まで、ほとんどもう一歩である。それなら、丸山はその「一歩」をどうやって歩みだしていくのだろうか。かくて、丸山眞男の思想的歩みを辿る本章の考察も、丸山における戦中から戦後への転換に目を移して行くべきところにまで至った。

第四節　徂徠論の転位と戦後啓蒙の問題構成

一　戦後日本へのアジェンダ設定

戦争が終結して半年に満たない一九四六年一月、丸山は、復員後に書いたはじめての文章を「文化会議」というグループの機関誌に寄稿している。「近代的思惟」と題されたそれは、丸山個人における問題意識の不変を強調するつぎのような言葉から始まる。

私はこれまでも私の学問的関心の最も切実な対象であったところの、日本に於ける近代的思惟の成熟過程の究明に愈々《いよいよ》腰をすえて取り組んで行きたいと考える。従って客観的情勢の激変にも拘わらず私の問題意識になんら変化がないと言っていい。〔3-3〕

誰でもが一度はどこかで死に直面し、あるいはそれを覚悟させられた戦争が自国の敗北という形で終わり、その混乱からなお人々の多くが今日の糧を見失い前途に踏み迷う状況下にあることを思えば、政治思想家として一番最初に公表する文章を丸山がこのように始めているのは、やはりどこか奇妙な感じがするのは否めない。自国の敗戦の直後だというのに、なによりもまず始めに「私の問題意識になんら変化がない」と自分のことを言い出す知識人がいる。自国の戦争によって、しかも敗戦によっても、何も変化しないという政治思想がある。それにしてもどうして丸山は、敗戦後の最初の文章で、よりにもよってこんなことを公言しなければならなかったのだろうか。

それを考える手がかりは、戦争が「敗戦」という形で終わった直後のこの時に、丸山の目にもっとも印象深く映っていたのは何だったのかである。丸山は続けている。

ただ近代的精神なるものがすこぶるノトーリアスで、恰《あたか》もそれが現代諸悪の究極的根源であるかの様な言辞、或はそれ程でなくても「近代」に単なる過去の歴史的役割を容認し、もはや——この国に於てすら、いなこの国であるだけに——その「超克」のみが問題であるかの様な言辞が、我が尊敬すべき学者、文学者、評論家の間でも支配的であった茲《ここ》数年の時代的雰囲気をば、ダグラス・マッカーサー元帥から近代文明ABCの手ほどきを受けている現代日本とをひき比べて見ると、自ら悲惨さと滑稽さのうち交った感慨がこみ上げて来るのを如何ともなし難い。〔3-3〕

見られるように、丸山にとって自国の敗戦はまず始めに、マッカーサー（なんか？）に「近代文明ABCの手ほどき」を受けねばならなくなったという事態として現れている。ここで丸山が見ているのは、敗戦によって生じた日本の知識人たちの方位喪失であり、その主体性の喪失だと言っていいだろう。丸山にとっては、なによりもまずそのことが、敗戦によってもたらされた「悲惨」であり「滑稽」なのだ。それにより、丸山の自尊心もまたいたく傷つけられている。そこで丸山は自分に返る。「近代」ということなら、「我が尊敬すべき学者、文学者、評論家」たちはいざ知らず、自分はとおの昔から百も承知と言いたいのだ。すなわち、敗戦直後のこの時に丸山が望んでいるのは、自尊心を賭けて「主体」として連続することである。そうだからこそ、この状況に対応する第一声として、「私の問題意識になんら変化がない」

とあえて言うことが最も重要な関心事になっていると考えねばなるまい。敗戦という状況下で、この国の方位喪失の中で、主体性の連続を我が身一身に引き受けようということ、その並々ならぬ決意と自負、そのように見るときにこそ、丸山の戦後の奇妙な出発も政治思想家のそれとして理解できるものとなってくる。

もっとも、このような連続への強い意志にもかかわらず、戦中から戦後へと向かうこの時期の丸山の言説を丁寧に見ると、そこに「なんら変化がない」と言えるかどうかはおおいに問題である。残されているテクストに沿う限り、丸山の戦後啓蒙としての出発時にはやはりいくつかの顕著な変化があると認定せざるをえないのであり、そのことが戦後啓蒙の思想的な方向づけを強く規定していると見られるからである。というより、むしろこの言説上の変化が、戦中から戦後への状況変容を経験する「主体」＝丸山の思想的な連続を支えていて、その仕組みを解明しなければ戦後啓蒙の意味も本当には確定できないと考えられるのである。そこで、ここでも本章の方法的指針に従って、その「変化」から考え始めていくことにしよう。

まず、晩年になって丸山自身が証言するようになっている、この時期の或る「断絶」について考えたい。それは、丸山自身の天皇制への態度決定という問題である。丸山は、一九八九年に書かれた「昭和天皇をめぐるきれぎれの回想」という一文で、そのことを述懐している。すでに触れてきたことだが、戦時の丸山は「一君万民」という形をとる天皇制の意義を啓蒙が辿る「不可避な迂路」として積極的に評価する立場に立っており、「国民主義」論文ではそのことが明示されてもいた。[76] 丸山自身の晩年の証言によれば、彼が戦時のこの立場から転換し、「天皇制が日本人の自由な人格形成……にとって致命的な障害をなしている、という帰結」に達して、近代天皇制への「中学生以来の『思い入れ』にピリオドを打った」のは、

「敗戦後、半年も思い悩んだ揚句《あげく》」、一九四六年の二月頃に戦後啓蒙の出発を飾る論文「超国家主義の論理と心理」を書き上げたときのことだった、とされている〔15-35〕。「昭和」が終わる時点に立った晩年の丸山は、そのことを、「私の近代天皇制にたいするコミットメントはそれほど深かったのであり、天皇制の『呪力からの解放』はそれほど私にとって容易ならぬ課題であった」、と振り返っている。この証言をどのように理解したらいいだろうか。

確かに丸山は、敗戦後の一九四六年一月段階には、東京帝国大学の中に組織された憲法研究委員会（委員長　宮沢俊義）に参加していて、ここでは立憲君主制の枠内での大日本帝国憲法の部分的修正への道が検討されていたと考えられる。この丸山が、「主権在民」と「天皇の象徴化」を基調とする憲法改正の方向を本当に現実的なものとして意識しだしているのは、実は、三月にGHQ民政局が起草した「憲法改正草案要綱」に接して以降のことであると見なければならない(77)。後には「戦後民主主義」の精神的支柱とされるようになる丸山も、それ以前には、改革がそこまで進むとは思っていなかったわけだ。とすれば、このプロセスで、戦後改革の制度設計について丸山その人の考え方に一定の変更があったというのは間違いのないことだと言えよう。

とはいえ、晩年の証言が言うように、戦後初期のこの段階ですでに丸山が、そうした制度改革についてのみならず天皇制の問題をさらに深く思想的にも清算するに到っていたかというと、どうもそのようには思われない。もし、証言が言うように「天皇制が日本人の自由な人格形成……にとって致命的な障害をなしている」とまで考え〔15-35〕、それを思想問題として深刻に問いつくしたというのなら、それへの批判は「立憲君主制から象徴天皇制へ」という限りの制度転換に回収されることなく、国民統合の原理としての天皇制、それゆえ、象徴天皇制というあり方にも真っ直ぐに矛先が向かったはずだと考えられよう。あるいは、そこまでは考えが及ばなかったとしても、「半年も思い悩ん」で「ピリオドを打った」というのなら、その時点で一部では話題になっていた昭和天皇自身の戦争責任についても天皇制の戦後の処遇についても、なにがしかは独自な問題提起があってしかるべきだったのではないだろうか。しかし少なくともテクストに見る限り、戦後初期の段階での丸山は、占領軍主導の象徴天皇制への移行プランをそのまま受容し、それを積極的に評価していると判断しなければならないのである。丸山は、例えば一九四七年の論文でも、なおつぎのように述べている。

天皇が実体的な価値の源泉たる地位を去って「象徴」となった事によって（傍点は引用者）国家権力の中性的、形式的性格がはじめて公然と表明され、その実質的な掌握をめざして国民の眼前で行われる本来の政治闘争がここに漸く出現した。〔3-143〕

このような評価を一歩脱して、丸山自身が戦後体制としての象徴天皇制そのものを否定的に見出すのは、ずっと後の、戦後憲法が既定事実となってしまった一九五〇年代に入ってからのことであって、少なくとも戦後初期の段階では、丸山眞男の戦後啓蒙と象徴天皇制とは決して矛盾するものではなかったと見なければならない。(78)

そう考えてみると、晩年の丸山が天皇制をめぐる自らの思想変化を語るようになるについては、もうひとつ別の動機に思い到る。すでに触れてきたように、晩年の丸山は、戦中の自らの言説についてそのコンテクストを特定しようとして、「暗い戦中」と「明るい戦後」という思想的雰囲気の「断絶」をさまざまな場面でとりわけ強調するようになっているのであった。そしてそれは、戦中から戦後への日本社会の「断絶」という、戦後日本の正統的な歴史観をあらためて補強しようとするものであると理解できる。ここで見てきた戦後初期における天皇制をめぐる丸山自身の思想的煩悶という物語は、考えてみると、そのような丸山の晩年の主張、そのコンテクスト再解釈とぴったり軌を一にしている。であれば、このような証言の妥当性を検証するに際しても、やはりその観点からのバイアスに充分注意してかからねばならないだろう。ここには、戦中から戦後への〈連続〉をどのように認めるかをめぐる評価の亀裂がすでにある。

であれば、これから丸山における戦中から戦後への「変化」を考える際にも、考察の出発点にできるのは、丸山が後年になってから言っていることではなく、その当時に丸山自身が実際にやっていることでなければならない。すると、この時に丸山は、実際に何をやっているのか。それを、まずは、戦後啓蒙の出発を飾る論文「超国家主義の論理と心理」（以下では「超国家主義」論文と称する）というテクストに見ることにしよう。

「超国家主義」をタイトルに掲げるこの論文が、日本の国家主義を主題にして、それが『超《ウルトラ》』とか『極端《エクストリーム》』とかいう形容詞を頭につけている所以」を問うという問題関心から出発しているというのは表明されているとおりであろう〔3-19〕。日本の国家主義はどうしてその意味で特別なのか、この論文はそこに読者の意識を導き、関心を集中させるように作られている。その時に、「超」がつく国家主義の特別である所以を丸山がどのように説明しようとしているかを見ると、とっても興味深い戦中から戦後への「変化」を発見することができる。まず、「超国家主義」論文での丸山の説明から聞いていこう。

［「超国家主義」論文（一九四六年）］

ヨーロッパ近代国家はカール・シュミットがいうように、中性国家（Ein neutraler Staat）たることに一つの大きな特色がある。換言すれば、それは真理とか道徳とかの内容的価値に関して中立的立場をとり、そうした価値の選択と判断はもっぱら他の社会的集団（例えば教会）乃至は個人の良心に委ね、国家主権の基礎をば、かかる内容的価値から捨象された純粋に形式的な法機構の上に置いているのである。……ところが日本は明治以後の近代国家の形成過程に於て嘗《かつ》てこのような国家主権の技術的、中立的性格を表明しようとしなかった。その結果、日本の国家主権は内容的価値の実体たることにどこまでも自己の支配根拠を置こうとした。〔3-19f.〕

ここでは、ヨーロッパの近代国家が実際に「中性国家」であることが認識の基準として立てられ、それとの対比において、内容的価値に中立性をもたない日本の国家主権の性格が特別なものと認定されて、「超国家主義」と規定されることになっている。ここで丸山の提示する認識図式はきわめて明確であり、そのことがこの論文の強力な説得力の基盤なのでもあった。

ところが、このことを念頭に置きながら戦中の丸山の言説をあらためて振り返ってみると、そこでは、ここで引き合いに出されているシュミットに同じく言及しながら、「国家」の位置づけをめぐってかなり異なったコンテクストが形成されていたということが理解できる。それは、すでに前段で検討した「一九三六―三七年の英米及び独逸政治学界」と題される学界レポートにおいてである。見てきたように、このレポートにおいて取り上げられているのは、ひとつには、「民族の国家に対する優位」なる原則を掲げてヘーゲル流の弁証法的国家概念を切り捨てようとしているナチス・ドイツの国家論論争の最新動向であり、この論争でやり玉に挙げられているのがシュミットなのであった。興味深いのは、丸山がそこで、論争におけるシュミット批判をどのように紹介していたのかである。

［政治学界レポート（一九三八年）］

カール・シュミットの「国家・運動・民族」は久しく国民社会主義運動の礎石とされて来た。……しかし、「民族の国家に対する優位」原則の一般化と共にシュミットの権威国家思想と消極的な民族概念――彼によれば民族は「政治的決定の被護下に生成する、国家的統一の非政治的側面」にすぎぬ――はそこここに不満を醸し出す。その一例として、Werner Studentkowski の「党と国家」……がある。

彼はまず似而非《えせ》国民社会主義者がナチの概念を形式的に使用して実はそれに全くナチと相容れぬ内容を賦与しつつある危険性を指摘し、所謂「全体国家」思想はそれに対するアンチテーゼとして発展した自由主義思想と共に歴史的産物に過ぎぬとする。……（Studentkowski によれば――引用者）ナチの政権掌握と共に、諸政党の排除から生じた真空を満たしたものは断じて国家ではなくして、ドイツ民族そのものである。国家は党、教会、経済等他のモメントとならんでただこのドイツ民族に奉仕する一つの施設にすぎぬ。ここにナチズムの固有性があり、カール・シュミットが独逸を露伊等の権力国家と並列させてそこに「政治的統一」の三分肢」の共通性をみとめるのはまさに上述した形式的把

握の典型である。〔1-72f.〕

この引用で明らかなように、戦中の丸山が見ているのは、ドイツにおける論争でシュミットが国家の「形式的把握」という廉で批判されていることだ。ナチスの主流になっていくイデオローグたちは、「民族の国家に対する優位」という原則を振りかざしてシュミットを批判し、国家を民族という内容的価値の下に従属させようとしている。しかもそのことが「ナチズムの固有性」として称揚されている、と丸山はレポートしているのである。

特定の内容的価値と国家を結合させていること。戦中の丸山のレポートと戦後の「超国家主義」の定義とを以上のように並べてみると、同時代のファシズムに対する批判として提出されているこの観点については、丸山に一貫した立場の堅持があると認められよう。戦時の丸山が、ナチス・ドイツにおける国家論論争のレポートを日本における「国体」論の跳梁という情況下で行っているという事情については、既に見てきた。そのときに丸山の意識の中では、ドイツのナチズムと日本の国家主義が「今日の全体主義」として重なり合って理解されていたはずである。そのことを考えれば、戦後になってそれと同型の批判が日本の国家主義に対して出てくるというのもけっして不思議なことではない。だから、それの特性を論ずるに際して対照項に同じシュミットが持ち出されるというのも、もちろん偶然ではないのだ。復員して半年後、ほとんど準備期間もないまま書いたはずなのに、「超国家主義」論文が内容的にあれほど充実しているというのも、そのような前段階の事情があれば必ずしも驚くには当たらないと分かる。

するとど、どこが「変化」だというのか。

特定の内容的価値と国家を結合させていること。戦中の丸山のレポートでは、これはナチズムの固有性を示すものとして喧伝されていることが紹介されている。しかもこのレポートでは、ドイツでナチズムの「固有性」として語られているこのことが実は「今日の全体主義」全般に妥当すると示唆されていて、意識的な読者には日本の「国体」論をもそこで想起できるような議論の仕組みになっている。これに対して、戦後の「超国家主義」論文では、それは、日本の国家主義が特別に「超《ウルトラ》」という形容詞を頭につけて語られねばならない理由なのである。ここでは、ナチス・ドイツもまた「ヨーロッパ近代国家」という範疇で括られていて、これとは異なり、特定の内容的価値に国家を結合させていることで「超国家主義」と名指されねばならないのはもっぱら日本の国家主義のことである。かつて「今日の全体主義」として括られた批判対象は今や二つに区分され、むしろその一方のナチズムと対照させられることによってこそ、日本の国家主義の「超《ウルトラ》」たる所以は特別に際だたせられているのである。[79] このような議論の道具立ては、「日本ファシズムの矮小性」を「ナチ指導者との比較」を通じて描き出している論文「軍国支配者の精神形態」にもっとも典型的なように、戦後初期の丸山の仕事として重要なファシズム論に共通する枠組みとして引き継がれている〔cf. 3-259ff., 4-97ff.〕。

とすれば、ここに問題枠組みの大きな組み替えがあることは明らかであろう。しかも重要なことは、丸山がこの組み替えをかなり意図的に遂行していると考えられることである。そもそも、ナチス・ドイツにおいて国家が「民族の国家に対する優位」原則の下で民族という内容的価値に従属せしめられた経緯についてなら、敗戦時の日本を見渡す限り、他の誰にもまして丸山こそがよく知るところであったに違いない。戦中にそれを報告していたのは丸山その人だったのである。だから、「中性国家」という特色をもつとされる「ヨーロッパ近代国家」についても、それは、歴史的な実在であるよりはむしろ、ひとつの理念像に他ならないということを丸山は充分に承知していたはずだ。事実としてはヨーロッパ近代の国家も決して「中性」でないということは、戦中には、むしろ丸山こそが問題にしたところだったのである。しかし、それを承知の上で丸山は、戦中の問題枠組みを大きく組み替えた「ヨーロッパ近代国家vs日本の超国家主義」という認識図式を、戦後日本のためのものとして選んでいる。ここには、敗戦という状況下で他ならぬ「日本」を集中的に主題化し、人々にもっぱらそれを意識させようとする、啓蒙家＝丸山眞男の強い志向が表現されていると見てよいだろう。そのことによって丸山は「西洋主義者」とか「近代主義者」とか名指されるようにもなるのだが、逆説的なことに、戦後の丸山のこの「西洋主義」と「近代主義」は、その視野をむしろ「日本」に限定することによって成立したというわけである。このときに「普遍」としての「ヨーロッパ近代」は、現実の西欧や近代を消去して日本の「超《ウルトラ》」たる所以を際だたせる装置としての、抽象化された「外部」であるに過ぎない。

大塚久雄を扱った前章では、戦中から戦後への転換において、大塚の視界が「日本」に内閉してしまうということを見てきた。ここで見えているのは、丸山眞男においても同様のことがはっきり確証できるということである。ただし丸山においては、この転換はもう少し周到で自覚的な段階を踏んでいる。前節で見たように、丸山におけるこの「日本」への視野の限定は、戦中最後の「国民主義」論文において、敗戦後を予感しつつすでに一部は先取り的に準備されていたものだった。そこではすでに、植民地帝国日本の帝国主義的国民主義の記憶が抹消され始めている。それを引き継ぎ完成させることで、丸山の戦後啓蒙は、「日本」批判として始動されたのであった。

「超国家主義」論文の冒頭で丸山は、この論文を「問題の解答よりも、むしろ問題の所在とその幅を提示せんとする一つのトルソ」だと性格づけている〔3–18〕。確かにそうなのだ。というより、この論文に象徴される戦後啓蒙としての丸山眞男の登場が、そこに示された問題枠組みの組み替えそのものが、戦後日本への「問題の所在」の提示、あるいは、議論のアジェンダの提出を意味したのではなかっただろうか。そうであればこそ戦後啓蒙としての丸山の存在は、それに賛同するものも批判するものも、続く議論をおしなべてこの限定された土俵の中に強力に引き込んでゆく力をもつものとなったように思える。そこで、その仕掛けについて、もう少し踏み込んで考えていくことにしよう。

二　徂徠論の戦後改訂版

戦後啓蒙としての丸山眞男は、「日本」こそが主題なのだと宣言して出発していると見ることができる。すると丸山は、そこでどのような「日本」を見ようとしているのか。かくてここで、戦後初期の丸山が語る「日本」の中身が、それゆえ戦後に意匠をあらためて登場する丸山の日本政治思想史研究が問題になってくる。本章での方法意識に基づいて、ここでも考察の道標となるのは、丸山の荻生徂徠と福沢諭吉をめぐる研究である。

まずは、荻生徂徠研究を手がかりに考えてゆこう。既に見てきたように、戦中の丸山の思想史学は、国家理性の危機という時代認識のもとに「危機の思想家」としての荻生徂徠に立ち向かい、そこから、危機に主体的に参与する近代性の思想を導き出している。この戦中の徂徠論は、戦後になっていったいどのような展開を遂げるのだろうか。また、そのことは、戦後啓蒙としての丸山の思想にとっていかなる意味をもっているのだろうか。

戦後の丸山の徂徠論と言うべきものは、まとまった著作としては一九七三年の「『太平策』考」〔10-69ff.〕を待たねばならないが、戦後初期の丸山の見解については、『丸山眞男講義録』の刊行によりようやくその穴が埋まるようになってきている。ここで注目したいのは、その第一冊に納められている一九四八年度の「東洋政治思想史」講義（講義題目「徳川時代政治思想史」）の中での徂徠論である。(80) これは、丸山自身が戦後初期の講義記録として（四六年度や四七年度ではなく）この年度のものを指定したことから第一冊に納められたもので、この意味でそれは、戦後の見解がまとまった最初の思想史叙述と丸山自身が公認するテクストであると見なすことができる。そして、当巻の解題が「『戦後』という歴史意識を明確に刻印した思想史」であると性格づけているように、(81) その叙述ははっきり「戦後」という時代の関心に導かれており、それにともなって徂徠についても、戦中の論文とはかなり異なった評価が示されることになっている。

助手論文に始まる戦中の論文が、近世儒教に関わる単なる「通史」的な叙述なのではなく、「危機の思想家」たる荻生徂徠その人に特別な関心を寄せつつ議論されているということは既に見てきた。この戦中の論文と対比すると、「徳川時代政治思想史」と名づけられた戦後の講義は、まずは網羅的な近世思想発展史という叙述スタイルにおいてはっきり際だっている。これは、ひとつにはもちろん大学での「講義」という場が要請しているスタイルであり、この点で、特別な主題をもつ論文とは異なって、講義に臨む教師＝丸山の姿勢がここにはっきり表明されていると見てよいだろう。(82)

もっとも、同じく徂徠に触れている戦中の論文と戦後の講義との違いが、ただ叙述スタイルだけの違いであり、それがもっぱらその表現の場の相違だけからくるというのであれば、それは、特に思想的な意味をもつ変化とは認められず、ここで取り立てて論ずるまでもないだろう。しかし両者の違いが、徂徠をめぐる解釈や評価の内容そのものに関わっているとするなら、それは無視できない重要性をもってくる。なぜなら、徂徠を中心に据えて日本政治思想史を論じ叙述している丸山なのだから、その丸山が戦後初期に徂徠についての評価を大きく変えたというなら、その事実と思想家＝丸山の戦後啓蒙としての出発との関わりがやはり問題となってくるはずだからである。

それを考えるために、ここでまず、丸山の徂徠をめぐる評価の変化とは何かを確認しておこう。助手論文を始めとする戦中の論文が、徂徠を「危機の思想家」として注目し、その思想の核心を「政治性の優位」に、そして「公」と「私」の領域的な区分に見たことについては、前節で詳しく検討してきた。戦後の講義において徂徠評価が内容的に変化したというのは、実は、戦中の徂徠論のこの核心部分に深く関係してのことである。つぎの二つの論述を比べてみよう。

〈戦中の徂徠論（助手論文、一九四〇年）〉

広く文化的営為における公的な領域の独立、従つてまた私的な領域の解放こそまさに、「近代的なもの」の標徴でなければならぬ。……なるほど彼（徂徠――引用者）において「公」的なものは「私」的なものに先行せしめられてゐる。そこにわれわれは政治性の優位を看取したのであつた。しかしそれは私的なものをそれ自体排するのではない。……かくて徂徠学における公私の分裂が近世思想史の上にもつ意味はいまや漸く明かとなつた。われわれがこれまで辿つて来た規範と自然の連続的構成の分解過程は、徂徠学に至つて規範（道）の公的＝政治的なものへまでの昇華によつて、私的＝内面的生活の一切のリゴリズムよりの解放となつて現はれたのである。(83)

〔戦後の徂徠論（徳川時代政治思想史講義、一九四八年）〕

彼（徂徠——引用者）が時代の子であったことは、なかんずく、彼の学問における二元性にも示されている。彼は、一方で天下国家を論じ、儒教を観念的な思索の世界から生々しい政治性の世界に引き入れんとする（儒教の政治化！）。そして、時代に熱烈な関心を有し、その趨勢に対する深刻な憂慮を抱いた。『政談』及び『太平策』（吉宗に献上）の二書は共に、かかる危機意識により貫かれている。ところが、かかる熾烈なる政治的関心、思弁の学から治国平天下の学への変革の試みにも拘らず、それと並行して非政治的な志向性が見られる。禄仕を嫌い、政治から逃避し、世俗に超越して、詩、楽を論ずるのである。……このような二元性は、個人の性格が彼の思想に投影したというより、ヨリ多く、時代の支配階級の意識面に於ける分裂が、彼の個性の強い意識のなかに、集約的に表徴されたものと見るべく、それがひいては、徂徠の思想的構造を特徴づけているといえよう。(84)

戦中の徂徠論においては、公と私の領域的な区分は徂徠の思想における近代性の標徴であり、危機状況に参与の道を開く条件として、この思想を評価する中心的な根拠となっていた。ところが、この徂徠理解の核心部分で、戦後の講義は評価の向きを逆転させている。すなわち、戦後の講義においては、政治的志向性と非政治的志向性の併存、それゆえ、公と私の併存という二元性こそが、徂徠の思想的構造を制約する転換期における支配階級の意識の分裂を示しているとされているのである。危機状況における政治性の優位の思想という理解から転換期における二元的性格の思想という理解へ。他ならぬ荻生徂徠をめぐって、ここに解釈と評価の大きな転換があるのは間違いなかろう。

あらためて言うまでもないことだが、丸山が論文集『日本政治思想史研究』を公刊したのは一九五二年のことであった。助手論文を始めとする戦中の三論文は、節構成などを変えて装いを新たにしたうえで、このときに広く人々の目に触れることになったのであった。その故もあってか、戦後初期の四〇年代後半に丸山の徂徠解釈と評価がこのように変化していることについては、これまで一般にはほとんど認知されていないのが実状であろう。丸山自身は戦中の論考が「根本的に八・一五以前の刻印を受けている」と論文集の「あとがき」で明記しているのだが〔5-285〕、多くの読者には戦後の講義内容が知られることはなかったし、講義を聴講した者も戦中の論文はその後に知ることになるから、徂徠解釈の変化が順序立てて認知される条件に乏しかったのである。しかし戦中から戦後へのその変化に注意してみると、丸山にとっては、そのことが戦後啓蒙としての出発とも重要な関わりを持ったことが理解できる。実はその消息は、早くも一九四七年の論文「日本における自由意識の形成と特質」において、つぎのように明示されていたのである。

徳川期思想史は一言にしていえば、この儒教的規範が次第に人間内面性から疎外され、他律的拘束としての性格を濃化し来った過程ともいいうる。儒教思想の内部においてこの矛盾が頂点に達したのが徂徠学であり、そこでは一方儒教規範は純然たる公的政治的なものにまで昇華し、他方人間の私的内面性は一切の規範的拘束を離れた非合理的感性に満たされるのである。……この様にアンシャン・レジームにおける規範意識の崩壊がひたすら「人欲」の解放という過程を辿ったということは、同時にそこでの近代意識の超ゆべからざる限界をも示している。〔3-156f.〕

戦中の論文においては、徂徠学は、朱子学における連続的思惟の分解過程が突き進んだ帰結として、それゆえ「あらゆる意味における朱子学のアンチテーゼ」（助手論文[85]）として、あるいは、朱子学とは「同じ儒教の名を冠しながら……根本的に対立する思惟方法の上に立ってゐる」（「作為」論文[86]）ものとして、位置づけられていた。ところが、戦後のこの論文では、徂徠学は、「儒教思想の内部」それゆえ朱子学を含む「徳川期思想史」の矛盾の「頂点」にある。そしてその「矛盾」を端的に示すものが、徂徠学における公私の分裂なのだとされている。かくて、戦中の論文においては徂徠学が成長せる近代意識の可能性を示すものと捉えられていたのに対して、戦後のこの論文では、徂徠学は「そこでの近代意識の超ゆべからざる限界」を示すものと見なされる。そして、この徂徠学の限界が「日本」の近代意識そのものの限界として受け止められ、敗戦後という状況の中で、日本啓蒙への課題がそこに見出されることになっているのである。

ここで押さえておかねばならないのは、荻生徂徠のテクストの中身について、戦後の丸山に特に新しい発見があったわけではないということだ。内容的に見るなら、戦後の丸山が「徂徠の二元的性格」と捉えることの中身そのものは、戦中の議論においても一応は触れられている。ただし、戦中の丸山は、それを徂徠自身の中で矛盾せる二元性としてではなく、徂徠以後の「蘐園学派の分裂」の問題として議論し、徂徠その人の思想についてはもっぱらそのポジティヴな可能性を引き出すことに努めているのである。だから問題は、徂徠そのものについて解釈の変更を強いる「隠れていた事実の発見」があったということではなく、むしろ同じ徂徠に対して丸山自身の臨む姿勢が戦中から戦後へと転換して、それにより議論の構成が大きく変化したということなのである。

すると、戦中から戦後へと大きく状況が転換する中で、丸山が自らの徂徠論を再構成しつつ企てていることとはいったい何なのか。それをもって出発する戦後啓蒙には、いかなる問題が孕まれているというのだろうか。

三　悔恨への国民的同一化と「出直し」という呼びかけ

戦中の論文で徂徠における近代的要素を顕揚していた丸山が、戦後になるとそれとは逆に、徂徠にむしろ封建的要素としての儒教思想の矛盾の凝縮を見るようになるということ、この転換の事実は、考えてみるとそのことだけでもこれまで一般に流通している丸山眞男像に疑問を起こさせるものであるように思われる。もし丸山が、通説のような一貫した抵抗者として、戦時においては侵略戦争と総力戦体制そのものを批判しなければならないと考え、戦後にはその批判を反省的に踏まえた新しい出発が問われていると考えたのであれば、現に起こったのとは逆に、戦時には、封建体制の絶対主義的な再確立をめざす危機の思想家＝徂徠への批判から始め、それに重ねて（暗に？）総力戦体制の批判をするということもできただろうし、戦後には、そこにもある近代的要素についての検討を踏まえて近代化への方向を探るということがありえただろう。徂徠の評価を状況に応じて変えるというなら、そしてそれが状況への「抵抗」に動機づけられているのであるなら、そうした選択の方がストレートでむしろ理解しやすいようにも思える。ともあれ、少なくともそういう選択がありえたのであれば、実際には異なった判断と選択が働いているわけだから、丸山を論ずる者にはその判断と選択についての説明責任が生じてくるだろう。

この点に関して前節で見てきたことは、戦時の丸山が、徂徠における近代的要素を顕揚することで、それにのせて「危機に参与する近代人」の行動の哲学を語りだしているということであった。そしてそれは、総力戦体制そのものに対抗するのではなく、むしろその中にあって国民の能動的・主体的な参与を求め「下からの国民総動員」を促す、戦時の丸山の思想的立場を明示していると見たのであった。すると戦後の丸山が、今度は徂徠に封建的要素としての儒教思想の矛盾の凝縮を見るようになったというのは、どういうことなのだろうか。

そのことを考えるに当たっては、丸山が戦後啓蒙という思想運動を始動させるに際して、そこにいかなる課題を託しているのかをさらに正確に見定めなければならない。大塚とともに丸山もまた、戦後啓蒙の主題を「日本」に視野限定して出発させていることは既に見てきた。すると、そこではどんな「日本」が、いかなる時代認識の下で問題にされようとしていたのだろうか。ここで、戦後啓蒙の出発時における丸山のテクストを、もう少ししっかりと見てみることにしよう。

戦後啓蒙をスタートさせた論文「超国家主義の論理と心理」が雑誌『世界』に発表されたのは、一九四六年五月のことであった。それに続き、一般の読者を念頭に置いて書いたものとして丸山は、翌四七年の夏までに「陸羯南——人と思想」(『中央公論』四七年二月号)とたったいま触れた「日本における自由意識の形成と特質」(『帝国大学新聞』四七年八月二一日号)という二つの文章を発表している。戦後初期のこの一年あまりの間を考えると、その他の作物はすべて書評の類であったり学術雑誌に出された専門論文――この中心である福沢諭吉論に関しては後述しよう――であったりするのだから、この二つの文章はその位置づけからすれば、戦後啓蒙家である丸山が放った「超国家主義」論文の続編と見なしうるものだと言える。そのことを念頭に置いて、それらの末尾を見てみよう。

〔「陸羯南」論文の末尾〕

羯南の日本主義は上述のように、ナショナリズムとデモクラシーの綜合を意図した。それがいかに不徹底なものであったとはいえ、これは日本の近代化の方向に対する本質的に正しい見透しである。国際的な立遅れのために植民地ないし半植民地化の危機に曝されている民族の活路はいつもこの方向以外にない。不幸にして日本は過去においてその綜合に失敗した。……長きにわたるウルトラ・ナショナリズムの支配を脱した現在こそ、正しい意味でのナショナリズム、正しい国民主義運動が民主主義革命と結合しなければならない。……五十七年前の『日本』新聞を開くと、右上隅の日本という題字のバックに日本地図の輪郭が書かれているのが目にとまる。その地図には本州、四国、九州、北海道が載せられているだけだ。日本はいまちょうどこの時代から出直そうとしている。〔3-105f.〕

〔「日本における自由意識」論文の末尾〕

吾々は現在明治維新が果すべくして果しえなかった、民主主義革命の完遂という課題の前にいま一度立たせられている。吾々はいま一度人間自由の問題への対決を迫られている。……「自由」の担い手はもはやロック以後の自由主義者が考えたごとき「市民」ではなく、当然に労働者農民を中核とする広汎な勤労大衆でなければならぬ。しかしその際においても問題は決して単なる大衆の感覚的解放ではなくして、どこまでも新らしき規範意識をいかに大衆が獲得するかということにかかっている。〔3-161〕

二つの文章が「超国家主義」論文の直後につながる戦後啓蒙のメッセージであると認めてみると、これらの末尾に共通する時代認識と課題意識が読みとれて、ここから戦後啓蒙を始動させる時点での丸山の問題構成が一段とはっきり理解できるようになってくる。とりわけまず注目しなければならないのは、丸山が、戦後の出発を近代日本の出発点にまで引き戻し、そこから「出直す」という表現で当面する課題を提示している点である。これはいわば日本近代化の〈復初〉への呼びかけだ。このことを捉えてみると、このときに丸山が自らの徂徠論を再構成しつつ企てていることの意味がつながりをもって見えてくる、とわたしは思う。

事柄は、もちろん、日本の敗戦という歴史的事件を背景に考えなければ理解できない。よく知られているように、丸山は、戦争直後の日本の知識人たちの精神状況を「悔恨共同体の形成」と名づけ、敗戦という事態を前にして、「知識人としてのこれまでのあり方はあれでよかったのだろうか。何か過去の根本的な反省に立った新らしい出直しが必要なのではないか、という共通の感情」が彼らの間に立場を問わず広がった事情について証言している〔10-254〕。なるほど、多くの知識人が「祖国」の敗戦をこのような「悔恨」という感情をもって受け止めたというのは、「国難」に遭遇しているという衝撃と戦争という共同プロジェクトに失敗した指導的エリートという自意識とが綯い交ぜになって生まれている彼らのナショナリスティックな気分をよく伝えていて、少なくとも状況の一面をよく理解させてくれるものだと言えるだろう。丸山本人にしても、戦時に危機に参与する近代人の行動の哲学を説き起こしていた事実を思えば、この「悔恨」はもちろん他人事ではなかったはずである。

日本近代化の始めから「出直そう」という丸山の呼びかけが、このコンテクストの中にあるということは明らかである。そして、たったいま見てきた徂徠論の再構成という企ても、このコンテクストにおいて戦後啓蒙を始動させるべく丸山が行った問題設定作業の一環として捉えることで、はじめてそれを理解することができる。すなわち、敗戦への悔恨を踏まえて丸山が始めたことは、その第一のステップは、「超国家主義」論文に見られるように、問題の視野を「日本」に限定することであり、第二のステップは、つぎの「陸羯南」論文などに明示されているように、「出直す」という仕方で問題を明治維新という日本近代化の起点に引き戻すことなのであった。それを踏まえてみると、徂徠論の再構成という企てはそれに続く第三のステップとして、この起点に到るまでの徳川思想史を顧み、そこで封建的要素たる儒教思想の矛盾が深まっていく様相と、その矛盾の頂点にある徂徠学に即して「そこでの近代意識の超ゆべからざる限界」とを確認するという作業と位置づけることができる。すなわちそれにより、日本近代化の起点に、近代化に向けて啓蒙されなければならない対象が再発見＝再構成されるということである。このとき徂徠学の限界という認識は、明治以後になってもなお克服されない日本の近代意識そのものの限界という認識に広げられ、そこに戦後啓蒙の対象として批判されるべき「日本」があらためて確認されるのである。

明治維新はこの自由意識の飛躍的転化をもたらしたであろうか。……吾々の答えは否である。……吾々は現在明治維新が果すべくして果しえなかった、民主主義革命の完遂という課題の前にいま一度立たせられている。〔「日本における自由意識」論文、3-159〜161〕

以上のように見てくると、丸山眞男における戦後啓蒙の出発は、確かに何重にも自覚的な構成の上に問題設定されているものだということが分かる。すると、そう分かった上で、それはどのように評価できるのだろうか。

四　脱植民地主義化と「日本」批判の一つの道

もちろん、行動の形式からすれば、あるいは行為者の主観的な心情においてなら、何かの過ちを犯した当人が、犯した過ちへの悔恨の末に自らを深く内省し、その上でことをまったく始めからやり直そうと決意することは、その意味で「新たに出直そう」と考えることは、もっともラディカルな反省を示す態度と認められる可能性があるものである。あるいはそれは、とりわけ「潔い振る舞い」と見なされうる態度であるかもしれない。この意味で、知識人たちのあいだに「悔恨共同体」が形成されたとされる戦争直後の状況の中では、すなわち、人々が敗戦を共同の体験として悔恨する感情に自己同一化している精神状況（これがひとつの「ナショナリズム」の形であることに注意しよう）の中では、「日本」批判を通じて「出直し」を求めるこの戦後啓蒙の立場は、敗戦に直面した日本知識人の「あるべき態度」のひとつの極を示すものと認識されたのは間違いなかろう。このことは、丸山によって始動された戦後啓蒙が、「戦後精神」

の中核として認証され、倫理的な色彩をもつ規制力となって戦後日本の知識人たちに重大な影響を与える所以となっている。

するとその影響とは、どのようなものだったのか。わたしは、一見ラディカルに見えるこの「出直し」というプロジェクトには、まさにその倫理的な規制力によって戦後日本の言説シーンに外枠をはめて批判を制約していく底深い落とし穴が組み込まれていたと思う。「日本」批判を通じた「出直し」を求める丸山のこの戦後啓蒙の課題設定には、そのような巧妙な仕掛けがあったと思うのである。それはどういうことだろう。

鹿野政直は、丸山の戦後啓蒙の意義を、同時期に進んだ占領軍主導下の戦後改革と関係させつつ、つぎのようにまとめている。

> 丸山眞男といい竹内好といい、占領軍の主導下で制度上の改革が怒濤のように進行するなかで、それだけに終始していいのか、いや改革の迅速な進行自体、既往の思想的体質の変わらなさを反映するのではないか、との問いをたてたのです。同時に、それまでの日本を染め上げていた「帝国」色を、いかに内面から克服するかの提言でもありました。その意味で彼らは、日本の未来を語る言説が溢れるなかで、あえて過去にこだわり抜いたことになります。(87)

確かに一面では、この鹿野の認識は正当である。ここでは竹内好のことはおくとして、丸山について言えば、もちろん「出直し」を掲げるその「過去へのこだわり」が、戦後というコンテクストにおいてアメリカ主導の制度上の戦後改革とは異なる役割を丸山に与えた所以であると見てよい。だがその役割は、鹿野が手放しで認めているような「『帝国』色を内面から克服する」力をもつ批判的・反省的なものであったかどうか、ここで考え直してみる必要がある。

ここでも、敗戦直後に丸山が実際にやっていることを、戦中から戦後へと丸山自身が連続して織りなしていっているコンテクストの中に置いて、その意味を考えなければならない。戦後啓蒙の出発のために丸山が行った問題設定作業の第一のステップ、すなわち、「超国家主義」論文で始められた「日本」への視野の限定が、戦中の丸山がすでに始めている帝国主義的国民主義という記憶の抹消と「単一民族」的国民主義への転換という企図の延長上にあることについては、すでに触れた。この展開の線で考えると、問題を日本近代化の起点に引き戻しそこに啓蒙されるべき対象を発見＝構成するという第二、第三のステップが、よりはっきりとその志向を押し進めるものであることは明らかであろう。敗戦への悔恨を「近代化の起点に立つ日本」への批判に水路づけるこのやり方は、しかし、戦後日本の出発にとって、単に視界の内閉というだけでは済まない意味をもつことになる。

問題点を明らかにするために、ここで試みに「日本を割る」という仕方と「日本を作る」という仕方の、二つの仕方の「日本」批判を考えてみよう。(88)

この敗戦直後という状況の中で、近代国家「日本」が帝国主義の覇権争奪に参入して侵略戦争と植民地主義を遂行し重大な惨禍をもたらしたことについて、もしそれを真摯に認めるというのならば、まずは「日本人」の責任において、その罪過と責任を清算しきることが問われたというのは間違いないだろう。戦争と植民地支配が引き起こした抑圧と暴力の不正義を認め、被害にあった人々の被害の事実を余すところなく受け止めて、それを引き起こした罪過を糾明して責任者を厳正に処罰し、被害にあった人々には誠意ある謝罪と最大限の補償をもって名誉と尊厳ある生活を回復する支えとなること、そしてそれと並行して、植民地主義へと導いた政治・経済政策上、および社会制度・社会思想上の誤りを解明してその原因を駆逐し、それまでの総力戦体制を根本から解体して、その「日本」を徹底して清算する仕方で戦後の道を探ること、こうした一連のことは、きっぱりと脱植民地主義化を志向する〈戦後〉に向けて、戦後日本が何よりも先に着手しなければならない課題であったはずである。

ではその際に、脱植民地主義化のために必要な「日本」批判のポイントはどこにあったのだろう。二〇〇〇年一二月に女性たちの力で東京に実現した「女性国際戦犯法廷」は、戦後半世紀以上を隔てたとはいえ、その少なくとも中心的な一点を指し示している(89)。すなわちそれは、「責任の所在をはっきりさせて、罪過のある者は厳正に処罰し、責任ある者には相応にそれを負わせ、責任ある者は相応にそれを負う」ということである。いったい誰にどのような罪過や責任があるのか、誰がどのように処罰されなければならないのか、批判的な議論を徹底してつめてそのことをはっきりさせ責任逃れを決して許さないということ、確かにこのことは、戦時体制から戦後へときっぱりとした転換をはかるための最小限の条件でなければならなかったのだ。そしてその第一の課題が、昭和天皇の戦争責任をめぐる問責と処罰なのであった。

ところで、このような責任者の処罰の実施を含む「日本」批判は、かの敗戦直後の状況において、日本の中に重大な亀裂を生む作業であったはずであることは間違いなかろう。具体的な犯罪行為について罰せられねばならない人、部署や地位などの関係から責任を免れない人、戦時体制などのおかげで不当な利益を得た事実を問われるべき人、戦時体制に結果として協力することになった人などなど、このような戦時へのさまざまな関わりと責任の質の区別を具体的にはっきりさせること。その上で、罪過ある者についてはきちんと処罰すること。こうしたことは、日本の中からの告発を求めることであるから、確かに日本社会はある分裂を引き起こすことになろう。それは、総力戦体制下にあった日本において支配権力を握っていた者からその権力を奪い取り、社会の仕組みと担い手を変える痛みを伴うプロセスなのだ。そこで、この批判活動を「日本を割る批判」と名づけよう。敗戦直後の状況においては、しかし、このような「日本を割る批判」が「日本人」たち自らの手で公然と遂行され、責任の所在と質の区別が残りなく明確にされるということは、戦後へと日本が生まれ変わる前提だったのであり、逆にそうした「日本を割る批判」がなければ、戦中の日本社会の実質は清算されずに戦後にも引き継がれることになって、日本の脱植民地主義化は充分には果たされえないと考えねばならない。敗戦後に戦争責任者の口から真っ先に出た「一億総懺悔」という言葉は、そのような日本を割る批判への戦時支配層の恐怖をまことに敏感に表現している。

戦後日本がまず始めに直面し、またその現実性ゆえに支配層を実際に恐怖させていたこの課題について、アメリカの占領下にあった戦後日本の批判的公論は、しかし、それにしっかりと正面から取り組むことができなかった。実際に戦後日本では、「日本人」自身の手によっては、ただの一件も戦争犯罪の罪過と責任が追及され処罰されることがなかった。このことは、東西合わせて一〇万件以上のナチ戦犯容疑について捜査が行われ、少なくとも六〇〇〇件以上の有罪判決を出していると言われるドイツの戦後処理と比較しても、確かに著しい対照をなすと考えねばならない。そしてこのことが、日本の脱植民地主義化を決定的に曖昧にし、戦後日本に多くの禍根を残したことは明らかである。

そしてまさにその同時期において、悔恨共同体を形成する人々に日本近代化の起点から「出直そう」と呼びかける丸山の「日本」批判もまた、このような「日本を割る」という質を決して持たなかった。というより、一見最もラディカルに「日本」批判をしているように見えるこの言説において、その志向するところは、実はそれとは全く逆向きだったのである。

敗戦後の早い段階で「日本」批判に口火を切ることになった丸山の言説は、「抑圧の移譲」という「国家秩序に隅々まで内在している運動法則」〔3-33〕を問題化するものであり、それは、「問題は決して単なる大衆の感覚的解放ではなくして、どこまでも新らしき規範意識をいかに大衆が獲得するかということにかかっている」〔3-161〕という主張としてまとめられる。このときに、悔恨する人々にとって敗戦という事態は、「日本人」一般の、なかでも大衆の未成熟に帰着させて了解可能なものとされている。そして、そこで持ち出される「出直そう」という呼びかけとは、未成熟ではあっても未だ無垢だった「われわれ日本人」のオリジナルなアイデンティティの再発見の呼びかけに他ならない。このアイデンティティに立ち戻り再出発することによって、「われわれ」は、また固有の独立した主体たりうるという呼びかけである。しかもその再発見の要請に自ら応じて丸山は、徂徠論を再構成しつつ、そこから「日本人」が共有しなければならない「われわれの日本」を作りだしていくのである。ここにまで立ち帰れば「日本人」はまとまって再出発できる、というわけだ。しかも、そうすることはもっともラディカルな反省を示す「主体的な振る舞い」である、と自認さえできるのである。そう考えてみると、幾重にも構成を施しつつ敗戦の原因をもっぱら「日本人」の「内面」に求めていくこのプロセスには、「批判」という形に裏返されているとはいえ、集合的主体であることを決して手放すまいとする丸山の強い思いと愛国心が窺われるし、またそこには、「日本国民」に対してつねに指導的な立場に立つべき知識人として戦争にも参与し、またその敗戦を内面化し共感しあって悔恨共同体に集う人々のエリート主義と、未熟な国民を背負ってそんな境涯に至っている自分たちについての自己憐憫を伴ったある種のナルシシズムがくっきり投影されていると分かってくる。

要するに、戦後啓蒙家＝丸山の「日本」批判は「日本を作る」という仕方の批判だったのであり、これは、敗戦という決定的な岐路にあって「日本」を割る責任を回避させ、内向きに課題を与えることで「日本人」を国民としてまとめるのに役立っていると考えなければならない。だが、近代帝国主義の角逐という時代にある近代日本の侵略戦争や植民地主義が、「日本人」の「未成熟」や「国民性」によって引き起こされたものだと考えることはできないだろう。中心的に問われなければならないのは、むしろ近代日本の帝国主義と植民地主義なのであって、この批判と清算のためには、近代国家＝日本の政治、社会的分析と批判が徹底して遂行され、この近代日本の総力戦体制について責任ある指導者たちの退場と組織の解体の作業がなされなければならなかったはずなのだ。ナルシスティックに内向する丸山の「日本」批判は、しかし、自立した「主体」を求める啓蒙の立場から「未成熟な日本」に批判の眼差しを集中するまさにそのことによって、この近代日本への批判についてはそれを後景に退ける役割を果たしたと見なければならない。このことにより戦後啓蒙は、「暗い谷間の時代」を一刻もはやく脱して戦後民主主義を謳歌したいという一般的な気分の中で、「近代化」による「戦後復興」の道に一目散に突き進むことによって脱植民地主義化という課題を自ら直視することがなくなっていく戦後日本の言説シーンを、強力に方向づけたとわたしは思う。すなわち、帝国主義的国民主義という記憶を抹消し「単一民族」的国民主義へとこぞって向かうことで乗り切りをはかる戦後日本への変身は、この戦後啓蒙の言説によって間違いなく加速されたたのである。

鹿野政直が明らかに直感しているように、丸山眞男らの戦後啓蒙の言説は、占領軍の主導化で「怒濤のように」進行した制度上の戦後改革と表裏をなしている。だがこの鹿野によっても洞察され切っていないのは、この戦後啓蒙の言説とアメリカのヘゲモニー下での戦後改革とが実は相互補完的に支え合っているということである。考えてもみよう、もしこの戦後啓蒙こそが、「近代化」と「民主化」という第一の目標に戦後日本の人々の意識を集中させることで、日本において近代帝国主義の記憶をむしろ封印し、思想の上でも実際の物質的負担の面でも厳しい試練を課すはずであった帝国主義宗主国の脱植民地主義化という課題を素通りさせるのに貢献したのであれば、それは、「ファシズムvs民主主義」という図式でこの帝国主義戦争を解釈し、「民主主義の教師」という自己了解をもって戦後東アジアにも覇権を求めていくアメリカの戦略思考にとって、まことに好都合なことであったはずなのである。(90) 丸山が描き出す「超国家主義」の「ため息の出るような非合理性」とアメリカから教え諭される「近代」の「軽快な合理性」とがちょうどコントラストをなして「戦後日本の近代化」のイメージが構成され、脱植民地主義化という近代批判の課題よりは、一日も早い近代化と戦後復興へと人々の意識を駆り立て動員するという、この戦後日本の道が開かれてきたのはまず間違いのないところであろう。とすれば、戦後啓蒙としての出発時の丸山眞男の問題性は、戦後日本に総じて問われるべき問題性として今日にまで響いてくることになる。

もっとも、戦後啓蒙に主題を定めている小著では、その思想的意味を戦後日本の全域にわたって決算するということは望みえない。そこでここでは、戦後啓蒙のそのような出発時における問題性が、丸山眞男自身の思想の中にどのように跳ね返り、それを制約し続けているのかだけ考えておくことにしよう。ここでの手がかりは丸山の福沢諭吉論である。

第五節　福沢論の変容と戦後啓蒙の自己背反

一　近代日本を総括することの或る排除

たくさんのことを語ってきているひとりの思想家を一貫した見通しの下に評価しようとするとき、その人が何を語ったかを収集してあれこれ言いたてるよりは、むしろ、特定の文脈で何を語らないでいるのかに注目することが、いっそう重要な手がかりを与える場合は少なくない。丸山眞男の最晩年の書き下ろしである『「文明論之概略」を読む（上・中・下）』（一九八六年）は、福沢諭吉という彼の生涯にわたる主題をあらためて取り上げて、自らそれに総括を与えたという意味をもつ最重要のテクストのひとつだが、そうであればこそ丸山がそこで、或るひとつの論点について意図的と思える排除を行っていることは注目に値する。この論点の排除は、おそらくそれ自体が、戦後啓蒙として展開してきた丸山の思想的営みの皮肉な結末を示していると思われるからである。

いったい何がそこで排除されているのかは、この著作を、その後に出された論文集である『忠誠と反逆』（一九九二年）に納められた「近代日本思想史における国家理性の問題」という論文への「追記」に照しつつ読み直してみると分かってくる。この「追記」で丸山は、福沢諭吉を含め明治前半期の日本の指導者たちに共通していた「冷厳な『国家理性』の認識」について論じる動機を、自ら説明している。

ここでの丸山によれば、「一身独立して、一国独立す」という有名な命題に見られるように、福沢という人は、個人主義と国家主義、国家主義と国際主義との「見事なバランス」をその思想の内に結晶化させた人物である。しかしたしかに、この福沢ですら、一八八〇年代に「国権論」を強調してこの「見事なバランス」を自ら放棄し、国際権力政治の場で権力の伸張を求める方向へと主張の重点を移している。とはいえ、このような明治前半期の人々に共通する「『国家理性』の認識」は、一九三〇〜四〇年代の日本に見られた「『皇国』の使命論」と日本軍国主義の無限なる道徳的美化とは、その精神的態度の根本においておよそその質を異にしている。というのも、かつての「国家理性」の認識においては、「権力政治に、権力政治としての自己認識があり、国家利害が国家利害の問題として自覚」されていたがゆえに、その権力行使や利害には、おのずとその「限界」の意識が伴っていたからである〔15-182〕。明治前期のわきまえのある「国家理性の認識」と昭和前期の限界を知らない「皇道の宣布」とのこのような「精神的態度のコントラスト」こそ、丸山をしてその考察に向かわしめた所以だ、というのである。

なるほど、先に見た「超国家主義」論文などをも参照しつつ考えれば、このような「精神的態度のコントラスト」が彼の思想的営みを決定的に動機づけたという説明は、それとして十分に了解可能であるようにも見える。もし明治前期の「国家理性の認識」が、そのように昭和前期の「超国家主義」の精神的態度と質を異にするというのであれば、たしかに、その所以を問うということを通して、侵略戦争に突き進んだ「超国家主義」に帰結するこの近代化の歩みが実質的に反省されることになるはずだ。というのも、そのような「精神的態度のコントラスト」の認識からは、どうしてその落差が生じてしまったのかという問題が本当に切迫した問いとして浮かび上がり、ここに、近代日本を全体として総括する重要な視点が与えられると考えることができるからである。だから、丸山が福沢を語るときには、読者としても、特にその点に注意しつつ耳を傾けねばならないということになってくる。

ところが、その観点からあらためてこのテクストを見て驚かされるのは、肝心要であるはずのこの落差が生じた所以への思想内在的な問いが、まさに福沢の「最高傑作」を主題にして三冊もの新書を費やしたこの著作において問われていないということである。もちろん、この『「文明論之概略」を読む』においても、「国家理性」の問題は「国家実存理由」と訳語を替えつつ論じられている。というより、最終章（第二十講）の論述から明らかな通り、むしろそれこそがこの本のひとつの主題なのだとも言える。それなのにここでは、この「国家実存理由」の偽善を含まない冷厳な認識の意義がもっぱら強く再確認されるばかりで、この主題に丸山を駆り立てたはずの「精神的態度のコントラスト」は、問題から「ついでに脱線」するものとして簡単に触れられるだけだし、ましてや、この落差が生じた所以を問うという問題視角は、完全に排除されてしまっているのである〔cf. 14-266〕。これはどうしたことだろうか。

もちろん、これについては、福沢の『文明論之概略』という著作のみを主題としたこの本で、近代日本の歩み全般にかかわるそこまでの展開と総括を求めることがそもそも無理な注文である、と弁護することがまずは可能かも知れない。だいいち、近代日本の歩み全体の責任を福沢という個人に帰すことなど、できるはずはないのだ。しかも、たとえ福沢の現実の言動になにかの問題があったとしても、歴史の帰趨を知ってしまっている後の者がそれをあげつらうのは、不毛な揚げ足とりに終わる可能性がある。だから、この本の、『概略』一書の「思想的注釈」という守備範囲の限定はむしろ学問的に正当なことであり、読者としても、まずはそれを逸脱することなく、その枠内で学ぶことの方がずっと生産的であるとも考えられよう。

しかし、そう思って限定した観点からこの書物に臨もうとしても、そのような説明を自ら越えてしまうような射程をもった論旨の展開が、このテクストには含まれているということを見逃すわけにはいかない。福沢における「国家実存理由」の認識は、もちろん、彼の言説についての評価を分けるひとつの焦点となっているいわゆる「脱亜論」に直接の関わりをもつものである。日本の主権国家としての独立の危機という現実理解が、福沢を「脱亜」という主張に駆り立てたことは間違いなかろう。それゆえ丸山はここで、この「脱亜論」についても、かの「国家実存理由」についての認識を踏まえて、かなり明確な態度を打ち出すに至っている。そしてそのときに、福沢にみられる「国家実存理由」の認識の意義をポジティヴに描き出そうとすることが、近代日本のたどった道全体への丸山の評価を枠づけることになっているのである。丸山は、ここでつぎのように言う。

> 脱亜入欧という……コトバを、かりに福沢の原理論と時事論とに関係させて使うならば、通念とは著しく異なりますが、脱亜の方はあくまで時事論であるのにたいし、入欧の方こそ原理論だ、ということになります。入欧が原理論であるという意味は、第十章の解説でのべた「西欧的国家システム」への加入ということです。清国も李氏朝鮮も、原理論としては「一たび変ずる」ことによって——具体的にいえば国民的統一と国民的独立の「革命」を経ることによって——日本と同様に西欧的国家システムに自主的に加入する途が開かれております（そうして両国ともその後現実に一たび——もしくは二たび——変ずることによって、その途を歩みました。南北朝鮮の分断は解放後の「冷戦」の犠牲として生まれたものです）。〔14-344〕

もちろんここでは、現実の厳しい国際環境を見据えてこれに対応するべく説かれた「時事論」として「脱亜論」を位置づけつつ、それを「西欧的国家システム」の自主的な形成という近代化の「原理論」に結びつけて正当化する根拠として、「国家実存理由」の冷厳な認識の意義が示唆されているわけである。

しかし、このような枠組みで近代の日本と中国と朝鮮の歴史が一貫して語られるとき、そこで何が後景に退いてしまうかは明らかであろう。日本の植民地主義の歴史を直視し、そこから離脱すべく脱植民地主義の思想的営みをしっかり自らに課してきたものならば、日本の帝国主義戦争と植民地の人々の独立を求める解放闘争とをこのように同様に語ることはできないだろう。「西欧的国家システムへの加入」という原理論の観点から帝国主義宗主国と植民地とを横並びに語ってしまう丸山は、そこで暴力と支配をともなう現実の歴史プロセスからの意図的な抽象を行っており、そのとき丸山は、かつて自らが厳しく批判したはずの「超国家主義＝日本」の存在とその所業、そしてそれへの責任をさえ、視野の外に封印してしまっている。[91] そのようにして、原理論のレベルでは、それぞれの国（帝国日本と植民地朝鮮を並列にして！）の現実の歩みそのものが「自主的」なものとして追認されることになっているのである。

「近代」の意義を語り続けてきた丸山眞男の視野に、原理論としては、帝国主義としての近代がそもそも捉えられていない。これが戦後日本で「批判的良心」をずっと代表してきたはずの丸山の一九八〇年代の認識であることを思えば、ここに表れている帝国主義と植民地主義への感度のあまりの低さは、とてつもなく深刻な問題であると考えなければならないだろう。これは、脱植民地主義化という課題をすっかり置き去りにしてきた、戦後日本の思想全体を問いに曝す意味をもっている。

ここでは丸山に即してのみ言うとすれば、この八〇年代の言説において認めなければならないのは、丸山が「超国家主義」の容認とか擁護に回っているなどという単なる「転向」の物語では決してない。むしろ問題はもっと深刻で、戦後啓蒙の問題設定そのもの、そしてその立場に立つ丸山の原理論が、日本と東アジアの近代を全体として語ろうとするとき、不可避に或るひとつのジレンマに直面してしまうということである。実は、『「文明論之概略」を読む』における上述の「排除」は、このジレンマに直面し続けてきた丸山が、結局たどり着いた長い曲折の帰結だと考えることができる。そこで、このジレンマの所在と意味を考えるために、ここでも本章の方法上の指針に沿って、丸山の福沢諭吉論の軌跡を「変化」や「ズレ」という観点から検証することにしよう。

二　福沢論の軌跡とそのジレンマ

丸山の日本政治思想史学において福沢諭吉という人物は、多くの思想家の中の単なるひとりであるにすぎないのではなく、ある特別な位置価をもっていると考えねばならない。ここではまず、当面する「国家理性（＝国家実存理由）」という問題に即してその点を整理しておこう。

まず、かの明治前半期と昭和前半期との「精神的態度のコントラスト」が言われるとき、丸山は、明治前半期における「国家実存理由」の「冷徹な認識」を当時の日本の知識人一般の中に認めているのであって、それを福沢に限っているわけではないという点に注意したい〔15-181〕。権力行使の「限界」についてのわきまえのある認識は、福沢に特有なものではなく、むしろ「国粋主義」思想運動にも「当局者」の言動にも「ハッキリ窺」えるものだからこそ、それは明治前半期の一般的な「精神的態度」として昭和前半期のそれと対比的に扱われるのであって、福沢の認識は、まずはその一典型例として取り扱われるのである。

福沢その人が特別なのは、そこではなく、その中での位置づけであった。すなわち、すでに触れたように丸山は、福沢において、個人主義と国家主義、国家主義と国際主義との「見事なバランス」の模範的な実現を見ていたのであり、この点では、福沢は一つの極限例であったということである〔4-24〕。そして、この極限的に「見事」なバランスさえやがて打ちくずされていったことが、かの時代の運命全般を象徴するものと捉えられているのである。

だから福沢は、かの時代の精神を全体として観望するにあたって、戦略的にまことに好都合な位置に立つ対象として丸山に捉えられていると言えよう。すなわち、福沢は、明治前半期の精神の典型としてそれを代表させることのできる人物であるとともに、また、その精神の先頭に立つ者として、そうした精神がたどる軌跡を極限的に表現する人物であるがゆえに、まさに研究の戦略的な環と言うに価する対象と認められているのである。

このような福沢研究の位置価の把握は、実は、丸山自身の研究活動の初期から維持されていると見ることができる。すでに前段において、戦中の丸山が、福沢諭吉の言説を彼の同時代への「痛烈な批判」として捉え、これを論ずることを通じて総力戦体制下の時務に参与するという道に進んだことを見てきた。ただここで注意したいのは、この時期においてさえ丸山の目は、同時に、この福沢においてなお問題としなければならないその思想的難点にも向けられていることである。若き丸山は、戦争の最中（一九四二年）に福沢に触れて、つぎのように言う。

> 西洋文明の外形をのみ模倣するのを極力戒め、その精神を学ぶべきことを最も反覆力説したのは福沢であった。……彼の立場には、明かに近代ヨーロッパの獲得した自律的人格や批判主義の精神が流れている。にも拘らず、その福沢に於てすら、他面に於ける結果本位的＝功利主義的思惟はその「独立自尊」の真の内面化を妨げている。彼の「実学」の主張は東洋的プラグマティズムから決して表見程遠くはないのである。この様にして、一見啓蒙思潮によつて塗りつぶされたかに見える明治初期に於ても、国民の内的な思考や感覚はなんら本質的な革新を経験しなかった。その内奥には依然として慣習的伝統的な「精神」が沈澱していた。ただそれは外的生活様式のめまぐるしい変動の期間には意識に登らなかったまでである。だから「文明開化」が一応段落がついたとき早くもそれは自己の存在を主張しはじめた。〔2-191f.〕

明らかなように、丸山のこの戦中の議論において、福沢は、かの時代の人々の内奥になお「慣習的伝統的な『精神』」が沈澱していたことを立証するための極限例である（「福沢に於てすら」！）。それゆえここでは、近代思想家として先陣を切る福沢の思想に内在する問題を総括することこそが、かの時代の精神全般を反省的に捉え返すための焦点になると意識されている。戦時下にある丸山は、福沢に「時代への痛烈な批判」を語らせつつ自らは国民総動員を求める行動の哲学へと方向づけられていったわけだけれど、思想史の方法としては、その当の近代思想家＝福沢にさえ内在する思想的難点を批判的に乗り超えることを通じ、（近代によって）日本近代そのものの思想的な超克を図るという、それなりに懐の深い構えを採っていたと理解することが出来る。この意味において福沢は、丸山の思想的営為にとってまさに戦略的な環なのであった。

それでは、戦争が終了し、丸山が公的にも本格的な言論活動を開始することになった時点で、福沢の思想の内在的な総括を通じてかの時代の精神全般を顧みるというこの課題は、どのように引き受けられることになったのだろうか。丸山は、一九四六年の一〇月になされた「明治国家の思想」という講演において、それに応じ始めている。だがここでの論調は、「戦中と戦後の間」を経て、以前とは微妙にしかし決定的に変化している。

ここで、まず丸山は、福沢のみならず当時の民権論者たちの態度一般に表れた変化を、日本の近代思想に内在する問題性の現れとしてではなく、「日清戦争の勝利を契機とし」た「錯覚」から始まった「転向」と捉えるようになる。

福沢に取っては日本が国際的な独立を確保するということ、どういうふうにしたら植民地化の運命を免れるかということが非常に切実な意識でありまして、日夜そのことばかり考えていた。ところが日清戦争の勝利によつて、これまで彼を重苦しく圧していた危機意識からいわば忽然として解放されたのであります。その解放された、ホッとした気持、ともかく日本の独立を確保しえたという安心感が、日本の近代化は一応達成されたのだという一つの心理的な錯覚に福沢を陥れたのではないかと思うのであります。しかしながら決して福沢だけでなく、この日清戦争を契機として、多くの民権論者が民権論と必ずしも必然的関連を持たない様な国権論の主張者となる、つまり帝国主義者に転向して

行くのであります。〔4-75〕

そしてここでは、この「転向」を決定づける主因についても、もはや彼らの思想に内在する問題に求められるのではなく、むしろその「環境」にあるとされるようになる。

自由民権論者をして、そういう認識に導かせたところのものは何といっても、まさに弱肉強食そのままの、当時最高潮に達した帝国主義的な世界争奪であったのでありまして、これをたとえていうならば、思春期に達した子供が非常に悪い環境に育ったために性的な方面で、他と不均合にませてしまった様なものではないかと思うのであります。これは変なたとえでありますが、近代的な国民国家として目覚めた時に、世界の現状が既に帝国主義段階に踏み入っていた事、これが国際間には弱肉強食しかないという考え方を非常に強めた事は争えないと思うのであります。〔4-89〕

戦中と戦後の間を隔てた論調の変化は明らかであろう。しかし、どうして丸山は、その福沢論においてこのようにスタンスを変えたのだろうか。なぜ福沢の「転向」を、その思想が現実政治の中でどのように機能したのかを思想内在的に反省することからではなく、もっぱら環境から説明するようになっているのか。

その問題を考えようとするときに重要な手がかりとなるのは、丸山が戦後のこの「明治国家の思想」という講演の結語を、「後の大正、昭和の時代とやはり違ったものを明治国家が持っていた、如何にそれが途中で本来の方向を歪曲したとしても、健康な進歩的精神というものがどこか失われずにいた」〔4-96〕という点の強調をもって締めくくっていることであろう。実は、以後の丸山が繰り返し力説するようになる「精神的態度のコントラスト」という問題は、丸山の公的な言説ではこのコンテクストで初めて登場するのである。この点は重要だ。すなわち、ここで丸山が強調しようとする重点は、福沢の結果本位的功利主義的思惟でも、あるいは「転向」という問題でもなく、むしろ「転向」にもかかわらず一貫して維持された福沢の「健康な進歩的精神」に移っていることである。そしてこのときに、後景に退いた福沢らの転向という問題は、彼らの精神に内在する要因からではなく、思想的意味はもっと軽い当時の「環境」という要因から説明されるようになったのである。要するにこの分析スタンスの転換は、転向そのものの是非を思想内在的に問うことよりは、敗戦後という状況下にあって、むしろ明治国家がもっていた精神の「健康さ」をこそ前面に押し出すべきだという、丸山自身の強い課題意識に従って生まれているのである。

このような戦争直後の丸山の福沢論における新たな関心の生成は、それと同時期に進められている前節で見た徂徠論の再構成への動きと、一見すると逆立するように見えるかもしれない。(92) すなわち徂徠論の再構成が、なお近代化されえぬ日本に啓蒙されるべき対象を再発見－再構成しようという志向をもっているのに対して、この福沢論は、日本における近代化の可能性をポジティヴに描き出し、その原点の健康さを再確認しようということだからである。しかし、戦後啓蒙という思想運動としてみるならば、この二つの関心は、実はコインの表裏のように不可分一体のものであることが分かる。すなわち、近代化という観点から見てなお残る「課題」と他方での「可能性」を共に提示してこそ、近代化に向かうべき「われわれの日本」というアイデンティティがそこに確認されることになろうからである。これは、敗戦という精神的な危機状況の中にある人々に、責任の所在をめぐっての批判と亀裂を持ち込む（「日本を割る」）のではなく、「われわれの日本」を再確認させ、しかもそこに「希望」をも生み出す啓蒙として、まことにうまくできた言説の布置となっている。すなわちこれは、敗戦という挫折の中で、一方で啓蒙の課題を確認しながら、他方では日本近代化のなお「健康」だった原点とその正当性をあらためて人々に訴え、その意味への覚醒をもって日本国民まとまって「出直し」を期そうというひとつの呼びかけなのである。それこそが、まさに戦後啓蒙の精神に他ならないのであった。それに伴って、福沢の近代精神そのものにある問題性を反省的に捉え返そうという、戦中の時点ではなにがしかは生きていた関心は、第二義的なものとして後景に退くことになっている。

そうした丸山の戦後の福沢論における啓蒙的スタンスは、その後、一九五三年出版の『世界歴史事典』の項目として執筆された「福沢諭吉」という短い記事において、より直接的に表明されることになる。そこで丸山は、日清戦争に際し最強硬の主戦論を唱えた福沢に触れながら、つぎのように記述を結んでいる。

　諭吉の思想において国際関係が国内問題よりも終始優位を占めていたために、こうした国権論の発展は国内政治に対する彼の態度をいよいよ妥協的に赴かせ、自由と進歩の原則は抽象的には最後まで維持されながら、その具体化の日程は先へ先へと押しやられてしまった。
　しかし諭吉の後世への最大の足跡は、このような政治的帰結にあるのではなく、むしろ、日本人の思考様式と日常的な生活態度に対するその透徹した批判にあるといわねばならない。……無位無官の在野思想家として終った諭吉の輝かしい生涯は、その掲げた独立自尊の大旆《たいはい》とともに、彼の冒したあ

らゆる過失と偏向を超えて日本国民の胸奥に生き続けている。〔5-332f. 傍点引用者〕

つねに学問的に確実な考察を重ねることを旨としている丸山にしては、あまりに感情過多な結びと言う他はないが（そんな「日本国民」がどれほどいることか⁉）、それだけに、ここにおいて丸山の願望も明らかである。福沢が示した日本近代化の原点を確認し、その意味に人々の覚醒を促すことをもって「復初」を図ろうということ、そうした志向が戦後の丸山の福沢論をその根底において規定してきているのは間違いなかろう。それにより、福沢が現実政治において冒した「あらゆる過失と偏向」を近代という時代と思想の内在的な問題として総括しようとする志向は、丸山その人においていよいよ蓋が閉じられてしまうことになったのである。

そのように考えてみると、明治前半期と昭和前半期との「精神的態度のコントラスト」を強調することそれ自体が、丸山にとっては一つのジレンマを抱え込むことでもあったということが理解されてくる。すなわち、丸山にとっては、戦争の激化のただ中で「戦慄に近い感銘をもって脳裏にきざまれた」〔15-183〕この「精神的態度のコントラスト」は、現に体験している「超国家主義」の彼方にある日本近代化の原点のなお「健康」な姿の再発見に他ならなかったのであるが、しかしこの「コントラスト」の強調は、事柄から見れば、同時にこの落差が生じた所以を問うという問題関心を喚起し、これは直ちにそうした原点から出発した日本の近代思想の内奥にまで立ち入った反省を迫らざるをえないものだからである。このジレンマゆえに、丸山自身は、福沢の思想をますますそれの「政治的帰結」から切り離し、そのように「純化」して捉えられた福沢の「思想」（「原理論」？）をもって日本の近代化の原点を語るようになってゆく。

かくて、丸山が語る思想の意味は、いよいよ現実の歴史過程から遊離するようになっていったとわたしは思う。

前段でみた『「文明論之概略」を読む』（一九八六年）における一定の（しかし核心的な）問題の排除という事態は、このような戦後の丸山の福沢論がとった言説戦略のひとつの帰結を示していると考えなければならない。丸山は、この著作において、その主題が限定されていることを強調し、その意味で「議論の本位」を定めることとの意義を繰り返し説いている。しかし、この著作が福沢の一書『文明論之概略』における原理論を剔出することにもっぱらその「議論の本位」を定めていることは、実は、それがまさに、戦後の丸山が追求してきた福沢論そのものの議論の本位に他ならないからである。そして、このように議論の本位が定められるとき、それが当の原理論そのものの精神の内奥を問うという課題を排除してしまうというジレンマは、ジレンマとしてすら認識されなくなってしまうのだ。

誰もがそれだけは認めるだろうように、『「文明論之概略」を読む』という著作は、一つの注釈書としてはたしかにかなりの水準の高さを誇りうるものとなっている。しかし、以上で見てきたことは、学問的には最も明晰に整った議論が展開されている当の箇所において、それがまさに明晰に問題を切りわけていると見なされればこそかえって、思想的には重要な隠蔽が生じてしまうということに他ならない。丸山が、その同一箇所で、帝国主義戦争と植民地解放闘争とを「同様」なものとして語り、脱植民地主義という思想的課題の未達成を自ら暴露してしまうのは、実はこの隠蔽の綻びを示すものだったのである。

三　啓蒙の使い分け戦略の自己撞着

ところで、福沢と丸山というこの二人の思想家については、明治啓蒙の福沢と戦後啓蒙の丸山と対比すれば、両者がそれぞれの時代にもつ位置価からある並行関係において捉えられることに注意しよう。すると、前節で論じた福沢における帝国主義、植民地主義と丸山における脱植民地主義の未達成ということが、ここで思想問題としてもパラレルに照応する関係にあると理解されてくる。そしてそこから見えてくるのは、これが、福沢と丸山という二人の思想家だけの問題なのではなく、むしろ福沢から丸山を貫いて、日本近代における「啓蒙」という思想運動に総じてかかわる問題ではないのかという疑問である。

　前項では、丸山の『「文明論之概略」を読む』における立論の方法、すなわち、福沢の「原理論」のみを純粋なかたちで抽出しようとする方法的態度が、福沢を通して日本の近代化の原点に人々を覚醒させたいと願う戦後啓蒙の思想家＝丸山の、一貫した「議論の本位」に即したものであるということを見てきた。ここではこれに加えて、丸山が晩年になって強調するようになったつぎの主張に注目しよう。すなわち、そもそも明治啓蒙の思想家＝福沢その人がまた、自らの議論を「原理論」と「時事論」とに自覚的に区別しており、一見「矛盾」や「変節」を含むように見える福沢のさまざまな主張も、この両者をしっかりと弁別しながら読むならば、その基本原理において首尾一貫して理解することができるという主張である。『「文明論之概略」を読む』において明確に語られるこの主張は、少なくとも二つの側面から、重要な意味をもつものであると考えられる。

　まず第一に、これにより丸山は、かつては丸山自身も「転向」と考えざるをえなかった福沢の言動を含めてその全体を、『概略』の「基本原理」が「最晩年にいたるまで保持されて」〔14-347〕一貫したものであると初めて認めるようになったことである。すなわち丸山は、福沢のいかにも「帝国主義者」らしい言動まで「原理論」と「時事論」という使い分けの枠組みの中に取り込んで了解し、これを擁護するようになっているのである。「原理論」を純化して捉えようとする丸山の福沢論における「議論の本位」は、ここで翻って、「時事論」という領域をそれもまた独立なものとして捉えることを可能にし、それにより丸山は、福沢のあらゆる言動を時々の事情に関係づけつつ正当化しうる論理を本格的に整えることになったのである。

また第二に、丸山が主張するように、福沢その人の議論が「原理論」と「時事論」という区別立てをもっていたのだとすれば、この立論の仕方は、決してこの二人だけのものでもなく、むしろ実は日本近代における「啓蒙」という思想運動一般に共通する方法上の特質を示しているのではないかと考えられるようになってくる。すなわち、「原理論」と「時事論」との区別というこの立論方法の問題は、福沢から丸山をずっと貫いて、日本における「啓蒙」の思想の連続という問題に新たな光を投げかけ、その意義を反省するひとつの可能性を与えているのである。

そこで、この立論方法の問題について考えなければならない。

まず、「原理論」と「時事論」というこの区別が無原則に使い分けられてゆくと、およそあらゆる議論の正当化を可能にするものとなり、それに対してはいかなる批判も不可能になってしまう点に留意しよう。例えば「時事論」とは、時々の状況のなかで、限られた情報を基礎に不完全な未来予測を伴って、具体的な判断や指針を示すものであろう。だからこれは、もちろん、つねに限定された射程をもつものと評価されねばならないものではある。しかし、そうであればこそ、まさにそこでどれほど原理が貫けたのかという点こそが具体的な思想の総括の対象になるのであって、この問いを括弧にいれて状況還元的に問題を処理すれば、その背景にあるはずの「原理」そのものはつねに根底的な批判を受けないままに生き延びることになってゆくであろう。問題は、そもそも「啓蒙」という言説戦略の中に、このような隘路があらかじめ用意されているのでないかという点である。

丸山が実際に展開している議論の例に即して考えてみよう。丸山は、「大砲弾薬は……無き道理を造るの器械なり」という主張を含んで「悪名高い福沢の立言」となっている『通俗国権論』に触れて、つぎのように言っている。

福沢の場合に一番厄介なのは、人心の雷同性と意見の画一化とにたいする嫌悪、「世論」の集中豪雨的傾向への警戒心が強いあまりに、わざとシニカルな表現を用い、意識的に問題のなかのある側面を誇張して表面に出す傾向があることです。もし福沢がこの時期に軍事的武装が「無き道理を造るの器械」だと文字通りに信じているとしたら、『通俗国権論』の刊行直後に、彼が『文明論之概略』の特別講義……を行なった、という事実をどう説明したらよいのでしょうか。〔14-342〕

ここで丸山が言おうとしていることは、『通俗国権論』それ自体の「釈明」や「擁護」なのではなく、それが福沢の当座の「時事論」なのであって、同時に存在する「原理論」では別なことが言われているということだけである。そう言うならここでは、この『通俗国権論』を「文字通り」真に受けて、それをいちいち論難するというのは控えておこう。しかしそれにしても、「彼が実際に言っていることと、本当の意図とは異なる」と言うだけに等しいこのような論断で、福沢の「原理論」の一貫性が確認されそれが評価されるとき、その「原理論」の政治的意味とは何なのだろうか。時々の「時事論」において表現されないような政治思想の「原理論」とは、いったい何を論じているのか。

また丸山は、福沢の『帝室論』についても、一方では、「政治上の得失」から君主制の問題を判断する功利主義がその根底に流れていることを指摘し、それが福沢をしてここで日本の皇室に対し「溢美の言」を呈せしめたと考えて、これを「認識としてはリアルで、同時代人の実感に支えられている反面に、結果的には近代日本の国体論の発展を見損なっていたといわれても仕方がない」〔14-257〕と問題を指摘しながら、他方では、これをも「時事論」であるゆえをもって正当化しようとしている。最晩年の『福翁百話』などを読むならば、「この問題についても福沢が原理論としての『概略』の立場を維持している」〔14-343〕のは明らかだ、というわけである。ここでも、福沢における「原理論」の一貫性が、「時事論」の実際の政治的帰結から切り離されることで擁護されている。

たしかに、このような丸山の主張に沿ってしまえば、福沢の思想と行動には「転向」と呼ばれるべきものは一切なく、むしろ、原理的にはつねに一貫していたということになるだろう。しかし、このような「一貫性」というのは、思想の意義を現実の歴史のなかで受けとめて考えようとするものにとって、いったいいかなる意味をもつと言うのだろうか。そもそも、明治前半期の人々の「国家実存理由」の認識の限界をわきまえた「健康さ」を言うときにはマックス・ヴェーバーを引き合いに出している丸山が〔14-263〕、ここで福沢の思想と行動の全体を原理的に語ろうとするときには、その結果を度外視して、ヴェーバーのいわゆる「責任倫理」の観点を全く無視してしまうのは奇妙なことだ。そして、このように「責任倫理」の観点を手放した帰結として生み出されたのが、先に見たところの、帝国主義戦争と植民地解放闘争とを同様に扱って「一貫」させられた歴史理解であったとすれば、この「原理論」において思想を「一貫」させて理解しようとする思考方法は、それ自体で危険な問題性を孕んでいると言わねばなるまい。

こうして、福沢から丸山へと貫かれている立論方法の共通した問題性を考えてきてみると、日本の近代における「啓蒙」という思想全体の意味をあらためて思わずにはいられないだろう。丸山が言うように、たしかに福沢は、本人の主観においては「世論」の歪みへの警戒心から、「わざとシニカルな表現を用い、意識的に問題のなかのある側面を誇張」するということがあったのかもしれない。そしてこれが、彼の「時事論」を「原理論」から区別せざるをえない所以になっている。これに対して丸山は、これまで見てきたように、日本近代化の原点に人々を覚醒せしめようという配慮から、わざと意識的に福沢の「原理論」に「議論の本位」を絞って、その意義を純粋に強調しているのである。このような福沢と丸山に共通する立論の仕方は、もちろん、彼らに共通する「啓蒙」への志向から出てくるものであろう。このときに、一方に「時事論」と「原理論」を使い分ける特権を持った啓蒙主体がいて、他方にはそれをもっぱら受容するに過ぎない啓蒙客体がいるという、まさに「啓蒙」の議論構図が問われることはない。

そう考えて振り返ってみると、戦中戦後を通じて丸山が自らの日本政治思想史に関わる所論を繰り返し組み替えながらやっていることも、それと同じだった。そのつど丸山が考える「議論の本位」に応じて思想史上の対象の解釈が変えられ、しかも、それがそのつど「真正」な荻生徂徠とか福沢諭吉として読者に提示されているのである。このような「啓蒙」への志向とその具体化の方法は、読者を意識的に欺瞞するものであるのか、あるいは、「啓蒙」という志向によってそのつど正当化される自己欺瞞であるのか。

ところで、このような「啓蒙」という思想が抱えた問題は、さらに考えてみると、実は日本の近代化そのものがもっていた構造的な構成に、その根があると見る必要があるかもしれない。十五年戦争が始まるまでの日本の「近代化」のプロセスにおいて、その教育体系が二つの系列に分けられて設計され、この両者の「使い分け」をもって人材の養成と国家のカジ取りが図られるという構成になっていたことは、よく知られている。鶴見俊輔は、かってこれを、「小学校教育と兵士の教育においては、日本国家の神話に軸をおく世界観が採用され、最高学府である大学とそれに並ぶ高等教育においてはヨーロッパを模範とする教育方針が採用され」(93)たと説明し、これを日本という国家宗教の「顕教」の部分と「密教」の部分と名づけている。もちろん、福沢らの啓蒙の思想家が、このような二系列の教育体系に、その設計と建築に実際に参与したという意味で直接の責任をもっているわけではない。とはいえ、教育体系をこのように二系列に編成するという設計の思想は、日本と日本人の具体的な状況と近代化の目標との落差についての「リアル」な認識から生まれてきていることは間違いあるまい。そして、この「リアル」な認識が、福沢が「時事論」と「原理論」とを区別する基礎になっていた認識と、さほど遠くない距離にあったことは明らかだと思われるのである。

その点をあらためて確認してみると、これまで見てきた福沢らの「啓蒙」の思想の問題性は、むしろ、日本近代化のプロジェクトが全体として陥って結局のところ挫折したより大きな欺瞞と自己欺瞞の一部に過ぎないということが理解されてくる。もちろん、いわゆる「超国家主義」が、日本という国家宗教の「密教」部分が「顕教」部分を最大限利用しようとした挙げ句、その欺瞞性により結局はこの「顕教」の主張に押し流されて、その結果、「皇道の宣布」などというスローガンを掲げて侵略戦争を合理化するグロテスクで暴力的な姿に立ち至ったことは明らかだ。そうだとすれば、反省的に総括しなければならないのは、単に皇国史観という神話的な世界観に基づく「顕教」の部分についてだけではなく、むしろ、「顕教」と「密教」という構成をもった近代化のこのプロジェクト全体についてでなければなるまい。福沢らの「時事論」と「原理論」との使い分けの思想についても、このような問題の布置において捉え、総括の対象としなければならないのである。

丸山眞男の福沢論における日本近代化の原点への探求は、しかしながら、この「使い分け」の思想の問題性に無自覚であるばかりか、むしろ、この路線を正確に踏襲するものだと言わなければならない。六〇年安保闘争の過程で丸山は、有名な「復初の説」を提言し、敗戦直後の「私たちが廃墟の中から、新しい日本の建設というものを決意した、あの時点」〔8-358〕にさかのぼれと呼びかけた。しかし、たびたび示唆してきているように、丸山の学問が本当に「復初」を呼びかけている原点は、そこではなく、明治啓蒙の原点に他ならない。しかも、その「復初」の呼びかけは、その原点そのものとそれから出発した日本近代化の現実のプロセスについての総括を欠如し、そこに生まれた近代帝国主義と植民地主義への反省をむしろ封印するものであると考えざるをえない。

ここまでの考察では、本章での主題設定と方法的な基本指針に導かれて、荻生徂徠と福沢諭吉という二人に関する丸山の思想史研究に沿いながら、戦時から敗戦直後の時期を中心に「戦後啓蒙」という思想プロジェクトの内実とその意味を考えてきた。するとこのような思想プロジェクトは、その後、日本の「戦後」という思想空間の中でいったいどのような思想的な帰趨を示すことになるのだろうか。最後にその点に触れながら、丸山思想の戦後における位置価を考えておこう。

結節　「日本」、「大衆」、「主体」への強迫——自己同一的な主体という罠

一九六三年、ハーバード、オックスフォードを中心に一年半ほどにわたった在外研究から帰国した丸山眞男は、東京大学における同年の「東洋政治思想史」講義に「思考様式の原型《プロトタイプ》」という項目を取り上げ、日本における歴史意識の「基底」にあるものへの問題関心を語り始めている。この内容は、やがて「古層」、「執拗低音」、「通奏低音」などとさまざまに表現されながら展開を遂げ、一九七二年には「歴史意識の『古層』」という論文にまとめられて、後期丸山の「日本文化」理解の基調を構成することになっていく。

日本の歴史叙述の「基底」において、ずっと響き続ける「執拗な持続低音」のようにつねに一定の「発想様式」が繰り返されていると主張し、そこに「日本的なもの」を読み取ろうとする後期丸山のこの議論は、近代日本において作られた「伝統」であるにすぎない「単一民族の等質性」という神話を実体視しているばかりでなく、それを不当にも古代にまで溯らせるものとして、すでに多くの論者の批判するところとなってきた。(94) その問題点は、例えば「古層」論文のつぎのような認識を見れば明らかである。

われわれの「くに」が領域・民族・言語・水稲生産様式およびそれと結びついた聚落と祭儀の形態などの点で、世界の「文明国」のなかで比較すればまったく例外的といえるほど等質性《ホモジエニティ》を、遅くも後期古墳時代から千数百年にわたって引き続き保持して来た、というあの重たい歴史的現実が横たわ

っている。〔10-7〕

確かにここで丸山は、「日本」の「等質性」が古代から連綿と続くものと認め、それが「われわれの『くに』」の「歴史的現実」と見なしている。そしてここに「日本的なもの」の特殊性を主張し、等質的な「日本文化」を語るという点で、丸山はこの時やはりひとつの文化本質主義に棹さしていると考えなければならない。丸山に誰よりも近い立場にいて丸山思想の基本を擁護する石田雄ですらそれを「勇み足」と言うように(95)、後期丸山のこの問題点についてなら、論者たちの認識は一致してきておりその批判はおおむね適切なものと認めねばならないだろう。

もっとも、わたしは、それが「勇み足」であれ「後退」であれ、あるいは、本質的な限界の「露呈」であれ、丸山の犯した中心的な過誤がこの「古層」論の問題にあると見定めて、ここで、あるいはここから、丸山批判を説き起こしていくというのは適切なことではないと考えている(96)。その思想的な意味から言うならば、丸山眞男が批判されなければならない中心は、「古層」論にではなく、本書でこれまで論じてきているように、なによりもまずは戦後啓蒙期にあり、そしてつぎに戦中期にあると思うからである。影響力の大きさだけからそれを言っているのではなく、思想批判が達すべき深度という点から考えてもそれはそうでなければならないし、現在の「われわれ」に跳ね返ってくる意味の大きさという点から考えてもそうでなければならない。そのことと比較すれば、六〇年代以降の丸山の「古層」論に関わる問題性は、あえて極端に表現すれば、事後のエピソードであると言っても差し支えないとわたしは思う。

ところで、「古層」論をそのように丸山思想の「事後のエピソード」であると言ってしまっていいと思える理由には、もうひとつ、丸山その人の思想の歩みそのものではないのだが、戦後思想を「丸山現象」という観点から捉えてその展開を考えるときに無視できないものとして顕れてくるある事件が、重要な関わりをもっている。それは、丸山本人が在外研究から戻って「古層」論に着手するのに先立つ一年ほど前に、吉本隆明によって開始されている丸山眞男批判というプロジェクトのことである。正直に自己申告するとわたし自身もかつてその影響下にあったこのプロジェクトは、今から反省すれば、知識人の言説のみを問題にする丸山思想史学の枠組みを越え、大衆や民衆の存在に視野を開いて戦後日本の批判的知性に重要なパラダイムチェンジをもたらしたのだが、しかしまさにその時に、批判されるべき戦後啓蒙の思想的な問題性をむしろ引き継いでしまったのではないか、とわたしは思う。だから、一九六〇年代以降については、少なくともそのこととの関連づけなしにもっぱら丸山の「古層」論を槍玉に挙げても、戦後啓蒙思想の総括としては意味をなさなくなっていると思うのである。

それでは、一九六二年一月にまず『一橋新聞』紙上で開始された吉本隆明による丸山批判とは、何だったのだろうか。ここで吉本は、丸山における思想の意味を、丸山その人と大衆との間の「戦争体験」における断絶から照射してつぎのように書き始めている。

丸山真男「一等兵」が、敗戦の八月十五日の一日か二日あとに感じたのは「どうも悲しそうな顔をしなけりゃならないのは辛いね」という余裕であった。……かれは、戦争体験をより多く思想的に生きたのである。丸山が敗戦時に「悲しそうな顔」を、こころからすることができなかったのは、「生活」によって大衆であった無数の「一兵卒」の血まみれた生活史を、「思想」によって拒否しえたからではない。また、自己の「生活史」に「思想」の根拠をもとめたからでもない。それは、断絶と隔離の象徴である。もし、この断絶と隔離が、戦争期に、他の知識人からの優位性を意味するならば、その悲劇は、わたしたちの社会そのものが負っていると考えるほかはないのである。(97)

ここで吉本は、敗戦後に思想が採るべきであった戦争という体験への態度とは何だったかを深く考えながら、そのあり方に照らして丸山の思想態度を評価しようとしている。そしてそこには、おそらく吉本の、日本の敗戦を「こころから」悲しんでしまったその時の自分自身を顧みての痛みがあり、戦争のなかで無数の「一兵卒」たちが犯した「血まみれた」残虐行為が決して他人事ではないという実感があり、またそうだからこそ、戦争に負けて一年も経たないのに犯された残虐に「悲しみ」もなくいち早く「知的」で「客観的」な分析が書けてしまう知識人＝丸山への強い違和感があると見て間違いない。

吉本の考えでは、日本のおこなった戦争について、そしてそこで繰り返された血まみれた残虐についても全面的に反省しようとするなら、それを天皇制の仕組みや知識人の語る理念によって天下り式に解釈するのではなく、それの実行者となってしまった「一般兵隊」の「生活史」から問わねばならない。この生活史を切開し、そこにある「血まみれた生活史」の中身を拒否しうるまでの思想がなければならない。しかもその時に、この思想はまた、超越的・外在的に与えられるのではなく、自己の「生活史」そのものに根拠をもったものでなければならない。すなわち、一般兵隊となった大衆によって、そしてそもそも自分自身によって、生きられる形で思想化されているのでなければならない。それなのに、丸山のやったことは、この生活史から隔離されたところから知的な解釈を与えただけだ。知識人としてそれを上から見てい

るだけだ。それは「思想」と言うにはあまりに「やせこけ」ている。(98)

このような吉本の考えが、戦争の経験と責任を総括する場を大衆の生活史の中に求め、生活史に根拠をもった思想によってその生活史自体を拒否するという意味で、いわばこれを「割る」志向を可能性として含んでいる限り、それが、丸山の思想が決して考え及ばなかった実質にまで問題を突き詰めようとしていることは明らかである。前段でわたしは、敗戦直後になされねばならなかったはずの「日本を割る批判」について触れたが、脱植民地主義化という観点からこの「日本を割る批判」を考えてみても、確かに人々の生活史に至る内在的な吟味は不可欠であろう。そこにまで到らなければ、責任の問題は具体的な諸個人には迫ることなく、戦後への脱皮は実質的には達成されない。

吉本隆明という人物は、戦後の初期に、戦時体制に加担した文学者たちがつぎつぎと「戦後民主主義者」に豹変するのに対して、それを許さずその戦争責任を追及してきた当事者だったが、その吉本が、ここに来て大衆あるいは民衆を生活から問題にし始めたのである。これは、後に「民衆史」と呼ばれる歴史認識の新たなパラダイムに大きなきっかけを与えるものともなったのだが、今から考えると、脱植民地主義化としての戦後を本当に切り開くためにも、戦後啓蒙の思想水準を越えていく方向を示すものとして重要な提案だったのだと認められよう。一九六〇年代始めには、吉本に導かれながら、ここまでは問いが進められていた。

それでは、吉本はこの課題を、どのような仕方で引き受けようとしたのだろうか。吉本は、大衆が担い手となった「残虐」に触れながら、つぎのように問いをさらに展開させている。わたしの見るところ、しかしここには、大きな落とし穴があった。

ひとは理念によって残虐であることはできない。「残虐」や「蛮行」は、それ自体が「生活史」に属している。あるいは、「生活史」のみに属しているといってもいい。……残虐は「生活史」の交通が、他の生活史の抹消によっておこなわれざるをえないところで起こる。それは、個体の「生活史」に属するとき動物的に、社会の「生活史」に属するとき技術的に行為される。したがって、「残虐」に日本的な様式があり、「蛮行」に日本的な様式があり、励起された情況でそれが触発されるということが問題なのだ。(99)

同じことは、別の箇所でつぎのようにも言われている。

中国や比律賓での日本軍の残虐行為は、「一般兵隊」が、真善美の体現者である天皇の軍隊であるから、究極的価値を保証されていると考えたがゆえに、おこったのではありえない。むしろ「一般兵隊」の残虐の様式そのものが、天皇制の存在様式そのものを決定する民俗的な流れとしてつながっていたというべきである。(100)

残虐の「日本的な様式」!? 残虐の様式の「民俗的な流れ」!? ここで吉本は、理念から知的に一切を裁断しているように見える丸山流ファシズム解釈に反発しつつ、残虐が産出される根源を一般兵隊たる大衆の生活様式を規定する民俗的な実体に求めている。吉本が大衆の生活史に着目するのは、そこに連綿と

「民俗的な流れ」がつながっていると考えるからであり、そこには「日本的な様式」が実在すると考えるからなのだ。

このような問題の立て方については、ひとつはもちろん、ここにも「日本」とか「民俗」なるものの実体視が直ちに指摘できるだろう。大衆の生活史にどこまで分け入るかの違いはあれ、吉本も、「文化」のあるいは「日本」の本質主義的な理解から自由ではない。もっともここでは、そのような認識上の誤りをもって問題を裁断してしまう前に、吉本が陥っているもっと基本的な思想態度の落とし穴に注意を向けなければならない。

ここでは、残虐を問題にしているのだから、それに曝された現実の被害者の立場を思いながら考えてみることが肝要である。被害者が、自らが受けた具体的な残虐行為についてその理由と責任を問うているときに、それに対して実行行為者の性格特性や生活様式の特性を持ち出した釈明がなされるとすれば、それは果たして納得できる応答と受け止められうるだろうか。例えば「その振る舞いは日本的な様式によるものだった」とか「国民性に問題があった」とかいう釈明は、一見深い自己反省に見えようとも、具体的な行為に即してそれが言われるときには、ある種の決定論、あるいは不可避論となってしまうだろう。その「日本的な様式」は個々の行為者には変えようがないからである。すると、その釈明は、他の仕方でも振る舞いえたはずの実行行為者が実際には残虐を選んだことから生まれる特定の行為責任を曖昧にし、それ以上の責任追及を封じてしまう力をもっている。実際の被害者の問いかけは、「日本的な様式」に引き戻されるこの応答に出会うときには、そこで立ち往生を強いられてしまうのである。生活史を見つめ直すという点で一見誠実なこの自己反省には、他者からの問いを遮断して問題を内閉させるという罠が潜んでいる。

　加害者から見ても、問題はそれとちょうど表裏をなしている。例えば、戦場の村々で蛮行を働く兵士も、故郷では思いやりがあり責任感の強い農民だったりすることがありうるし、思想犯に対して冷酷で残虐な憲兵や特高刑事でも、家に帰れば優しい夫であり愛情深い父親であるということがある。当事者の立場から見ると、実はそうしたことが、むしろありふれた風景なのではないだろうか。「悪の陳腐さ（the Banality of Evil）!」[101]戦時の残虐について本当に見つめなければならないのは、それがすべての人間にとって決して他人事ではないという、この事実でなければならないだろう。この事実から出発すればこそ、どうして特定のこのわたしが特定のあの場面で残虐に振る舞ったかを問うことに意味が出てくるのである。これに対して特別な「日本的な様式」とか「国民性」とかに問題を帰着させて考える自問は、一見ラディカルにも見えるのだが、実際の被害者との応答の場面ではこの事実を踏まえての具体的な原因糾明と反省を押しとどめてしまうだろう。応答的に責任をとるということは、「自分探しの旅」などではありえない。

　それでは、吉本が指し示す問いの方向にそうした落とし穴があるのだとすれば、大衆の「生活史」に至る反省というのは、どのようなかたちを採るべきだったのだろうか。それを理解する際にも、上に挙げた例が手がかりになる。故郷では思いやりがあり責任感の強い農民が戦場では残虐の限りを尽くす兵士になったということ、このような事例が示唆しているのは、農民の人格が二重性をもっているということではなく、おそらく農民が出会う他者との関係の質の二重性である。戦場で彼の人柄が変わったというより、故郷と戦場とで出会う相手との関係が全く異なって感受されているということである。そしてこれは、それまで農民が平時に作ってきた他者との関係の質（例えば、ウチとソト）と無縁ではあるまい。すなわち、平時において農民が作っていた他者との関係の質における差別が、戦時において凝縮して顕れ、献身と残虐という両極の態度に決定的な乖離を遂げたということだと考えなければならない。

生活史が見直されなければならないというのは、そのような形で、平時における関係形成のあり方が戦時に連続し、その問題性を悲劇的なまでに拡大して露呈するからに他ならない。言い換えると、平時に培養されていた排外主義やレイシズムが、戦場では露骨に残虐な暴力となって現出するということである[102]。そう捉えられるなら、それを反省するステップとして必要なことは、大衆の生活史を遠い昔に遡上して日本人の性格特性を探り出すということなどではなく、排外主義やレイシズムを孕んだ社会関係を平時に生み出している現存の社会生活について、その「物質的な利害や理念的な関心の状況（materielle oder ideelle Interessenlage)」およびその生成を歴史批判的に解明することであろう[103]。まず問題にしなければならないのは、吉本の言うような「大衆の存在様式の民俗的な部分[104]」ではなく、大衆の生活史のこの近代の状況に他ならないのである。

そのように考えてきてみると、そうした課題設定の要請とは逆に大衆の生活史を過去に遡及して日本人の性格特性を探り出そうとしている吉本の、その関心の中心が、むしろはっきり理解できるようにわたしには思われる。吉本は、戦時における残虐を確かに真剣に考えているのだけれど、それを考えるときに吉本の関心の中心にあるのは、その残虐を蒙った被害者に応答しようということではなく、むしろ自分（たち）自身への問いなのである。なぜ自分たちはその残虐をなしえたのかと自ら問い、それにより、自分（たち）は何者であったのか（アイデンティティ）を確認し、自分たち自身の主権によって主体性を再確立したいということである。それゆえ吉本は、他者に応答するのではなく、純粋に自問自答している。吉本が書いたものを読んでいると、あれほど「残虐」を語りながら、残虐を蒙った実際の被害者の姿がそこには全く出てこないということに奇妙な感覚をいだく人は多いだろう。しかし、それは偶然ではないのだ。すなわち吉本の言説は、戦争における残虐について語りながら自分のみを見つめて、それによりひとつのナルシシズムの構図を描いていると見なければならない。

そして今からそれを振り返ってみると、この吉本のナルシシズムは、他ならぬ丸山眞男の戦後啓蒙という枠組みをその内実としてはそっくり引き継いでのものであったと理解することができる。そもそも戦後になって、考えるべき主題の視野を「日本」に限定したのは、丸山であり大塚であり、戦後啓蒙の知識人たちなのであった。そして、吉本が知識人＝丸山眞男に対して「大衆」を対置するのは、そうした主題設定の延長上に、自分たちの「日本」は丸山の描いたそれではないという意識が生まれているということである。吉本は、丸山による日本認識に「大衆嫌悪」を見出し、しかも実は、この大衆嫌悪がある限り日本啓蒙という課題そのものが決して果たされえないと考えている。吉本は言う、

（丸山の意識の中では、知識人である自分に加えられた戦時の「外からの戦争強制」について）これをあやつったのは国家権力であったが、手先となった直接の当体は、大衆そのものであるという認識が戦争期に刻印された。この潜在的なモチーフは、戦後の丸山のすべての業績にふかく浸透しているとおもえる。これは、戦争権力の直接の担い手としてあらわれた大衆の意識構造の負性が、優性に転じうる契機をさぐる可能性を、丸山の方法から奪ったということができる。丸山は、この考察を、ほとんどマスとしてみた大衆嫌悪の線ではじきかえした。(105)

もちろんここで吉本は、日本の大衆の「優性に転じうる」可能性をもっと認めたいと願っている。それがいわゆる「民衆史」の系譜へとつながる線だ。吉本は、丸山がそれを過小評価していると非難するのである。だがしかしその時に、吉本がまた、視界を「日本」に限定し、その中で「大衆」として自生する自己同一的な「主体」を求めようとしていることは明らかであろう。そうした大枠での課題設定においては、吉本は、丸山の戦後啓蒙の枠組みをむしろより徹底させたかたちで引き継いでいると見なければならない。その可能性への探求が、吉本をして、もっと根本的にナルシスティックな構図をもつ議論に導き入れることになった。それが、柳田学などにも依りながら「土俗的な言語」にまで分け入って、そこで日本国家の実体を見きわめようとするようになる吉本の、「自立の思想的拠点」への問いなのであった。

思い返せば、本章の考察を通じて見てきたことは、丸山眞男の企図した日本国民の主体化に向けた啓蒙と動員の思想運動が、戦時と戦後の状況の中でもった意味であった。この考察は、なによりも近代的な「主体性」の確立を第一に求める丸山の思想が、総力戦体制のもとでは下からの国民総動員の思想に、そして、敗戦後の状況のもとでは帝国主義的国民主義という記憶を抹消して「単一民族」的国民主義へとこぞって向かう思想に、それぞれ確実に寄与したということを明らかにしている。それが戦時動員と戦後啓蒙の連続と断絶の仕組みなのであった。それに対して、ここで吉本に触れることを通じて確認しなければならないのは、「主体的であれ」という呼びかけ、そしてその基礎にある「自己同一的な主体」というその理想が、実は、戦後啓蒙という思想運動を越えて戦後日本の批判的知性の中にさらに広く引き継がれ、そのまま充分に自覚的な反省を経ることなく生き続けてきているということである。吉本隆明という人物は、詩人として文学者の戦争責任を論ずることから始まって、非共産党的左翼の立場から自立の思想を説き、また他方では丸山眞男を批判しつつ自らアカデミックな学問世界の外にいて大衆の存在に注意を喚起し続けたということなどから、戦後日本の批判的知性の中に特別な位置を保ち、重要な影響を持続的に与え続けてきた存在である。この吉本に、「主体性」の思想が、そのナルシスティックな認識構図まで含めて引き継がれていることは、その後の思想状況の展開にとってやはり深刻な意味をもったと考えなければならない。

と考えてみると、そのつけは、今日の日本の思想状況にしっかり廻ってきている。一九九〇年代の後半にもなって、戦後責任をまっとうするためにと称しながら、まずは「三百万の自国の死者」を哀悼することを通じて日本人の「『国民』の基体」を立ち上げようと呼びかけた加藤典洋の言説[106]が、そこに含まれる支離滅裂とさえ言いうる矛盾にもかかわらず、体制批判的だったはずの人々を含めて多くの人々の共感を得たという事実は、そうした戦後日本の思想状況の末路を徴候的に示すものである。同時期に台頭してきているいわゆる「自由主義史観」派の自己慰撫的な「国民の歴史」の語りは、グローバル化の下での新しいナショナリズムのかたちとして時代の先行きに暗雲をもたらしているが、まずはどこかにアイデンティティの帰属先を定めておかなければならない、定めておきたいという意識は、実は国家主義者や保守派だけの専売ではないのだ。むしろ、何かの集団にアイデンティファイしなければ、その意味で「自己同一的な主体」でなければ、自由で責任ある行動がなしえないと信じている啓蒙主義的左派が、そしてこの人々こそが、ずっとその意識を正当化し続けてきたのである。この意味で考えると、ここに見えてきている丸山眞男から吉本隆明を経て加藤典洋に至る系譜は、実は、かの「自由主義史観」派ともずっと地続きになったひとつの言説の地平を形成してきたのだと言わねばならないだろう。すなわち、それこそが、思想的な意味での〈戦後的地平〉だったのである。

丸山眞男を批判するという営みは、この〈戦後的地平〉を越えていくプロジェクトの一階梯でなければならない。そしてこのプロジェクトにおいて、まずは「自己同一的な主体」という罠からの離脱が、ひとつの枢要な環であることはもう間違いなかろう。これまでの戦後啓蒙に即した考察は、少なくともそのことを確信させてくれる。すると、この課題は、今日の時代状況という観点から見ると、どのような事態に結びつき、いかなる問題として立ち現れているのだろうか。そもそも、それはどれほど切実なものになっているのか。大塚久雄と丸山眞男に即したこれまでの考察の現代的な意味を確認するためにも、最後に章を改めて、そのことを今日の議論に即しながらもう少し考えておくことにしよう。

第三章

ボランティアとアイデンティティ

普遍主義と自発性という誘惑

われわれが通り過ぎてきた二〇世紀は、一般に「国民国家の世紀」であったと言われている。そうした時代の基本的な特質が、世紀転換期というこの状況の中で大きな質変に向かっているというのはおそらく確かなことだろう。経済のグローバリゼーションと言われている事態、あるいはインターネットの普及に象徴的に示されている情報のボーダーレス化など、とりわけ顕著ないくつかの現象を見ただけでも、これまでの「国民国家」の境界がさまざまに流動化を始めているということは明らかだ。だが他方で、この状況が、「ポスト福祉国家」とか「ポスト国民国家」とか言われるような「脱国家の時代」へ一直線につながっているのかというと、事態はそれほど単純なものではないのではないか。「国民国家」あるいは「国家」という存在については、むしろ今だからこそしっかり考えておくべきことがあると見なければなるまい。

例えば国民国家の「主権」ということに注目してみよう。この「主権」という点から見るならば、国民国家が世界中に広がった第二次大戦後の世界においてさえ実は、国民国家（批判）論者が言うようには、この世界を単純な「主権的国民国家のモザイク」と捉えることはできなかった。この時代状況の下で、冷戦に規定された外交政策はもちろんのこと国内向けの経済政策や文化政策においてさえ、完全な自律的主権をもって決定してきた国が、覇権を争う米ソに始まって濃淡の差はあろうが、実際にどれほど存在したかは疑わしい。「同盟」関係という粉飾をまとった新植民地主義の支配を言うまでもなく、この冷戦という状況下でも国民国家の主権はすでにさまざまな面で相対化されていたのである。と考えてみると、それに先行する近代帝国主義のコロニアリズムと覇権争奪という状況下では、諸国家の主権は、帝国の覇権的ヘゲモニー関係の下でもっとさまざまに制約されていたと理解しなければならない。思えば、そもそも「主権」ということが、「主権」を制約する諸力の関係の中でこそ有意味なものとして、またそれ故、そうした諸力に不可避に制約される形において、構成的に産出された概念だったのだ。歴史的に見ても、「国民国家」という存在はいつも、主権をさまざまに制約するなんらかの覇権システムを前提にしてこそ存立可能なものだった。

　そう認識してみると、「グローバリゼーションの時代」と言われる今日、逆にそういう時代だからこそむしろはっきりと、歴史的にはさまざまな経緯から成立している諸集団がつぎつぎに自前の「国民国家」を求めて登場してきたり、既存の「国家」や「国家連合」がその機能の組み替えを強力に押し進めたりしているということの意味が、ようやくしっかりと理解できる。一九九〇年代に声高に言われるようになった「グローバリゼーション」というのは、実は、これまでの世界秩序、それゆえひとつの覇権システムの再編成のことなのだ(1)。「地球化」ということだけなら、近代という時代はそもそも始めから地球全域的な世界秩序についてヘゲモニーが争われる時代であった。この時代の広い枠組みの中で、現代の「グローバリゼーション」も、世界秩序の新たな再編成に向かう覇権的ヘゲモニーの抗争として、諸国のさまざまなナショナリズムとも絡みつきながら進行しているのであり、であればこそ、それに対抗するさまざまな「反グローバリゼーション」の運動がまた、ローカルな視点から立ち上がりつつグローバルに結びつく政治的、社会的な動きとして顕在化してきているわけである。

このような覇権システムの再編成として「グローバリゼーション」が捉えられるならば、その中で国家がいま、単純に相対化され空洞化するというよりはむしろ機能転換の要求に曝され、そうした変化の方向づけをめぐって新たに鋭い対立と分岐が生まれているということに、よりしっかりとした注意が向けられるであろう。本書の視角からとりわけ重視しなければならないのは、ここで、国家と社会に参与する「国民」の「主体性」の動員が、あらためて重要な問題となってきているということである。

世紀転換期の現在、「グローバリゼーション」という標語と共に、世界中の多くの国々で「ネオリベラリズム」を強調する政治が力を伸ばしていることに注意したい。そして、そこで言われている「リベラリズム」の質を、十分に見極めておく必要がある。「リベラリズム」と言っても、二〇世紀という時代に「市場の失敗」を介入によってしのぐ経験を経てきた国家は、このグローバリゼーションという状況下でも、政治‐軍事的にあるいは経済的にただ「小さい」だけの政府に戻ることはもうできなくなっている。「介入国家」とか「社会国家」とか言われた国家のあり方にさまざまな困難が生じているとしても、他方ではこの時代に、政治的、社会的な矛盾の顕在化に国家が何ら介入の機会をもたないような、単純な市場万能主義ももう不可能になっているのである。そこでこの時代の「リベラリズム」は、一方でつねに国家の政治的介入と国民の社会的参与を当てにしその準備を求めながら（この面ではこれも国家主義を必要としている）、その他方で、リベラルな自己選択や自己責任を強調し「市場の重視」や「規制の緩和」を唱えるということになるのである。

近年の日本の政治・社会動向は、そのような国家主義と結びついた「ネオリベラリズム」の姿を示す顕著な事例として理解することができる。すなわち、今日の日本で「ポスト福祉国家」の道として提示されているのは、国家の機能上の重心を「社会福祉」から政治‐軍事的、経済的な「システム危機」への対応に大きく移行させた「システム危機管理型国家」とでも言うべき方向であって、それは、一方で有事を想定した安全保障のための「新ガイドライン」の導入や金融システムの危機に対する大規模な「公的資金」の投入など顕著に権力国家的・介入国家的な性格と、他方では教育や福祉などの部門に「法人化」の促進や「介護保険制度」の設立に示されるような市場原理の導入をもってする「リベラル」国家的な性格とを兼ね備えていこうとするものなのである。そしてこの道は、この国家システムに「主体」的に参与する「国民」の自発的意志をより多く必要とし、他方では、そこから外れたアウトサイダーやマイノリティに対するレイシスト的な異者排除と、「福祉」や「保護」を要求する「弱者」の存在の軽視、あるいは「二流国民」化に進まざるをえないはずだし、現にそうなってきている。[2]「国旗・国歌」法の制定から教育基本法の改定へ、そして憲法の改定へ、この一連の制度整備の動きは、現に自覚的なものになっているその方向への政策意思の表れとして読むことができる。ここで国家は、相対化されるどころか、新たにより危険な支配的機能を強化しようとしているのである。

このような状況の中では、そのような動きにちょうど対抗する方向に向けて、ローカルで排外主義的なナショナリズムには反対しつつ、グローバルな資本などの動きからも生み出されえない仕方で、あるいはそれに抗する仕方で、公正で安定した実定法システムの確保、平等な教育・医療および社会保障の実現、生活を重視した社会的環境の整備などを求め、限定的ではあってもこれに集合的な決定をもたらしうるような主権性をもつ国家の形を求めることが、あらためて固有の意義を持つことになるだろう。[3]「グローバリゼーションの時代」とは、「国家」について、そうした新しい要請が生まれてくる時代でもあるのである。そのような要請を正面から受け止めるなら、グローバリゼーションの現在の流れにしっかり抗しつつ、「国民」という集団的アイデンティティをねつ造してその排外主義に依存することもないような、公正で自由に開かれた〈国家〉の形を求めていかなければならないだろう。そしてもちろん、この対抗的分岐に際して厳しい闘争が不可避であるのは、国家がもう問題でなくなったからではなく、なお問題にしなければならないからなのである。そしてその時に、「国民主体」という形がまたあらためて問われてくる。

これまで本書で見てきたことは、戦後啓蒙という思想運動が、実は総力戦という未曾有の状況下で生まれ、そこで要請された「啓蒙」と「動員」というモチーフを戦後という時代に引き継ぎ展開させたものであるという事実であった。そして、そこで理想化されてきた（「国民」として）「自己同一的な主体」という観念は、その現実の構造において、他者に対しては支配的に、また自己に対しては強迫的に振る舞いながら、公的なものに準拠した自己規律という抽象的な行為の構成理念によって、それを正当化してしまう仕掛けとなってきている。すると、この「国民主体」、「自己同一的な主体」という理念は、以上のような今日の状況の中でいったいどのような問題を投げかけ、実際にどんな事態を引き起こしているのだろうか。

ここまで思想史的な問題軸に沿って考察を進めてきている本書では、この問題に関して、現下の社会状況をその全領域で検討するということは、もちろんできない。そこでここでは、これまでの「戦後啓蒙」をめぐる考察を引き継ぎつつ、この「ポスト国民国家」という時代の要請を「市民」および「市民社会」

の再発見によって応えようとする一連の政治的あるいは理論的主張に即して、当面する問題を考えておくことにしよう。現在さまざまな形で活発に登場しているそのような市民社会論は、「ポスト国民国家」というこの時代の要請に応ずるという自己認識をもちながら、であればこそ実は、「国民主体」あるいは「自己同一的な主体」という理念にかかわる重大な難点をそこになお抱えていると、わたしには思われる。そしてそのことの検討は、「国民国家」と「国民主体」をめぐる現下の問題状況を、この上なく明瞭に照らし出すだろうと思うのである。

第一節　最高度自発性とボランティアの動員

坂本義和は、冷戦終結後の極を失った世界の状況を「相対化の時代」と命名し、この時代に対する指針として、相対化の原点に「市民社会」を据えて、これを根拠にしながら国家や市場を相対化し規制して行く道を求めようと提案している。(4) 坂本によれば、市民社会が原点たりうる所以は、それが国家から自立した普遍性を備えているからであり、「人間の主体の自立」をその普遍的な目的価値としているからである。それにより坂本は、「相対化の時代」に「市民の世紀」の展望を見いだすのである。だがしかし、このような展望は、本当に十全にポジティヴなものと受け止めることができるだろうか。わたしが、戦後啓蒙の総括を踏まえてあらためて考えたいと思うのは、坂本が根拠にしている「市民社会の国家からの自立」とか「人間の主体の自立」という論点の危うさである。

この論点の危うさを考えようとする出発点で気になっているのは、つぎのようなことだ。もちろん、この世紀の転換期にあって、「人々は再度、市民社会を発見しつつある」と認め、そこに新しい市民社会論の可能性を見いだそうとしているのは、決して坂本ひとりなのではない。(5) そのときに、彼らが共通に依拠しようとしている事実とは、阪神‐淡路大震災をひとつの重要な契機にしつつ九〇年代に顕著になってきた、さまざまな形のボランティア活動やNGO活動の高まりである。なるほど、九〇年代には日本の「ボランティア人口」は四百万人を超えたと言われており、九三年の総理府調査では、国民のボランティア参加経験は三〇パーセントを上回るまでに増加したと報告されている。試みにgooパワーサーチを使って、キーワード「ボランティア」でインターネット上を検索してみると、一九九九年三月五日には八五五三六件のホームページにヒットしたのであるが、二〇〇一年一月一〇日になるとそれが二三七八三八件にまで増大している。インターネットがどのように根付いてきているかということとも関係するから、この増加をそのまま実態と捉えると即断に過ぎるし、また、ここから実際にどれほどの人々につながっていってい るのかを確定することはさらに難しいけれど、それでもその数がかなりのものであり、しかもそれが確実に増加の方向に向かっているのは明らかだろう。この日本でも、「ボランティア」という活動が一定の「市民権」を得てきているのは、どうも確かなことのようなのである。しかし、このことをそんなに簡単に賛美できるだろうか。

もちろん、このようなボランティア活動のようやくの高まりに、冷水を浴びせかけるような批判をするのは難しい。阪神‐淡路大震災の時に多くのボランティアが示した献身的な活動は人々に少なからぬ感動を残したし、わたしの連れ合いの実家がある福井県三国町からはナホトカ号から流出した重油の除去に献身したボランティアの実話が伝わってくる。また、介護が必要な老親を抱える世代になってみると、親一人の生活の日常を支えるだけのことなのに、「愛情」も「金銭」も「施設」もどれも単独の力ではどうしようもなく行き詰まると繰り返し思い知らされて、ひとりの弱さと、ボランタリーに支え合う人々のつながりの大切さが身にしみてきている。だから、そのようなところにもある相互依存性の「ひ弱さ」が、「実はボランティアの魅力と、力の可能性の源である」[6]などと言われると、やっぱりそれを認めたいし、そこから自律的な市民社会の姿が見えてくるなら、それは問題なく「いいことに決まっている」と言ってしまいたくもなってくる。

だがどうだろうか。なるほどボランティアは、言葉の意味からすれば人々の「自発性」を示すものだけれど、現在の状況下でそれを、「人間の主体の自立」の表れなどと賛美できるのだろうか。そこで、一番はじめに、この現象が今の時代状況の中でどんな社会的機能を果たすことになるかを確認するために、まずこう問うてみよう。今日、ボランティア活動の意義をひときわ声高に宣揚している者とは、誰なのか。もちろんそれは、決して市民社会の可能性をポジティヴに見ようとする論者だけではあるまい。例えば、むしろ日本の文部科学省が、市民社会が対峙するはずの当の国家システムを代表する位置から、とりわけ精力的かつ組織的にボランティア活動の推進に努めているということがある。これはどうしてだろうか。大学教師のわたしなどのところにも、学部の教務委員会を通じて、ボランティア活動を取り入れた授業を正規に開講するよう求める文部科学省の意向が繰り返し伝えられてくるが、そのような文部科学省の動きを理念的に支えている教育課程審議会答申の「中間まとめ」は、つぎのような認識を示している。

体験的・実践的な指導を充実する上で重要な機能を果たす特別活動については、特にボランティア活動を一層促すことを期したい。ボランティア活動は、地域社会の一員であることを自覚し、互いが支え合う社会の仕組みを考える上で意義のあることであると同時に、単に社会に貢献するということだけでなく、自分自身を高めるためにも必要なことであり、大切なことであるという意味で、大きな教育的意義があると考える。(7)

これに、ボランティア活動の高まりを基盤に「下からの公共性」を形成しようと主張する論者の、つぎのような主張を対応させてみよう。

わが国の場合には、市民運動がこれまで依拠してきた体制批判のロールモデルの有効性が失われてしまったいま、具体的なオルタナティブ（対案）を提出することによって政府や自治体、あるいは企業とのあいだにパートナーシップを形成し、問題解決をはかる市民運動を形成していくことが必要になっている。(8)

見られるように、ここで両者が相呼応しつつ前面に押し出しているのは、ボランティアのシステムにとっての機能上の有用性である。しかもここに浮かびあがっているのは、国家システムが主体（subject）を育成し、そのようにして育成された主体が対案まで用意して問題解決をめざしシステムに貢献するという（「アドボカシー（advocacy 政策提案）型の市民参加」）、まことに都合よく仕組まれたボランティアと国家システムの動態的な連関である。すなわちボランタリーな活動というのは、国家システムを越えるというよりは、むしろ国家システムにとって、コストも安上がりで実効性も高いまことに巧妙なひとつの動員のかたちでありうるのである。

ボランティアは、国家システムの側の要求でもある。そう考えてみると、この要求が今日ことさら大きな声でなされているわけもよく理解できる。「福祉」などの機能をボランティアがより広範に果たすようになれば、前段で見たような国家の機能転換すなわち「福祉国家」から「システム危機管理型国家」への転換は、より容易になるはずだ。現在流行のボランティアの称揚は、もちろん進行中の「行政改革」や「教育改革」にも、そして「安全保障」にも、きちんとリンクしていると考えなければならないのである。そうだとすれば、それだけでも、この現在の動きにそんなに簡単に乗っかっていいのかという問いは避けられない。

もちろん、だが問題は単純ではない。だからといって、逆にそのことだけでボランティア活動をすべて切って捨てるというわけにもいくまい。ボランティア活動がシステム動員の一形式であるかどうかは、それの機能上の評価に関わるのであって、ボランティア活動には、そんな社会的機能には還元し尽くせない独自な〈意味〉というものがある。例えば、ボランティア活動が機能上はシステム動員の連関の中に現にある場合でさえ、個々の場面における自発的な出会いや相互交流の喜びなどが単なる幻想にすぎないというわけではなかろう。意地の悪い例示だが、侵略戦争の「同期の桜」ですら、戦場での命を賭した相互支援の感激は虚妄なのではない。ここには、「ボランティアは安上がり福祉行政の補完物」などというだけでは済まない問題が確かにありそうだ。これについては後段であらためて論じたいが、ともあれそうであれば、まず必要なのは、ボランティア活動の、当の行為者にとっての意味という問題と、それが現在の状況下で果たす社会的機能という問題とを、しっかり区別して考えなければならないということであろう。

ここまで考えてきて、わたしが今日の市民社会論の隆盛について感ずる第一の疑念がはっきりする。というのも、今日の市民社会論が「相対化の時代」に「相対化できない不動の主体」(9)などと自発性の原点を言うとき、この区別が実はすでに一歩踏み越えられているからである。「主体性」という自発性のこの原点が、行為評価の一切の標準点であると見なされてしまっているということである。そこで、それに対しては、「自発的」だからといってシステムから「自立」しているなどとは言えない、とまずは単純に言い返しておこう。さればこそ自発的なボランティアは、それの社会的機能から考えればむしろ無自覚なシステム動員への参加になりかねないのだし、ボランティアの自発性をただ称揚する市民社会論は、その点を塗りつぶすことによって、進行するシステム動員の重大な隠蔽に寄与しかねないということである。国家の機能転換への動きとぴったり並行している現在の市民社会論の隆盛について、わたしがまず気にしている落とし穴は、古い言葉で言えばそうした「イデオロギー効果」だと言ってよい。

言い方はやや古くさかろうが、このことだけでも、それが実際に意味するところはかなり大きいとわたしは思っている。ちょっと歴史を振り返れば、本当に重大な場面で、このことの無自覚がまったく無惨な帰結を招くということを知ることができるからである。本書第一章で見てきたことは、戦後啓蒙を代表する社会科学者でかつての「市民社会派」の中心人物でもあった大塚久雄の戦時の言説が、まさにそれであったということである。例えば大塚は、一九四四年に「サイパン島激戦の報を耳にしつつ」書き下ろしたその名も「最高度〝自発性〟の発揚」と題される一文で、戦時統制の下で問われる個人の責任と倫理についてつぎのように論じていた。

（わが国が世界史的役割を完遂するために個別経営や諸個人に求める——引用者）新しい経済倫理（エートス）は、全体からの生産力拡充の要請に対して、生産責任を直接かつ明確に意識するものであるに止らず、「目的（方法的）合理性」を十分に伴ったところの強力な「自発性」によって支えられていなければならぬのである。(10)

自発性はここで、戦時における「『全体』（国家）性の自覚」に立つ主体性であり、「最高度〝自発性〟の発揚」とは、この意味での主体性（ボランティア主体）の創出と重なっている。(11)

ところで、それに加えてわたしが特に留意したいのは、戦時のこの自発性の思想が戦後になって、その「自発性」の呼びかけ故に、総力戦への加担としてではなく、なんとこともあろうに「戦時抵抗」と理解されてきたということである。(12) 自発的な戦時体制参加への呼びかけが、「主体性の覚醒」を呼びかけたものとして賛美されるという倒錯！　ここに至って、「ボランティア（自発性）」と「人間の主体性」の限定なき価値評価は、歴史的な欺瞞と罪過に転化する。さらに重要なことは、その同一の自発性の思想が、特に反省されることなく戦後に引き継がれて「近代的人間類型の創出」という主張に再生し、戦後啓蒙をリードする市民社会派の思想的な中核を形成したということである。だから、本当に幾重にも重ねて問題を残し反省しなければならないのは、むしろ戦後の方なのだ。さればこそ、ボランティア活動の高まりに市民社会の可能性を再発見する今日の主張にも、そのような系譜に連なる思想がなお残留しているのではないかと、わたしは疑っているし、またもしそれが当たっているなら問題は重大だと思うのである。大塚久雄から平田清明を経て理論的系譜がつながっている今日の市民社会論者に、そのような反省はあるのだろうか。

もっとも、以上のようにやや強い言葉で言ってきても、市民社会論者はまださほど的を射た批判を受けたとは感じないかもしれない。というのも、たとえかの戦時動員の時代の自発性が戦時加担であったとしても、それは「(ウルトラ)ナショナリズム」への動員であったからであって、今日の自発性は、それとはまったく異なる「国家から自立した普遍性」に向けられていると考えられているからである。すなわち、「国家」には批判的なはずだ、というわけである。そこで、節をあらためて、その点について検討しておこう。

第二節　動員の思想としての普遍主義

そもそも、ボランティアや市民社会の可能性を再評価しようという今日のこの志向が、いわゆる「国民国家」批判という理論的な流行を踏まえて出てきているのは明らかであろう。だから多くの論者は、市民社会を、国民国家の限界を越えるものとしてむしろ自覚的に位置づけようとしてきているし[13]、ボランティア論の文脈でも、「近代ボランタリズムには、祖国を守る民族主義的なボランタリズムの影が大きく投影していた」という反省が明示的に確認され、今日のボランティアの出発点は「ネットワーク市民が国民をこえている」ことにあると強調されている[14]。だから、ナショナリズムの文脈でのことをここに持ち出すのは、お門違いだと感じられるかもしれない。だが、そうなんだろうか。

市民社会の「普遍性」に依拠しながら国家を「越え」ようとすること、あるいは、「普遍性」を志向する市民の意識に依拠するなら「ナショナリズム」が越えてゆけると考えること、こうした考え方の基礎には、市民社会的な普遍性志向と国民国家的なナショナリズムとが根本的に相対立する、あるいは、背反するものであるとする見方がある。そうだからこそ、例えば坂本義和は、市民社会の普遍化と国家の相対化をパラレルな過程と捉え、彼のいう「相対化の時代」に市民社会の「普遍的な目的価値」の絶対性を語ることができているのである。わたしが疑問に思っているのは、この点である。「ナショナリズム」と「国家から自立した普遍性」というのは、果たしてそんなに水と油のように相容れないだけのものなのだろうか。国家や民族を相対化する普遍主義というのも現実には多義的であり、その多義性を含み込んで考えると、実は普遍主義にもかなり問題的な面が現れてくるのではないだろうか。

そうした問題関心から歴史を振り返ってみると、ナショナリズムの展開と角逐の時代と理解されている帝国主義という時代が、同時に、民族を越えた普遍主義への志向が現れてくる、それゆえナショナリズムの自己否定の契機が顕わになる時代でもあったということが注目されてくる。ベネディクト・アンダーソンは、多種多様な住民を統合するために採用された帝国の「公定ナショナリズム」の意味を、「国民《ネーション》のぴっちりとひきしまった皮膚を引きのばして帝国の巨大な身体を覆ってしまおうとする策略」であると説明し、ここに内在する帝国とネーションとの矛盾を指摘している。(15) また、この認識を引き継ぐ駒込武は、植民地帝国日本による異民族支配の歴史のうちに、「ナショナリズムの自己否定の契機が胚胎し、自己矛盾を深めていく過程」を見出し、この近代日本の歴史的過程それ自体にナショナリズム批判の現実的な基礎を求めようとしている。(16) 帝国主義的なナショナリズムは、国民国家の単純な自己中心主義と同一視することはできないのであって、むしろそれは、異民族を文化統合する必要上、個々のネーションを越えるなんらかの普遍主義を標榜せざるをえない側面をもっている。さればこそ、この帝国主義的ナショナリズムは、歴史のプロセスの中で大きな自己矛盾に突き当たらざるをえなかったということである。

ところで、この駒込らの研究は植民地統合の場面において帝国主義的ナショナリズムが内包せざるをえなかった普遍主義とその自己矛盾を明らかにしたわけだが、わたしとしては、帝国主義本国の統合と動員にあたっても同様の普遍主義とその自己矛盾が別の形で現れてくることにむしろ注目したいと思う。

日中戦争の本格化の中で活発になった知識人たちの時局参与の活動、とりわけ昭和研究会に集まった三木清たちの活動についてはすでに触れてきたが、この三木の言説が多くの人々に影響を与え戦時体制への動員に重要な寄与をなした所以は、その思想に含まれるナショナリズムを超えた普遍主義によるところが大きかったと考えられる。例えば酒井三郎は、一九三八年七月七日（盧溝橋橋事件のちょうど一年後だ！）に行なわれた研究会席上での三木の講演「支那事変の世界史的意義」が、参加した人々（官庁の局長クラスや新聞・雑誌の論説委員、編集主幹、経済団体や文化団体の中心人物たちなど）に大きな感銘を与えた消息を、つぎのように回想している。

日本文化の特殊性をただ強調すべきでないように、事変の解決が英米の植民地支配のような資本主義的侵略になってはならないし、中国および東洋諸国がそれぞれ独立し、平等な立場で手を結び合うという形にならなければならない。それでこそ東亜の統一は可能になるのである。この話をきいて、私たちは非常な感銘を受けた。支那事変は拡大の一途をたどり、今まで行ったことのない大陸へ、何十万、何百万という日本人が行き、毎日多くの人々が死んでゆく。それに何ら目標がなければ、犬死となってしまうではないか。[17]

日本帝国主義が戦争遂行にあたってかかげた「アジア解放」という理念は、侵略の意図を隠す「イデオロギー」だと言われる。もちろんそれはそう言ってもよいのだが、イデオロギーが実際に力を持つというのは、そうしたイデオロギーを必要とする事情があり、そのイデオロギーに反応する社会層が実在するということに他ならない。戦時変革の思想として構想された三木の東亜協同体論に含まれる普遍主義は、そのような状況の中で「感銘」をもって人々に迎えられ、そのまま戦時動員の思想上の一契機として組み込まれていったのだと考えなければならない。[18]

このような戦時動員を支える普遍主義の契機は、東亜協同体論が内外情勢の行き詰まりの中で挫折した後にも広く引き継がれている。それは、既に前章でも触れたように、この時期に多くの人々がさまざまな形で繰り返し「世界史」を語るようになることに端的に見て取ることができよう。三木その人が、そして丸山眞男が「世界史」を語っていたわけだが、その他にも、戦後には左右両派にはっきり分けられてしまうような人々が、この時期には同様に「世界史」を語っているという点に留意すべきである。例えば、一方で和辻哲郎が一九三〇年ころから構想している国民道徳論の第二章を「現代日本の世界史的意義」に当てているのに対して、他方では戦後歴史学をリードした上原専禄がまた一九四二年に『統制経済』という雑誌で「大東亜戦争の世界史的意義」について論じた。この戦時動員の時代は、狭小な「超国家主義」の時代というよりは、むしろ世界史の現実性の中に生きていること（あるいは、そのために死なねばならな[19]

いこと）が強く意識される時代であったのだ。端的に「世界史の哲学」を標榜した京都学派の思想は、この時代精神という氷山の洋上に顕れた一角であるにすぎない。

もっとも、この京都学派という一角において注目されることは、弁証法の抽象的な思弁を通じて、普遍主義とナショナリズムが日本の戦争への使命意識の中に「見事」に統一されているということである。例えば西谷啓治は、対英米開戦の「知的戦慄」の中で開かれている有名な「近代の超克」座談会に寄せた論文で、それをつぎのようにまとめている。すなわち、「(大東亜共栄圏のスローガンたる八紘為宇という)この理念はわが国の国家生命のうちに肇めから含まれてゐたものであるが、それは、国家的自利のみの立場の否定と、その否定による共同的精神の示顕と、その精神を肇めから伝統してゐるといふ自覚に立脚した指導性の主張とを含む。そこに現在に於ける日本の使命もなり立つ」と。[20] この普遍主義を取り込んだナショナリズムを、青年たちは「むさぼり読」み、やがて「兵営に、戦場に、そのまま送り込まれ」ていったのであった。[21]

要するに、帝国主義戦争の時代においてさえ（あるいは、だからこそ？）、しかも帝国主義本国の国民に対するときにさえ、総力戦への動員は単純な「国家的自利」の主張のみによって正当化しきることは困難だったのであって、そこに何らかの普遍主義の契機が組み込まれるときにようやく、動員の呼びかけが内在的に有効な力を広範に及ぼすようになったのだということである。このとき普遍主義はナショナリズムを補完し、あるいはその一契機となって作動したのであった。というよりナショナリズムは、ネーションの存在が普遍的なものの実現（世界史、文明、アジア解放）という見通しの中に位置づけられた時にこそ、もっとも動員力のある攻撃的な帝国主義になったのである。あるいは、そもそも近代のナショナリズムそのものが、「文明化」という普遍的プロジェクトの乗り物としてネーションを構築し想像し選択することであったと言ってもいい。

そのように理解してみると、そもそも近代の植民地主義の先駆という機能を果たした「キリスト教の伝道」というミッションが、あるいは「文明化」というミッションが、普遍主義の意識をもって企図され遂行されていた事実が想起されよう。普遍主義は、宗教的あるいは文明史的な観点から唯一無二の絶対的普遍性を僭称しえたときにこそ、歴史的に見ればもっとも能動力なミッションを生み出し、もっとも絶大な侵入力と支配力を持ったのであった。そしてこの「普遍性」の自負が、西欧列強のナショナリズムとレイシズムの核になったのは明らかである。だから少なくとも、「国家から自立した普遍性」が意識されているということだけでは、ナショナリズムやレイシズムと無縁であることにはならないし、支配的な志向をもつ動員と無関係であることには決してならないのである。今日の日本を取り巻く状況の中で、自発的な「国際貢献」という使命意識がむしろ新しいナショナリズムを育成もすることに注意しよう。また、湾岸戦争以来明らかであろうが、「国連中心主義」という普遍主義が新しいレイシズムの担い手にもなる事実にしっかり留意しなければならない。

ところで、以上のように考えてくると、現在の状況の中に登場している或るタイプの「公共性」を主張する議論についても、それとナショナリズムとの親和性の意味が明確に理解できるようになると思われる。それは加藤典洋の言説に見られるような、公共性や普遍主義への志向を明確に表明しつつ、戦前‐戦後の一貫した日本歴史の中に「われわれ」というアイデンティティを再確立しようとする主張なのだが、普遍性志向とナショナリズムとが単純に相容れないなどと思っていると、これにはさっと虚をつかれることになるはずであるし、現に簡単に取り込まれてしまった人も多いと聞く。この加藤のような議論は、今日の公共性論や市民社会論に仕掛けられている重大な落とし穴のひとつなのだ。

例えば加藤典洋は、「『戦争への没入の経験』がじつは否定されないでもよいこと、というよりむしろ、否定されてはならないこと、そしてそれの上に、『戦後的価値』が築かれうること、というよりむしろ、築かれなくてはいけないこと」を主張する。(22) これは戦時の日本を肯定しようというのだから「戦後的基準」からすれば露骨なナショナリズムのはずだが、これを加藤はむしろ「戦後的価値」、「天皇を超え、民族を超える、ある普遍へと連なる観点」のために不可欠なものと言うのである。そこで、そんな言い分がどうして可能なのかを探ってゆくと、そこに、普遍主義とナショナリズムをめぐる巧妙なすり替えや関係のずらしがあると分かってくる。

その際に加藤が利用するのは、『戦艦大和ノ最期』という叙事詩的な記録文学である。実際に戦艦大和に乗り組んでいた学徒出身青年士官であった吉田満によるこの作品が、戦後日本の知識人たちに与えたさまざまな感慨や影響については、ここでは触れない。ここで問題にしなければならないのは、一九四五年の四月に片道分の燃料だけを積んで沖縄へと特攻出撃した大和の艦内で繰り広げられたと記録されている、青年士官たちの特攻死の意義づけをめぐる激しい論争とその決着の仕方についてだけであり、さらに限定すれば、それを加藤がどのように意味解釈しているのかという点だけである。

吉田が記録するところでは、「提灯を提げてひとり暗夜を行くにも等しき劣勢」の中で敢行されたこの「世界海戦史上、空前絶後の特攻作戦」は、青年士官たちに、作戦の愚劣さへの憤懣とそれにより不可避となった自分たちの死の意味についての煩悶をもたらし、艦内では連日死生談義が沸騰したという。この自分たちの死は何のための死なのか、いかにそれは報いられるのか、青年士官たちは二つの陣営に分かれて激論する。もともと職業軍人を志した兵学校出身の士官たちは、「国のため、君のため死ぬ、それでいいじゃないか」とそれ以上の意味への問いそのものを拒絶しようとする。これに対して学徒出身士官は、「君国のために散る　それは分かる　だが一体それは、どういうこととつながっているのだ」と問い、それをさらに一般的な、普遍的な価値に結びつけて理解したいと主張する。対立は、ついには鉄拳の雨、乱闘の修羅場となってゆく。この論戦を収拾し、両者をようやく納得せしめたのは、哨戒長臼淵大尉のつぎのような言葉であったとされている。

　進歩のない者は決して勝たない　負けて目覚めることが最上の道だ　日本は進歩ということを軽んじすぎた　私的な潔癖や徳義にこだわって、真の進歩を忘れていた　負けて目覚める　それ以外にどうして日本が救われるか　今目覚めずしていつ救われるか　俺たちはその先導になるのだ　日本の新生にさきがけて散る　まさに本望じゃないか[23]

これをどう理解したらいいか。まず、兵学校出身士官の「君国のため」という立場を狭義の「ナショナリズム」と規定してみよう。それに対して、学徒出身士官たちは「普遍主義」の要求を持ち出しているのである。すると、この両者が対立して「乱闘の修羅場」となったのは、「アジア解放」などと普遍主義を取り込みながら遂行されてきた日本の帝国主義戦争の路線が敗戦への流れの中で破綻をきたし、ナショナリズムと普遍主義との間のつなぎ目が見えなくなっていたからだと理解できる。そう考えてみると、臼淵の言葉が両者を納得せしめた理由は明らかだ。すなわち、臼淵の言葉は、「進歩」に向けた「日本の新生」という表現で、ナショナリズムと普遍主義の関係の建て直しに方向を示したのである。そうだからこそ、この言葉は、兵学校出身者も学徒出身者もともに死へと赴かせることができるような「動員」の思想たりえたというわけである。そして、後に日本銀行に進んで戦後日本の再建に寄与することになる吉田満その人の軌跡がそれを示すように、ここから「戦後日本」への動員の道もまた開かれている。

これを加藤典洋はどう解釈しているか。加藤がまず断定するのは、戦中のナショナリズムが、ただひたすら「天皇に自分を捧げ尽くす」ていのものにすぎなかったということである。大和乗り組みの士官たちは「誰にも容喙させない強度で天皇に自分を捧げ尽くした当事者」だとされる。この者たちが、敗戦を前にして「天皇が自分たちの死の無意味をみたすに足りない」という問いをたてるに至ったというのだ。臼淵は、それに「日本の新生」という言葉で答える。加藤の考えでは、これが「戦後」に生き残るということの意味なのである。「ここでも大切なことは、この場合の『戦後の日本人』が、『天皇』では足りないものを満たすものとして、『もっと普遍的なもの』として彼ら戦争の死者たちに掴まれているということだ。人は、そのような場所では、一歩一歩、階段を踏みしめるように『普遍』に近づく。それ以外の方法は、わたし達にないのだ(24)」。

加藤の考えでは、臼淵がはじめて「天皇を超え、民族を超え、ある普遍へと連なる観点」としての「戦後的価値」を提示したとされる。そして、これは大和の乗組員たちが「無意味に死ぬ」ことによってこそ成し遂げられえたものであり、そうやってはじめて、古い日本は否定されて新しい日本になることができたというのである。だから、加藤の考えでは、「『戦争への没入の経験』がじつは否定されないでもよいこ

と、というよりむしろ、否定されてはならないこと」になるわけなのだ。(25)

　これはとんでもない解釈であろう。それを「否定されてはならない」などと言ってしまえるとき、この加藤の視点から、「日本」の「戦争への没入」がもたらした殺戮、略奪、強姦などの犠牲者たちの姿がすっかり消去されていることは明らかだ。(26) しかし、ここではそれは当面のところ問わないでおこう。ここで問わねばならないのは、ナショナリズムと普遍主義の関係を恣意的に操作して、加藤が構成する戦時‐戦後の関係である。加藤の主張では、「戦争への没入」は純粋にナショナルな価値を体現していればこそかえって(!?)、普遍へと一歩一歩進んでゆく階梯の第一段階なのだと認められることになる。ここで帝国主義戦争の時代は、普遍主義をすでに組み込んでいる攻撃的なナショナリズムとして問題化されるのでなく、普遍的なものに至るプロセスの不可避な一階梯として肯定されている。そして戦後の時代も、ナショナリズムと普遍主義の関係を組み替えて継続した戦後へのナショナルな動員が反省されるのではなく、むしろ普遍へとさらに一歩近づいた階梯と認定され、この道をともに歩んできているということが「わたし達」の「人格の回復」の拠り所なのだと見なされている。(27) このように戦時‐戦後を段階的に再構成することで、普遍主義を組み込んだナショナリズムの出口なき継続が、あろうことか『従来のナショナルな共同性の解体」から「より開かれたもの」へ進む唯一の道であるかのように喧伝されているのである。(28) こんなことがなおまかり通るのが現在の言説状況なのだと知らねばならない。

　以上、本節で見てきたことは、普遍主義への志向が「自発的」に生み出されるとしても、それはナショナリズムやレイシズムと必ず対立するというわけではなく、むしろ後者を補完しより攻撃的なものにする場合があるという事実であった。帝国主義戦争の時代とはそのような言説の構図が生まれる時代だったのであり、今日もまた、意匠を変えながらそれに類似する言説状況が現出しているのである。だから「人間」としての普遍性を抽象的に唱える限りなら、今日の市民社会論がこの状況から自由であるという論理的な根拠は見えない。それでは、今日の市民社会論は、この言説の構図から実際には自由なのだと本当に言えるだろうか。それを吟味するために、この市民社会論が主張する「自立」の「主体」的根拠に立ち入ってさらに考えてみることにしよう。

第三節　「ボランティアという生き方」の意味

わたしは、今日のボランティア活動が果たす社会的機能という観点から始めて、「ポスト福祉国家」という時代におけるそれのシステム動員との関わりを考えてきた。だが、その際に触れられなかったボランティア活動の〈意味〉という問題に、ここではいよいよ立ち入らねばならない。今日のボランティア活動をシステム動員との関わりの可能性という面から（やや意地悪く、疑り深く）見るにしても、その行為者たちの「自発性」をなにが実際に動機づけているのかを考えると、これまで見てきたような「普遍主義」や「ナショナリズム」という志向だけではなお理解しきれない面があることは明らかである。例えば近年のボランティアを顕揚する書物などをいくつか読んでも、そこに共通するのは、確かにボランティア活動の社会的な有用性や奉仕の意義の主張（「君国のため」？）などではなく、むしろ行為者自身に「ボランティアという生き方」[29]を推奨するというかたちになっている。であれば、ボランティアがかの「普遍主義」や「ナショナリズム」に結びついてゆく可能性があるとしても、その可能性を言い立てるだけでは、今日いよいよ高くボランティア活動が顕揚される〈意味〉を知ったことにはならないだろう。すなわち、行為者自身にとっての「ボランティア」の意味を考えるには、その基底をなす動機づけのステップが検討されねばならないのである。それはどういうことだろうか。

　そのことを考えるためには、近年の社会理論が注目している、現代社会の「個人化のポテンシャル(potential for individualization)」という論点をめぐる論議が手がかりになるだろうと思う。[30] しかも実は、この「個人化のポテンシャル」については、今日の市民社会論者たちもそれに注目し議論の中に組み込んでいるのだが、そこに出てくる理解のズレから、彼らが落ち込んでいる理論的には最基底部にある落とし穴がくっきり透かし見えてくるということがある。そこで、今日どうして「ボランティアという生き方」が求められるようになっているのかという問いを、この「個人化のポテンシャル」にぶつけて、そこから問題を考えていくことにしよう。

「個人化のポテンシャル」というのは、ごくシンプルにまとめて言えば、家族・共同体（社会諸集団）・国家などかつて諸個人のアイデンティティを保証する集合的な価値の供給源であったものがしだいにその効力を弱め、諸個人のアイデンティティが、何らかの集団の成員条件によって一義的に決定されるのではなく、むしろ社会的諸権力の抗争の場そのものになって、そこに個人の「選択の自由」の可能性もまた広がってくる、ということを指している。これを、個人の「社会化（socialization）」方式の変容という観点から言い直してみると、こうなろう。すなわち、個人の「社会化」というのは、かつては社会のルールや価値あるいは集団が求める役割期待を引き受けて一個の社会成員に形成されていくプロセスであると考えられえたわけだが、今日では、高度に発展した情報ネットワークを通じて、複合的に分化した社会の諸権力（教育・医療・科学技術・消費商品市場・労働市場・情報文化・対抗文化等々）が、諸個人の自己定義・動機づけ・感情の持ち方・セクシュアリティ・「生物的」要求などこれまでは「自然的」な特性と見なされていたところにまで深く介入して、それにより多様に広げられると同時にコントロールもされた選択状況の中で「自分とは何であるか」が選択され形成されていくようになったということである。その一端をごく単純にイメージ化してみると、こうもなろうか。かつて、家事の「お手伝い」を通じて一定の生活の技法や役割分担を学んでいた子供たちは、今や、テレビやパソコンの前に座り、アニメーションやロールプレーイング・ゲームによって、また現前せぬ相手との電話やメールのやりとりを通じて、国家にも社会階級などにも帰属不明で時代状況からも遊離して構成されている数多の「現実」と「生活」を知り、様々な感情の表現やコミュニケーションの技法を学んでいる。そうして、諸個人は、何かの集団の成員になってゆくというより、多元的な情報（権力）の交錯するターミナルとも言うべき場を占めることになり、また情報処理と選択の基点にもなるというわけである。

すると、このことがどうして「個人化のポテンシャル」と呼ばれるのか。かつてなら、社会集団の拘束力が弱化して諸個人がその成員としての自覚を希薄化させ、道徳や規範が一義的に各人の行動を規制するということがなくなっていくことは、「大衆社会化」・「社会のアノミー化」・「個人の孤立化」・「人間疎外」など、もっぱら社会の病理現象として捉えられそれへの対応策が求められるというのが通常であっただろう。しかし、社会の高度情報化に伴う社会集団の拘束力の弱化は、諸個人を社会から隔離して孤立させるのではなく、むしろ、諸個人が関わる情報やコミュニケーションを多様化して、当人たちを複合化した社会的諸権力の影響下に全面的に曝すのである。例えば、家族の役割期待や学校の拘束（校則）に背反した「不登校」の子供でさえ、孤立しているのではなく、カウンセラーや校外グループの権力とか、テレビや雑誌やパソコンやゲームなどを通じた文化的諸権力の影響下に圧倒的に曝されていると考えねばならない。

こうしたことは、諸個人にとって、相反する二つのアスペクトをもつ帰結を生みだす。すなわち、一方で、複合化した社会的諸権力の交錯の中で諸個人は、みずからの行為に利用可能な選択肢がいくつもあることを知覚しその限りで自己反省能力と対応能力を高める（「学校になんか行かなくてもいいんだ！」）のだが、他方では、欲求のソースもそれにアクセスする技法も評価のコードも、シンボルを操作する社会的諸権力の関与と抗争に依存するようになって、そうした諸権力による制御や支配に全面的に服してしまう可能性も大きく開かれてくるということである（「学校にも行かずゲーム漬け！」）。それゆえA・メルッチは、これに「個人化のポテンシャル」という概念を当てる理由をつぎのように説明している。

> なぜなら、個人化のプロセスには、一方で、行為の条件やレヴェルについて個人がコントロールすることを可能にするというポテンシャルが含まれるのであるが、しかし他方では、このプロセスは、社会自身がこの自己‐反省的（self-reflexive）で自己‐生産的（self-productive）な資源を徴用してしまう（expropriation）という事態を伴いもするからである。(31)

要するに、個人化はポテンシャルとしてもたらされ、それゆえ、〈自由の可能性（ポテンシャル）〉と〈自由の閉塞性〉とが表裏をなして一体的に進行する。すなわち、「個人化のポテンシャル」のもつ意味はそもそも両義的なのであり、そうした両義性において、それは現代社会の「問題」それ自体になっていると捉えられねばならないのである。わたしの考えでは、ここに、「ボランティアという生き方」が推奨されることの意味も結びついている。

それでは、ここで言う「両義性」とは、実のところどんなことなのか。まず確認しなければならないのは、それが、「個人が自由になる可能性もあるけれど、逆に、その自由が閉塞してしまう可能性もある」というように、二者択一の岐路であるかのように捉えられてはならないことだろう。そうではなく、ここで捉えられなければならないのは、「個人化のポテンシャル」という事態が同時に、自由の可能性の条件でも自由の閉塞性の条件でもあることである。なぜなら、自由といっても権力関係なしの個人のあけすけの「自由」の可能性がそこに開かれてきたというのではなく、権力関係の交錯のただ中にあることこそが、個人の「自省性‐再帰性（reflexivity）」の条件そのものでもあるということだからである。すなわち、個人にフリーハンドの「選択の自由」が可能になってきたわけではなく、一元的ではなくなった権力関係の交錯や葛藤（「親や教師だけが正しいわけじゃない！」）が、諸個人にむしろ現状が「別様でもありうる（contingent）」という可能性を知覚させ、現状と自己への反省を促しうるという意味で、自省的‐再帰的な〈選択の自由〉の可能性がそこに開かれているということである。だから、行動がたとえ「自発的」という形式をとっても、それが依存の裏返しにすぎぬ無闇な反抗に止まったり別の選択を固定化し特権化するようなことがあれば、そこで反省は失われて、同一の権力関係の状況がそのまま「自由の閉塞」としての意味をもってしまうのである。

このような〈自由〉の状況は、もちろん、現状の社会にとって、そして必ずしもすべての個人にとって、

「快適」な状況なのではなかろう。現状の社会にとって「快適」でないというのは、この状況の下では、諸個人が別様でもありうる可能性を知覚して、現状とは別様の選択をするということが無視できないほどの広がりをもつかもしれないからである。そうなると、社会はかなり不安定になってくる。また、必ずしもすべての個人にとって「快適」ではないというのは、「別様でもありうる」ことが、現状に居心地の悪さを感じている人にとっては〈救い〉となりえても、現状の社会システムを当然のものとして振る舞い、またそれにより利益を得てもきた人々にとっては、社会システムへの脅威と映り、また自らのアイデンティティそのものを脅かす要因とも感じられるはずだからである。別様でもありうる可能性に目を向けて、女たちが子育てや親の世話をしなくなり、子供たちが学校に行かなくなる、彼らにはこれが脅威になるのだ。そこで、この事態に対して、何かの対策が求められるようになっている。

そのような対策としては、相互に補い合うつぎのような二つの方向への方策が、戦略的意図に基づいて、あるいはそのような自覚のないままに、追求され始めていると考えてよいだろうと思う。

ひとつは、「個人化のポテンシャル」の中に自由の可能性を感じ始めている人々に対して、今一度「わたしたち」という意識をかき立て、現状の社会システムの担い手としてその役割への忠誠を求めるという方向である。これを広く「ナショナリズム」に連なる方策と言っていいが、この方向については、現在では「歴史の記憶」をめぐる抗争が厳しさを増し、その中で「日本人であること」の意識に声高に訴える主張が顕著に現れてきていることから、状況は深刻になっているけれど、その意味はむしろ分かりやすくなってきたと言ってもいいだろう。とはいえ、気をつけなければならないことは、ナショナリズムをそのような狭い形でだけ理解していると、問題の広がりを見失いかねないということである。例えば「家族の価値」とか「身近なものへの愛」を語る言説についてだったら、まだ、それがナショナリズムと親和的であり、現状の役割への責任感を喚起しようとするものであると理解されやすいかもしれない。だが、もっと価値中立的な要求に見える「アイデンティティ」という言葉の流行についてだと、「誰にでもアイデンティティは必要だよね」なんてコンテクスト抜きについ言ってしまいたくなるから、もう少し注意が必要である。「日本人としてのアイデンティティ」などと声高に言われれば問題は明らかだろうが、「男らしくしろ」とか「母親らしくありたい」とか「学生らしく」とかいう言明においても、この「らしさ」というアイデンティティの言説が、別様でもありうる可能性への志向に対して強力な制動となりうるし現になってもいることを理解しなければならない。「アイデンティティ」という言説には、帰属とかポジションを特定せよという要求が含まれており、これは、「わたしたち」という意識や役割への忠誠要求とさして距離なくつながっているのである。

ところで、国家や家族などの集合的な価値を何とかして再び立ち上げようとする努力でもある以上のような方策は、依然として無視できない力を持つとはいえ、それだけでは効力に限界があることは明らかであろう。そもそも「個人化のポテンシャル」とは、そのような集合的価値がかつてのような力を失ったことと連動した現象なのであった。それゆえ、そんな価値を再び絶対化するなら明らかなアナクロニズムとなってしまうこの方策では、別様でもありうることを知覚して行動しようとする諸個人の動きを完全には防ぎきることができない。そこで、もうひとつ別の方策が要請されるようになる。それは、現状とは別様なあり方を求めて行動しようとする諸個人を、抑制するのではなく、むしろそれを「自発性」として承認した上で、その行動の方向を現状の社会システムに適合的なように水路づけるという方策に他ならない。

今日、「ボランティアという生き方」がさかんに強調されるようになっているのは、実は、まさにそのような方策としてそれが採用されているということなのではないだろうか。

そのように考えてみると、「ボランティア活動」と名指された行為について、ちょっと考えると奇妙な特性もかなりはっきりと解き明かされ、以上のような方策としてのそれの適合性も理解できるとわたしは思う。ボランティア活動が行為として奇妙な特性を持つというのは、つぎのようなことである。

まず、そもそもボランティア活動とは、いったい何をする行為なのだろうか。それはもちろん、「生産」や「営利」なのではない。だがそれはまた、ボランティアを論じた最近の書物が口を揃えて言うように(33)、「献身」や「慈善」などと同一視することも間違いなのだそうだ。すると何なのか。実は、ボランティア活動は、それ自体としては「目的」をもたず「中身」をもたないのである。何かのためにやる行為ではないのだ。そうではなく、「何かをしたい」という意志(自発性)だけがある、その限りでは「意志的行為」の定義を十全には満たすことのない、いわば「行為」ならぬ〈行為〉なのである。

するとつぎに、ボランティア活動というのは、「何かをしたい」という意志だけがありさえすれば、どんな内容のものでも「ボランティア」と呼ばれうるのだろうか。実はそうではない。生産や営利ではないといっても、例えば暴走族グループに参加するのを「ボランティア」と呼ぶ人はいない。それは極端な例だが、宗教団体への加入はもちろん、何かの政治的・思想的な主張をもつ団体に参画することも「ボランティア」とは呼ばれないだろうし、女性とか少数派とかの権利擁護の運動などに関与することも「ボランティア」ではない。また、植林などの緑化運動には「ボランティア」で参加しても、「原発」や「ゴミ焼却場」の建設反対運動への参加については「ボランティア」と呼ばないのが通例だ。さらに、「国際協力」と言っても、異国の革命運動に身を投じたり、内戦の一方の当事者に加担したりすることは、歴史的には「義勇軍」とか「パルチザン」という意味でボランティアのはずだが、今日ではこれも「ボランティア」とは呼びにくくなっている。要するに、確定的な基準は示しにくいとしても、ボランティア活動の内容には選別が働いており、その選別に際しては「公益性」と称されるような支配的言説が求める基準が強く関与していると見なければならないのである。ボランティア活動がしだいに社会的に定着していって、公的・制度的な支援をさまざまに受けるようになる場合には、この「公益性」による選別はますますはっきりしてゆくことになるはずである。(34)

しかもさらに、ボランティア活動には、専従的な活動であっては困るというところがある。つまり、学生であれ主婦であれ会社員であれ、何か他に本業があってこそそれは「ボランティア」なのだということである。わたしの友人に、「定職ももたず」に大阪の釜ヶ崎で三十年近くも日雇い労働者のための運動をしている者がいるが、これなどはもちろん「ボランティア」ではない。「ボランティアという生き方」の勧めとは、本業とボランティア活動を両立させるような生き方の勧めなのである。そしてこのことが、ボランティア活動の内容をさらに制限する。企業城下町などでの環境保護運動には、当該企業の従業員はおろか、その家族や縁者でさえ参加することは困難であろう。

以上のように見てくると、「ボランティアという生き方」の推奨が、現状とは別様なあり方を求めて行動しようとする諸個人を捉えて、その行動を現状の社会システムに適合的なように水路づける方策として、あまりにぴったりであることに驚かされよう。

なによりも重要なことは、ボランティア活動においては、諸個人は、まず「何かをしたい」とだけ意志する「主体＝自発性」として承認されることだ。これにより、現状においても別様でもありうると「自由の可能性」を知覚しつつあった個人は、現状を離れて抽象的に意志する「ボランティア主体」になるのである。おそらく、ここが決定的な岐路なのだ。というのも、「個人化のポテンシャル」の中で「自由の可能性」と認められうるのは、現状の中にある権力関係の交錯そのものが、諸個人に「別様でもありうる」という可能性を知覚させ、現状への反省を促すという意味で、自省的－再帰的な〈選択の自由〉の可能性であったはずである。それなのにここに成立しているのは、自省性－再帰性ではなく、抽象的に「何かをしたい」と意志する単なる「主体＝自発性」にすぎないからである。

そこで、この抽象的にすぎぬ主体＝自発性には、選択されるべき「内容」があとから与えられることになる。かくてこうなる。このボランティア活動の内容があなたの「意志」であるのは、抽象的な主体＝自発性であったあなたが、与えられた内容を「折良く出会ったもの」として選択し、それをあなたのものとして「意志」したからなのである。そして、このあなたの「意志」であるボランティア活動の内容は、ボランティア活動であるが故に、あなたの本業と両立する。すなわち、「ボランティアという生き方」を選択したあなたは、「ボランティア主体」であるとともに「本業」でも現状を支えるこの社会の「わたしたち」の一員であるということになる。

要するに、「ボランティアという生き方」の称揚とは、このように抽象的な「ボランティア主体」への動員のことなのであり、この主体＝自発性は、抽象的であるがゆえにかえって、「公益性」をリードする支配的な言説状況に（それゆえ、「わたしたち」を立ち上げようとする広い意味でのナショナリズムにも）どうしても親和的にならざるをえない仕掛けになっているのであった。すると、今日のボランティア活動の高まりに市民社会の復権を見る論者たちは、そのようなボランティアのあり方にしっかり注意を払っているだろうか。そもそもその市民社会論では、この事情をどのように理論的に捉えているのだろうか。つぎに、その点に立ち入って、問題を確かめておくことにしよう。

第四節　強要されるアイデンティティの再政治化——「ボランティア」と「新しい社会運動」

さて、これまでの議論の理論的な出発点は、現代社会の「個人化のポテンシャル」という論点であった。この論点をわたしはメルッチから引き継いだのであったが、今日の市民社会論者のひとりである斉藤日出治も、同じところからそれを引き継いで展開させ、自らの市民社会論を支える主体形成の論理の基礎にしようとしている。そこで、その理論的な展開を検証することから始めよう。

メルッチから始まる「個人化のポテンシャル」という論点の理論的展開を追跡してみると、そこには、ある変質がしだいに忍び込んできているように、わたしには思える。それは、「個人化のポテンシャル」が「個人化」そのものにいつしかすり替わり、しだいに実体化されつつ定着していくというところに現れている。その第一歩は、「再帰的近代化（Reflexive Modernization）」を唱えるU・ベックの、つぎのような理解である。

繰り返して言うが、個人化は、諸個人の自由な意志決定に基づいているということではない。サルトルの言葉を借りれば、人々は個人化に宿命づけられているのである。個人化はひとつの強制なのである。とはいえこの強制は、選好やライフステージの局面が変わるに応じて、自分自身の人生行路のみならずそれへのコミットメントの仕方やネットワークのあり方までをも、作りだし、自分でデザインし、自分で演出してゆかねばならないという強制である。しかしもちろんそれは、教育システムや労働市場、労働法や社会法、また住宅市場といった、福祉国家の条件やモデルの全体を前提に行なわれなければならないのだが。(35)

ここでベックは確かにそれを「強制」と見ているのだけれど、しかしその強制は、「個人化のポテンシャル」へのではなく「個人化」への事実的な推移としての強制である。すなわち、メルッチが、自由の可能性と閉塞性とが表裏をなす状況の出来と見たものは、ベックにあっては、いわば個人への実質的な「自由への強制」の始まりと捉えられている。そしてこのことをベックは、事実的に進行する「再帰的近代化」の展開と見なすのである。ベックにおいて時代の様相は、個人の自己決定の可能性の質的な拡大として、それゆえ諸個人における自由の現実化という事態に向かってはるかにオプチミスティックに見えていると言わねばなるまい。

この傾向が、斉藤日出治ではさらに顕著に前面に出てくることになる。

個人化とは、近代化におけるように、たんに個人の孤立や隔離や関係の喪失や規範への従属を意味するのではなく、個人が依拠すべき確実な組織が崩れ去り、個人がみずからの生活の営み方や生き方を創造することを余儀なくされることを意味する。個人は、家族・階級・国家といった組織に帰属する存在ではなくなり、逆にこれらの組織そのものが個人の意志決定に依拠するようになる。個人は自己の生活歴の立案者であり演技者であり演出家となる。このような生活過程を通して、個人は自分自身をひとりの個人として組み立てていく。再帰的近代化は、このようにして自己反省的個人を創出する。[36]

ここで斉藤は、メルッチを踏まえながらも、ベックをステップに「個人化」をさらに実体的に捉えることになっている。すなわち、ここで斉藤が「再帰的近代化」として捉えているのは、「共同体の解体から個の自立へ」という市民社会論者に昔ながらのあの図式に似せて描き出された、「自己反省的個人」の実質的な生成それ自体に他ならない。[37] この時に、この「自己反省的個人」は、複合化した社会的諸権力の影響下に全面的に曝されているというよりは、むしろそこから自立し、自分を「ひとりの個人として組み立て」る意志と能力を持った「個人」として表象されるのである。

メルッチから斉藤への、それゆえ「個人化のポテンシャル」という把握から「個人化」という把握への質変は明らかであるが、問題はそのことが何を含意してしまうのかであろう。斉藤としては、これこそが「国家を越える市民社会」を展望する主体的な基礎であると考えるわけだが、わたしは、ここに前節で見たような「ボランティア主体」との重なりを、そしてそれが孕む問題性の重なりを見ざるをえない。それはどんなことか。

考える手がかりは、「自己反省的個人」という像が、具体的にはどんな内実を持つものとして捉えられているのかである。斉藤はそれを、今田高俊の「アイデンティティの自己組織化」なる説に乗りながら、まずはつぎのように描き出している。

ポストモダン時代の自己に求められるのは、多様な差異を組織して自己同一性をうちたてる能力である。(38)

これは、たしかに、アイデンティティの多元性を許容するという点で、新しい「自己」像を提示しているようにも見えよう。だが、どうだろうか。そこでこれを、フェミニズムなど「新しい社会運動」の経験を踏まえて提示されている、C・ムフのつぎのような「主体」像と比較して考えてみよう。

新しい社会運動の闘争を特徴づけているのは、単一の行為者を構成している主体位置(subject position)が多元的であるということであり、またこの多元性(multiplicity)が抗争の場(the site of antagonism)となり、それゆえ政治化されうるという可能性である。(39)

斉藤自身は、この「主体」像と自らの「自己」像とを並立させ、この二つが「共鳴している」とまで言う。(40)
斉藤に、この間の区別はないのだ。だが、わたしの見るところ、ムフのこの言明は、むしろまさに斉藤が提示しているような「自己」像にこそ、戦いを挑んでいるものと考えねばならない。この二つの言明に「共鳴」を見るのか「闘争」を見るのか、これは一見すると些細な違いなのだが、今日の時代に対する態度のとてつもなく大きな落差を表している。そのことは、本章で主題化している「ボランティア」と「新しい社会運動」とを対比しながら考えてゆくと、はっきり理解できるはずである。

「ボランティアという生き方」を称揚する書物が繰り返し主張するように、今日のボランティアの意義が、「多様な価値観や生き方」の承認という問題に関わっていることは明らかである。そもそもそれは、「個人化のポテンシャル」という条件の下で別様でもありうる可能性を知覚して行動しようとする諸個人に差し向けられたものであるのだから、別様なる自分あるいは自分の中にある差異（多元性）を認めようという指向をもつのは、むしろ当然だろう。ムフの考えでは、フェミニズムやマイノリティの運動などに代表されるような「新しい社会運動」も、実はこの自分の中にある差異（多元性）という問題に関わっている。両者は、同一の基盤の上に成立している運動なのだということである。そうだからこそ、「ボランティア」と「新しい社会運動」との関係をどう見るかが重要になってくるのである。すると、この両者の間に、どのような違いがあるのだろうか。

例えばこんな言い方について考えてみよう。「なるほどボランティアは人道主義に基づくものだし善意に発するものなのだから、それに参加するのは立派なことで反対しない。ただ、学生という本分も忘れてもらっては困るね」とか、「君がボランティアに参加したいというのは、ひとつの生き方として認めるし協力もする。でも、母親であるということがおろそかになるようでは、本末転倒じゃないかなあ」とかである。斉藤が「ポストモダン時代の自己に求められるのは、多様な差異を組織して自己同一性をうちたてる能力である」と言うとき、それが、こうした要求に応じて自己同一性をうちたてるような自己の能力を指すはずだということ、あるいは、少なくともこれらと同じ響きをもつということは明らかだろう。ここでは、「多様な差異」を組織して両立させ、自己同一性を破綻させずにうちたてることが、「自己」という個人の能力として要求されているのである。そして、そもそも「ボランティアという生き方」なるものは、そうした要求に応じて「ボランティア」と「本業」とを両立させてゆく装置、あるいは、その両立を個人の能力に帰着させる装置なのだということが、前節で見たところのものなのであった。わたしが、斉藤の「自己」像と「ボランティア主体」との間に共通の問題性を見る所以がここにある。斉藤が、自省性‐再帰性を「自己反省的個人」の個人的能力と見る限り、その「自己」像が「ボランティア主体」の域に止まらざるをえないことは明らかであろう。

これに対して、ムフが見る「新しい社会運動」の特徴とは、多元性をそのように個人的に両立させることを拒絶して、それを必ず抗争へと導き、その抗争を政治化していこうとする志向である。どうしてそうせざるをえないのか。それはもちろん、活動時間が「本業」に食い込んで差し支えるなどといった、外的な事情だけが問題なのではない。そうではなく、「既存の権利の中には他のカテゴリーの権利を排除したり従属的なものにしたりするというまさにそのことの上に構成されているものがあるという事実」[11]ゆえに、そこでは、ある権利の主張が不可避に他の権利との抗争を生み出さざるをえないからなのである。だから、権利が単に多元主義的に拡大されたり（「ひとつの生き方として認めるよ」）、アイデンティティの多元性が認められる（「ボランティア活動もいいが本業も忘れては困るね」）だけでは、全く不十分なのである。むしろそこに、不可避な〈抗争〉があることが認められなければならないのである。すなわち、「多様な差異を組織して自己同一性をうちたて」ようとする営みそのものが、必ず選別と排除を含むということ、それゆえ、そうしたアイデンティティという営みそのものとの抗争が不可避だということである。自己同一性を「自分の能力でうち立てよ」ということ自体が、権力的支配なのだからである。

マイノリティやゲイ、レズビアンの権利主張とは、そのような抗争であった。存在が「許可される(!)」のを求めるのではなく、アイデンティティを支配する既存の価値序列そのものを問題にしなければならないからである。また、当該の社会においては劣位にあるということがそのアイデンティティの定義に含まれてしまっているために、その権利主張が必然的に矛盾した形にならざるをえないというものがある。例えばフェミニズムの歴史は、「女性の特性」を否定して「同権」を主張することも、「女性の特性」に依拠して「保護」を訴えることも、不可避に矛盾につきあたらざるをえないことを示している。[42] そこで「女性」の運動は、「女性」としてのアイデンティティを脱構築しつつ、その矛盾自体を政治問題化して、「男-女」という序列的価値を構成契機にする社会のあり方そのものを問わざるをえなくなってくる。ここに、「個人的なことは政治的なのだ」というラディカル・フェミニズムの主張の意味もあったわけである。また、ボランティアの「奉仕」の対象とされてしまう「弱者」も、自ら「弱者だ」と権利主張すれば「弱者」にされてしまうし、「弱者ではない」と主張すれば「弱者」の権利は認められないという、不可避な矛盾の中にある。だから、ここに新しい権利が認められるためには、「強者-弱者」をもって構成された「そのようなアイデンティティ」が、まずはじめに脱構築されなければならない[43]。ムフは、そのような仕方で立ち向かうところにこそ「新しい社会運動」の特徴があると言っているのである。これは、「アイデンティティの脱構築は、政治の脱構築ではない。そうではなくて、それはアイデンティティが分節化される条件を、政治的なものと見なすということである」と言う、J・バトラーの認識とも重なり合っている。[44] ここでも、政治的に分節化されているアイデンティティそのものとの抗争が不可避だということが、共通に認識されている。

本章で検討してきた「ボランティア」と、ムフの言う「新しい社会運動」の区別は、明瞭である。それに対して、斉藤に代表されるような今日の市民社会論者は、むしろこの区別を解消して、両者を彼のいう「自己反省的個人」の営みに統合しようとするものである。ここには、本書で見極めてきた戦後啓蒙における自己同一的な主体という観念の忠実な後継者の姿がある。そしてこれが、「ボランティア動員型市民社会論」の理論的基礎となって、「ポスト福祉国家」への国家機能の再編という時代にむしろ適合的なイデオロギーを与えてしまうことになる、とわたしは思うのである。そこで、それに対しては、ムフに、つぎの言葉をもう一度言ってもらうことにしよう。

問題を孕んでいるのは、統一的な主体（the unitary subject）という理念そのものなのである。(45)

結節　自己同一的な主体を越えて――「日本人としての責任」を考える

さて、ボランティアとアイデンティティという問題の根底にある「自己同一的な主体」という理念の難点に行き着いている以上の考察は、「戦時動員」と「戦後啓蒙」との連続と断絶との関係に焦点を合わせた本書の主題に、そして、それに直接関係するはずの日本の戦争責任と戦後責任という問題に照らしてみると、いかなる意味をもつのだろうか。本書を締めくくるにあたり、最後にそのことに触れておくことにしよう。

「責任」の問題、とりわけ戦争責任・戦後責任という問題を考えようとすると、普通には、ここでまた「責任主体」という問題が浮上してくる。責任は主体的に受け止めるべきであること、そのためには、その前提として各人がしっかりした主体にならなければならないこと、このさしあたり疑う余地のないように見える推論は、やがて「自己反省的な主体」とか「自己同一的な主体」という理念を再び議論の場に導き入れることになる。九〇年代の半ばを過ぎて、この役回りを演じたのが前段でも触れてきた加藤典洋であった。加藤は、戦後責任を全うできない日本というまさにこの問題を問いとして提出し、その理由として戦後日本における「『国民』の基体の不在、わたし達『戦後日本人』の人格分裂」を指摘して、その穴を埋めるべく「新しい『われわれ』の立ち上げ」を呼びかける論を展開したのであった。[46] この加藤の「敗戦後論」については、ともあれそれが「わたし達という単位」[47] なるひとつの集合的主体の擁護に帰着する点で、それを新しいナショナリズムの形に他ならないと認定するのはとりあえず間違いではない。とはいえ事柄からすれば、この加藤の議論は、そのナショナリズムを批判するだけでは足りないのだ。加藤が持ち出した議論は「責任」と「主体」というまさにこの問題に関わっており、加藤への批判、あるいは加藤に共感する多くの人々の意識への批判は、ここにまで踏み込んで考えなければ本当には成就しないだろう。そもそも「自己同一的な責任主体」という責任の受け止め方に、すでに問題が孕まれているのではないのか。考えてみなければならないのはそのことである。

これまでの議論ですでに大まかには察知されているかもしれないが、わたしの考えを先に言えば、「責任」は、とりわけ戦争責任・戦後責任は、「主体」の確立によってではなく、むしろその正反対に「主体」の分裂によって、もっと正確に言えば「主体」の中に抗争を持ち込みそれを政治化することによってしか果たされえない。それゆえこのときに、主体を自己同一的なものに統合する「主権性」は放棄されなければならない[48]。ここではこのことを、「日本人としての責任」とりわけその「戦後責任」という当面するイシューに即して検討しよう。

すでに論じたように、植民地主義と侵略戦争に敗れた直後の日本では、国家として行った戦争の暴力と残虐について、天皇を始めとする戦争指導者たちの戦争指導の責任をきっぱり追及し、個々の加害についても事実を包み隠さず確認して、責任者についてはその罪過に応じて処罰しあるいは責任を問い、被害者たちには誠意ある謝罪と最大限の補償をなしつつ、他方では、戦争遂行の思想と社会について総点検を行って、戦時体制からの離脱と脱植民地主義化を図るという責任があったと考えなければならない。その時に、当該の人々がその責任を問われねばならないのは、もちろんかれらが当事者だからである。すると、そのことに実行当事者として関わりをもたない「戦後世代」の人々は、いかなる責任を問われなければならないのだろうか。すなわち、それについて日本人としての責任というのは、どういうことなのだろうか。

まず問題の焦点を戦時の暴力に定め、それが日本という国家の名の下になされたということを認めるならば、それについての日本という国家の責任は否定しえなくなるだろう。すると、直接の実行当事者ではないが日本人である者の責任は、第一に、この国家に対する主権者としての責任として問われるということになる。すなわち「日本人」は、日本という国家に対する主権者としてその政治的権利を享受しているのだから、当の日本政府に、日本という名の下に行われた行為について「責任をとらせる責任」もまたあるはずだということである[49]。主権者である「日本国民」に課せられているこの法的・政治的責任は、これはこれとして明確であろう。

だが、戦後世代の日本人としての責任がそれにつきるのかを考えると、直ちにつぎのような疑問が起こってくる。

まず、「はじめに」でも触れたように、例えば「従軍慰安婦」にされた被害者にとって問題になるのは、過去の出来事としての戦時性暴力だけなのではないということがある。彼女らにとって戦時は決して終わっておらず、性暴力の苦痛はなお継続しているのである。すると、責任の問題は、そのことだけでも戦時に局限されなくなってくるだろう。すなわち、「戦時」を引き継いでいるこの「戦後」について、責任が生ずるのである。

またもうひとつは、「日本人」であるわたしが「日本」というカテゴリーをもって規定され、またそれに負って享受してもいるのは、果たして法的・政治的権利だけなのかという疑問がある。むしろわたしは、その生活において、この「日本」という場に作り出され営まれている社会[50]に生きているのであって、このポジションから経済や文化などの生産や消費にかかわりを持ち、その面での「豊かさ」や「貧しさ」の中に我が身を曝している。その意味で、この社会は「わたし」を作っている。しかもこの社会は、在日朝鮮人や中国人の存在がすでにその一端を明示するような、かつての植民地主義や戦争の暴力に淵源を発し現在になお生きる差別や抑圧の構造と結びつき、それを日々再生産してもいると見なければならない。もちろん「日本文化」などという実体を想定することはできず、その「中」に多様な文化的価値や生活スタイルが混在しているわけだが、それでもそれらが明示的に有効な批判機能を発揮して、もはや「日本」を語りえないまでに分解させ、その名の下に連続してきた差別や抑圧の構造を解体するという事態には至っていない。日本が戦争責任を果たしきっていないというのは、このような意味で、日本社会における総力戦体制の継続と脱植民地主義化の未完了ということでもある。それは、「未解決」な問題として残っているというよりは、わたしがかかわりを持つ生活形式として現在に生きているのである。

そうだとすれば、「日本人」としてのわたしの責任は、テッサ・モリス－スズキが「連累（implication）」と呼ぶところの関係からも生ずると考えなければならないのではないか。モリス－スズキは、過去の憎悪や暴力と現在のわたしたちとの「連累」について、つぎのように説明している。

> わたしたちが今、それを撤去する努力を怠れば、過去の侵略的暴力的行為によって生起した差別と排除（prejudices）は、現世代の心の中に生き続ける。現在生きているわたしたちは、過去の憎悪や暴力を作らなかったかもしれないが、過去の憎悪や暴力は、何らかの程度、私たちが生きているこの物質世界と思想を作ったのであり、それがもたらしたものを「解体（unmake）」するために私たちが積極的な一歩を踏み出さない限り、過去の憎悪や暴力はなおこの世界を作りつづけて行くだろう。すなわち、「責任」は、わたしたちが作った。しかし、「連累」は、わたしたちを作った。[51]

このように連累がわたしたちを作っているのなら、そのことがまた、このわたしに責任を生じさせよう。しかもここに生まれる責任は、原理的には手続きによって変更可能な法的・政治的責任よりはもう少し根深いと言わねばならない。というのもこの責任は、「日本人」の「本質」に属しているということでは全くないのだけれど、法制度上の地位ゆえに形式的に発生しているのでもなく、むしろ、ナショナリティなどのカテゴリーによって差別的に秩序づけられているこの社会で営まれる生活の事実に由来するものだからである。この生活の事実は、わたし自身の主観的な意識のいかんに関わりなくわたし自身を規定しており、それ故、たとえわたしがパスポートを破り捨てるなどして「反日」の気概を示したところで、それだけで消滅してしまうわけではない。

すると、わたしがこの生活の事実に由来する責任を果たすというのは、どういうことになるのか。その具体的な仕方はともあれ、少なくともはっきりしているのは、それが「わたし」に跳ね返ってくる行為とならざるをえないということだろう。なぜなら、わたしがその生活の事実に基づいて「過去の憎悪や暴力」について事後に連累の責任を果たすというなら、その時には、その「過去の憎悪や暴力」がもたらしたものを「解体（unmake）」するということ、すなわち、連累によって作り出されているこのわたしの生活の事実について、抗争を巻き起こし、それを作り替えるべく政治問題化するということが含まれねばならないはずだからである。そしてそれは、このわたし自身にとっても、自らの「主体」そのものを抗争の場とし、そこにある「過去の憎悪や暴力」の痕跡を「解体（unmake）」していく営みにならざるをえないだろう。「主体が問われる」というのは、実はそういうことなのだ。すなわちここでは、「自己同一的な主体」として／となって責任を負うというのではなく、むしろ、責任を果すプロセスにおいて自らの「主体」に内在する暴力の痕跡を解体するということ、言い換えると、主体の確立がではなく主体の分裂＝脱構築が問われているということなのである。

そうだとすれば、これとは正反対に、まず責任が問われる前にあらかじめ「自己同一的な主体」として自己を確立しようとし、そのようにして先手を打ってガードを固めてしまうならば、責任が果たされることなどおよそ望みえなくなってしまうであろう。本書において、大塚久雄と丸山眞男に即しながら（一部は吉本隆明から加藤典洋まで見通しつつ）見てきたことも、一面では、日本の「戦後」という文脈においてそのような隘路に入り込んでしまった「主体性」探求の顕著な事例であると捉えることができる。本書で追及してきたそのことの歴史的総括作業は、ここでもこのようにして今に結びついている。

ところで、戦争責任・戦後責任というこのような問題場面で考えると、本章で捉えてきた「多元的な主体位置」を孕む「個人化のポテンシャル」ということについても、その意味がもう少しはっきりと見えてくるように思われる。なるほど、ちょっと表面的に考えると、主体位置の多元性の強調というのは「主体性の相対化」なのであって、それは必ず「責任」という政治的あるいは倫理的な判断そのものの相対化につながるように見えるかもしれない（それでは「主体的」たりえない!?）。そして確かに、「アイデンティティの多元性」を倫理的責任の相対化に結びつけてしまうような議論が繰り返し現れてきているというのもやはり事実であろう(52)。しかしわたしの考えでは、主体位置の多元性ということそのものは、責任を相対化する議論であるどころか、むしろ「過去の憎悪や暴力」を曇り無く批判しつつしかもそれについての責任を自ら引き受けるということのために、どうしても不可欠な条件だと見なければならない。そしてここでも重要なことは、前節で詳論したように、「主体位置の多元性」について、それを単に「自分の中にある差異（多元性）」とのみ見なし、そうした「差異の集合」あるいは「関係性の集合」としてアイデンティティを組織すべき（しうる）ものと考えるのか、あるいは、その多元性がアイデンティティの分裂をもたらしてそこに抗争が不可避であると認め、むしろこの抗争をこそすすんで政治化していこうとするのかという分岐なのである。このことは、「日本人としての責任」を果たすということを考える際にも、とても大切な視点を与えているとわたしは思う。それはどういうことだろうか。

「日本人としての責任」を受け止めそれを実際に担うということを考えると、そこでまた、その担い手としての「責任主体」をその「(日本人としての)同一性」によって同定したくなってくる。「わたし」が「日本人としての責任」を負うためには、この「わたし」が「日本人」というカテゴリーが法的・政治的・社会的に機能している社会に存在し、しかも、「日本人である」という規定性に即して加害の事実と連累の関わりがあるということを承認しなければならないはずだからである。このことが、普通は、それを引き受ける「責任主体」の「同一性」を同定するステップと受け止められていて、そのような何かの「同一性」がなければ、そもそも責任を負うという営みそのものが考えられないと理解されているのである。

ところが、「責任(responsibility)を果たす」ということを、実際にその責任を問う誰か具体的な「他者」への応答(response)として考えると、それは自己同定の営みなのではなく、むしろ逆にそれがまた自己分裂の営みでなければならないと分かってくる。すなわち、「日本人としての責任」を承認しそれを果たすということは、「わたし」にとって、不可避に自己分裂的な葛藤を抱え込みそれを切り開いていくプロセスとなるのである。その出発点は、他者の声を聞くという基本的に受動的な体験である。被害の声がわたしに届くという仕方で、あるいは「突きつけられる」という仕方で、さもなくば見ないで済ませていたかも知れぬわたしが、過去の暴力や憎悪の存在を知るということである。この点で、一九九一年に「従軍慰安婦」にされたと名乗り出て告発を開始した金学順さんらの行動が特別な意味をもったのだった。この他者の出現は、それなしには直視することのなかった過去の暴力や憎悪の存在を告げ知らせ、「わたし」に対してこの過去とのかかわりを問いただし、罪責の如何を問わないままに作られてきた、あるいは

「無垢」を疑わないままに作られてきた、この「わたし」の同一性（アイデンティティ）を危機にさらすのである。

このとき、「自己同一的な主体」という理念が固執され、この事態が「主体」として維持されるべき「同一性」の危機と受け止められるなら、それは直接には「わたし」の心理的な防衛機制を触発し、同一性の回復に向けた努力がそこに始まるだろう。他者に対して「わたし」の同一性を守ろうとするのである。そしてそれは、幾重にも折り重なった「否認」のプロセスを導きうるし、現にそうなってもいる。事実を相対化すること、被害の意味を軽微に見ること、責任を一般化したり曖昧にしたりすること、白らの立場や位置をずらし相対化すること、更には、かえって他者に対して攻撃的になり他に責任を転嫁しようとすること、などなど。あるいは、自分のアイデンティティにとって「日本人であること」は軽微な意味しか持たないとことさらに言い立てることもあるだろう（「日本人だなんて、あんまり意識したことなんかないよ」）。こうした多元性への相対化も、同一性を維持しようとする心理的な防衛機制の一様態と見なければならない。そうした多様な防衛機制により他者の声はブロックされ、はぐらかされ、意味を変容させられる。かくして主体の同一性が回復されるとき、他者との出会い他者からの問いかけは消去されていく。そしてそれとともに、さまざまな意匠をもった歴史修正主義がまた増殖していくことになる。

これに対して、他者と本当に出会い、暴力を告発するその声にしっかり耳を傾け、それに責任をもって応答するというのは、そうした同一性を求めるさまざまな心理的防衛機制とむしろ闘いながら、その時に生ずる同一性の「危機」を明示的な分裂と抗争にまで持ち込み、それを政治化するということでなければならない。だからちょっと逆説的に聞こえるが、「日本人」として加害への連累が自覚され責任が果たされうるのは、「日本人」であることが確立するときなのではなく、むしろ「日本人」であることが分裂するときのことなのである。

その初発のきっかけとしては、あるいは最初の自覚としては、それは、なにか「人間的」な同情や共感という感情の形をとるかもしれないし、フェミニズムの意識とか、「人道」についての覚醒という形をとることもあるだろう。あるいは、「階級」や「レイス」などの社会意識がそこに関係するかもしれない。親・家族や友人・縁者など、本人にさまざまにつながる人々の具体的な戦争へのかかわり、戦場での加害や戦禍の被害の体験、その記憶や語り、そうしたことも初発の意識の違いとなって現れるだろう。そうした初発の形はともあれ、被害者である他者のまなざしに曝されその声を聞いたときに「わたし」に生ずる「日本人である」という意識とそれと同時に生ずるそれへの違和感、それらが交叉し衝突してやがてそこに緊張と葛藤が生まれ、この「わたし」のうちに抗争が現出する。実はこの時に、加害への連累の自覚と責任の意識も出発しているのである。それを大切にしなければならない。わたしは「日本人」として存在しているが、また同時に、そのことを批判的に対象化しうる、あるいはそれを問題とせざるをえない別の視線を自らのものとして備えている。この「主体」の分裂可能性が決定的に重要なのだ。このときに、別の視線をもってこの点では「日本人」から距離を置く批判的な判断がわたし自身にとって切実なものとなり、またそれにより、「日本人」でもあるこの「わたし」が鋭く問題となり、わたしに生まれている正義への志向が認められるようにもなって、このわたしに対して応答を求める「責任＝応答可能性」が現実のものになってくると考えられるからである。そして、他者のまなざしの前で生ずる主体の分裂[53]が応答への切実な希求を生み出し、他者への応答の中で主体のうちに生じた分裂と抗争が、個人の内に抱え込まれるのではなくさらに政治化されることによって、責任を負う営みは社会的なものになっていくのである。連累と責任の承認と実践のためには、この意味で主体の分裂とその政治化が経験されなければならないのであって、本章で考えてきた多元的な主体位置を含む「個人化のポテンシャル」が重要であるのは、それがこの主体の分裂を現実化する基盤になるはずだからである。

これまで、「責任を果たす」ということは、「主体」として振る舞うこと、それゆえしっかり確立した「自己同一的な個人」の独立した行為であると考えられてきた。しかし、「責任（responsibility）」を他者への「応答（response）」という場面から決して離れずに受け止めるなら、他者と出会い、その声を聞き、その声に揺さぶられながら感応し、それまでの「自己同一性」の外枠をはずして自己変容を遂げていくというプロセスが決定的に重要である。この意味で、「主体」として自己同一性を組織する主権性はむしろ放棄されなければならないのだ。そしてこの「わたし」にそれが可能なのは、「わたし」が、すでに確立しきった「自己同一的な主体」であるからではなく、多元的な主体位置を含む「個人化のポテンシャル」を内包しているからなのである。

しかも、このように「個人化のポテンシャル」を捉えてみると、連累の承認も責任の受容も、わたしにとって実は自由であるということの意味を再認させる行為になると理解できる。というのも、「日本人」として連累の関わりがあるとわたしが承認できるのも、個人化のポテンシャルの中でただ「日本人であること」だけに規定され支配されているわけではないという、このわたしの自由ゆえのことであり、また責任を実際に果たすということは、わたしのこの自由のいっそうポジティヴな実現になるはずだからである。

要するに、日本人であることからの自由が日本人として責任を果たすという自覚をむしろ鋭く要請し、その自覚に従って日本人としての責任を果たすことが、日本人であってしかももっと自由な〈わたし〉でありうるようにするということ、「個人化のポテンシャル」はそういうポテンシャルをもっているのである。と考えてみると、この論理は実にさまざまに転用可能にできていると理解できよう。というより、ここで「日本人」というカテゴリーについて語られていることはひとつのケーススタディなのだ。責任という当面の問題からすればちょっと意外な感じもするが、ここで見えてきているのは、「アイデンティティ」や「自己同一的な主体」という呪縛からのそんな抜け出し方のことだと考えなければならない。アイデンティティからの自由をさらに多様な応答可能性への自由に開いていくこと、本書の考察を通り抜けて、見つめておきたいのはこのポテンシャルに他ならない。

注

はじめに

(1)「日本人の戦争責任」という特別なテーマについては、本書の最終結節で特に主題として論ずることにする。

(2) この「慰安婦」問題が表面化して以来、日本のある種の論者たちが「慰安婦商行為論」などを口々に唱えているのも、被害者をあらためて辱めるものだという点で、もちろん戦後の性暴力のひとつに数えられねばならない。

(3) 被害者の告発が、まずは、戦時性暴力の犯罪事実の確定、加害者の特定と処罰、被害者への謝罪と補償、という一連の法的な請求という形をとっていて、まずはこれに直接に応えなければならないというのは当然であろう。これについては、二〇〇〇年一二月に東京において、主に女性たちの力で「女性国際戦犯法廷」が開かれ、日本国家によって放置されてきた上記課題の一端を果たす方向に動いたことが、とても大きな意義をもつ出来事だったと思う。ここでは、そのことの意義を踏まえた上で、さらにその根底にある思想的課題という観点から、その問題に光を当てようとしている。

(4) この総力戦体制論の現段階については、山之内靖、ヴィクター・コシュマン、成田龍一編『総力戦と現代化』(柏書房、一九九五年)、および、酒井直樹、ブレット・ド・バリー、伊豫谷登士翁編『ナショナリティの脱構築』(柏書房、一九九六年)所収の諸論文を参照。筆者自身もこの総力戦体制論の一部にコミットして上記論文集に寄稿しているほか、この社会変容の意味については、おもに規範的な社会理論という観点からすでにいくつかのアプローチを試みている。中野敏男「社会のシステム化と道徳の機能変容」(『岩波講座・社会科学の方法第X巻　社会システムと自己組織性』岩波書店、一九九四年)、同「システム化社会と責任の再構成」(棚瀬孝雄編『現代社会と不法行為法』有斐閣、一九九四年)、同「法のシステム化と『主体』の責任」(『法の理論　16』成文堂、一九九七年)。

また、総力戦体制論の思想的な意味とそこからの展開については、中野敏男「〈戦後〉を問うということ――『責任』への問い、『主体』への問い」(『現代思想』臨時増刊号、総特集=戦後東アジアとアメリカの存在、二〇〇一年七月)を参照。

(5)　cf. Anthony McGrew, The State in Advanced Capitalist Societies, *Modernity* (ed. by Stuart Hall et. al.), Blackwell, 1996, pp. 240-279.

(6)　もっとも、もちろん、この総力戦体制論が戦時‐戦後の連続をはじめて「発見」したのだ、と理解されてはならない。沖縄や朝鮮について少しだけ垣間見たように、おもに旧植民地・半植民地の諸地域では、独立戦争や内戦などさまざまに形態は異なっていようとも戦時の連続というのはむしろ見えやすい事態なのであり、総力戦体制論は、「先進」諸社会の比較研究によって、いわばこちらの側からもそれが確証できるということを示したに過ぎないと言える。だから理論的には、戦時‐戦後の連続という視座は、帝国主義のコロニアリズムとポストコロニアリズムの接合の問題として分析視野を広げてさらに展開されなければならない。そして、そのような総力戦体制論の第二段階の組み替えという作業は、ようやく進展をはじめたところである。わたし自身が研究代表者になって進められた科学研究費受給の共同研究プロジェクト「総力戦体制後の社会とポストコロニアルの文化」(一九九八年度〜二〇〇〇年度)は、まさにこの課題を扱っている。その成果は二〇〇一年三月に、「成果報告書」にまとめられた。

（7）石田雄『社会科学再考——敗戦から半世紀の同時代史』（東大出版会、一九九五年）二頁。

（8）本書で頻出する丸山眞男の著作からの引用は、原則として『丸山眞男集』（岩波書店、一九九五〜九七年、全十六巻＋別巻）を典拠とし、『丸山眞男集×巻』＊頁の場合は〔×-＊〕のように巻番号と頁のみを数字で示すことにする。ただしテクストそのものに問題のある論文については原論文を参照し、その旨注記する。なお丸山のものに限らず、引用文中の傍点は、特に断らない限り原著者の強調である。

（9）そうであればこそ、彼らの死は「戦後精神の柱を失った」と受けとめられたのだった。『朝日新聞』一九九六年八月一九日朝刊、社説。

（10）このような議論は、保守的な「戦後」批判の決まり文句であるが、今日に至るまで飽きもせず繰り返し再生産され続けている。例えば、佐伯啓思『現代民主主義の病理』（日本放送協会出版、一九九七年）。

（11）シリーズ「戦後思想・占領と戦後改革」第三巻『戦後思想と社会意識』（中村政則、天川晃、尹健次、五十嵐武士編、岩波書店、一九九五年）は、またあらためて、「戦後思想」の意義をこの「精神革命」あるいは「人間革命」という見地から捉えようとしている。

（12）とりわけ丸山眞男の擁護者たちは、丸山に対する多くの批判論が丸山のテクストの「都合のいいところだけを切り取ってあげつらう」と言って論難し、「彼の多義性をみていない」ことを嘆き続けてきている。だが、わたしはむしろ、そういう擁護者たちこそが丸山のテクストを批判的に読むという学問方法上不可欠な手続きを本当に踏んでいるのかと反問したいと思う。そのことに関わる近年のものとしては、間宮陽介『丸山眞男』（筑摩書房、一九九九年）、宮村治雄『丸山真男『日本の思想』精読』（岩波現代文庫、二〇〇一年）、平石直昭「理念としての近代西洋——敗戦後二年間の言論を中心に」、前出『戦後思想と社会意識』（岩波書店、一九九五年）。

第一章

（1） 主に戦後に焦点を当てているが、近接した問題関心からの大塚久雄論として、すでにヴィクター・コシュマン「規律的規範としての資本主義の精神」（前掲山之内ほか『総力戦と現代化』）がある。また、J. Victor Koschmann, *Revolution and Subjectivity in Postwar Japan*, Chicago UP., 1996. も参照されたい。

（2） この点については、拙著『マックス・ウェーバーと現代――〈比較文化史的視座〉と〈物象化としての合理化〉』（三一書房、一九八三年）を参照されたい。

（3） 以下の行論では、「大塚久雄の解釈するヴェーバー」という意味で「大塚＝ヴェーバー」という表記を用いることにする。類似の表記はこれに準ずる。

（4） 大塚久雄「宗教と歴史と経済と――父の思い出によせて」【10-111】。大塚の著作からの引用・参照は、原論文を参照した場合には当該の雑誌の巻号を示すが、『大塚久雄著作集』（岩波書店、一九六九～八六年、全十三巻）からのものについては『著作集　×巻』*頁の場合、【×-*】と巻号と頁数のみ記す。

（5） 同様の趣旨の記述は【13-275】にも見られる。ちなみに、同所では、本位田の議論と並べて阿部勇のヴェーバー解釈が同様の主旨のものとして挙げられているが、阿部の議論は明確にヴェーバーに批判的であって、後述する本位田のものとはかなり論調が異なっている。阿部勇「マックス・ウェーバーの『プロテスタントの倫理と資本主義の精神』について」（『経済学論集』東大経済学会、第六巻第三号、一九二七年）。

（6） 中村勝己は、大塚の証言に忠実に沿った形で、この前後の大塚の学問的軌跡について解説を書いている。しかし、大塚の言い分を鵜呑みにして疑わない中村の叙述は、それの裏づけに欠けていて、学問的な批判に耐ええないと思う。中村勝己「大塚久雄著『国民経済』解題」(講談社学術文庫、一九九四年)。

(7) 本位田祥男「資本主義精神」(『社会経済体系第七編　社会思想・資本主義社会の解剖　下巻』日本評論社、一九二八年)。

(8) 同三四～五頁。

(9) 大塚久雄「マックス・ウェーバーにおける資本主義の『精神』」(一)(二)(三)(『経済学論集』第一三巻第一二号、一九四三年;第一四巻第四号、一九四四年;第一五巻第一号、一九四六年)。

(10) この「戦後『精神』」が収められることになった大塚久雄・安藤英治・内田芳明・住谷一彦共著の『マックス・ヴェーバー研究』(岩波書店、一九六五年)は、六〇年代の研究水準を示すものとして、戦後日本のヴェーバー研究史において最も重要な論文集のひとつになっている。

(11) 「マックス・ウェーバーにおける資本主義の『精神』」というこの論文には、もうひとつ一九七二年に『日本学士院紀要』に掲載された「マックス・ヴェーバーにおける資本主義の精神　再論」と題される別稿がある。ここからも、このテーマが、大塚にとって生涯こだわり続けた〈主題〉であることが確認できる【12-187】。

(12) わたしは、東京外国語大学の大学院および学部のゼミナールで、『プロ倫』の翻訳について、梶山力訳(有斐閣、一九三八年;安藤英治編、未来社、一九九四年)、大塚久雄訳(岩波文庫、一九八九年)、梶山・大塚訳(岩波文庫、上、一九五五年、;下、一九六二年)をそれぞれ原著と対照しながら、比較検討したことがある。本章での基礎認識の一部は、このゼミでの討論に負っている。参加した学生諸君に感謝したい。

(13) Max Weber, Die protestantische Ethik und der Geist des Kapitalismus, *Gesammelte Aufsätze zur Religionssoziologie*, J. C. B. Mohr, 1920, S. 195. 大塚久雄訳『プロテスタンティズムの倫理と資本主義の精神』

（岩波文庫、一九八九年）三五一頁。

(14)「Gewiß :」と「Aber :」がちょっと離れすぎているこの箇所が、たしかに相呼応して留保を表現する構文であることについては、ドイツ思想の専門家である三島憲一氏と、三島氏を介してドイツ語法の専門家である岩崎英二郎氏に、それぞれのお立場から確認していただいた。両氏に感謝したい。

(15) 梶山訳、有斐閣版二三三頁、未来社版三四五頁。

(16) 梶山・大塚訳、下、二三一頁。

(17) 大塚訳、三五一頁。

(18) これの例示として、大塚は、内村鑑三の歌（「桶職」）の一節「我は唯良き強き桶を作りて、独り立ちて甚だ安泰である。」を引いている。

(19) 本位田祥男「資本主義精神」、三九頁。

(20) 南原繁「内村鑑三先生」（『南原繁著作集　第六巻』、岩波書店、一九七二年、八〇～一頁：初出「人としての内村先生」、内村祐之編『内村鑑三追憶文集』、聖書研究社、一九三一年）。

(21) 内村鑑三「天災と天罰及び天恵」（『内村鑑三全集一四　時事』、岩波書店、一九三二年）五三六～八頁。

(22) 安田浩ほか編『シリーズ日本近現代史3　現代社会への転形』（岩波書店、一九九三年）。

(23) Andrew E. Barshay, *State and Intellectual in Imperial Japan : The Public Man in Crisis*, University of California Press, 1988, p. 56f.（宮本盛太郎監訳『南原繁と長谷川如是閑』、ミネルヴァ書房、一九九五年、七〇～一頁）。また、このような時代状況との関わりについては、大塚の「私の歩んできた道」【13-259ff.】も参照。

(24) 内村の周辺に集まった無教会派キリスト者たちが一種のゼクテを形成しながら共有していた雰囲気については、『回想の南原繁』（岩波書店、一九七四年）を参照。

(25)『三木清全集　第一三巻』(岩波書店、一九六七年)五〜六頁。
(26) この『欧州経済史序説』という著作が法政大学における講義ノートを基礎にしていることは述べたが、大塚は、それを聴講した学生が講義内容を「面白がる」ばかりか「先生のボディガードになりますよ」とまで言って支持したことを嬉しそうに回顧している。そのことは、ここに現れている問題関心の生々しさに大いに関係していると考えていいだろう。ただし、この大塚の議論が、果たして「日本資本主義への鋭い牙」であったのか、そうだとしてもどのような意味で「牙」でありえたのかについては、もう少し考えなければならない。少なくとも、内田義彦のようにファシズムとそれへの抵抗という二項対立図式を前提にして、手放しで評価することはできない【13-355f.】。
(27) 例えば、【2-179ff.】の記述を参照。
(28) 大塚「戦中『精神』(三)」(『経済学論集』一五巻一号、一九四六年)四五〜六頁。
(29) 本位田祥男『統制経済の理論』(日本評論社、一九三八年)四〇二〜三頁。
(30)『大学のゼミナール』(本位田ゼミナールの会編集発行、一九七一年)八四〜九五頁。
(31) これらの本位田の書物は、戦時の要請にまっすぐに応えるものとして出版後直ちにベストセラーになっている。『統制経済の理論』は三八年四月に初版が出されたが、三九年四月の版ではすでに七版となっている。また『新体制下の経済』は四〇年一一月が初版だが、四一年二月の版ではなんと二一版を数えている。本位田祥男『新体制下の経済』(日本評論社、一九四〇年)。
(32) これらの事実については、前掲『大学のゼミナール』(とくに高橋幸八郎、松田智雄、山本菊一郎らの寄稿文)、大塚久雄『株式会社発生史論　初版序』【1-5】、松田智雄「『比較土地制度史』のころ」(『大塚久雄著作集月報8』、岩波書店、一九六九年)などを参照。

(33) 本位田『統制経済の理論』三頁。
(34) 同上四〇五〜一〇頁。
(35) 酒井三郎『昭和研究会』(中公文庫、一九九二年)一五七頁以下。
(36) 三木清「新日本の思想原理」(『三木清全集　第一七巻』、岩波書店、一九六八年)五〇七頁以下。またそれについては、赤木須留喜『近衛新体制と大政翼賛会』(岩波書店、一九八四年)七頁以下を参照。
(37) 笠信太郎『日本経済の再編成』(『笠信太郎全集第二巻　戦時インフレーション』朝日新聞社、一九六九年)五一七頁以下。
(38) 笠前掲書、六三〇頁以下。
(39) 中村隆英・原朗「経済新体制」(日本政治学会編『「近衛新体制」の研究』、岩波書店、一九七二年)七一頁以下、宮島英昭「戦時経済下の自由主義経済論と統制経済論」(『シリーズ日本近現代史3　現代社会への転形』、岩波書店、一九九三年)三〇七頁以下。
(40) 常盤敏太「統制経済と経済倫理」(『統制経済』第一巻第一号、一九四〇年)。
(41) 『統制経済』第七巻第六号、一九四三年。
(42) それ以前にももちろん、見逃すことのできないような重要な書き換えがあることに注意しておきたい。例えば、「ユダヤ人のうちに、かの『寄生的』非生産力的な営利『欲』が純粋培養に近い姿で見出される事は、ヒットラーをまつ迄もなく、すでにウェーバーが、むしろ彼こそが、強調して止まなかつたところである」と生々しく記された注などは、当然書き換えの対象だ。ユダヤ人に対する偏見を明らさまに示し、ヒットラーとヴェーバーとを並べて論ずるこの注は、これだけでも、「戦後民主主義者」としての大塚像を根本的に疑わせるのに充分なはずだが、いわゆる市民社会派の人々はこのことをどう説明するのだろうか。大塚「戦中『精神』(二)」(『経済学論集』一四巻四号）一〇頁。
(43) 前掲大塚「戦中『精神』(三)」、四二〜三頁。
(44) 大塚「戦中『精神』(三)」、四五〜六頁。
(45) 丸山真男『後衛の位置から』（未来社、一九八二年）一一四頁。
(46) 「近代主義者」になったことを象徴するように、この「アンシャン・レジーム」という言葉が、旧制度とその革命の必要をイメージさせるものとして、この時期に標語のように多用されている。例えば、【3-406】、【7-246】、【8-171】。
(47) 酒井直樹は、大塚に現れたこのような視界の内閉を戦中から戦後への転換点に立つ多くの知識人たちに認め、それを反民族主義から民族主義への転換と明快に言い切っている。酒井直樹・中野敏男・成田龍一「『日本政治思想史研究』の作為」（『大航海』No. 18、一九九七年）。
(48) この観念性ゆえに、「歴史のなかのアジア」という対談で竹内好が大塚のアジア概念をなかなか理解できず、繰り返し聞き返していることが興味深い【7-289ff.】。また大塚の「アジア的生産様式」論については、もちろん、「共同体の基礎理論」【7-3ff.】も参照。
(49) 「マックス・ヴェーバーのアジア社会観」【7-166ff.】。大塚の「アジア社会論」に対しては、すでに小谷汪之らの批判がある。小谷汪之『共同体と近代』（青木書店、一九八二年）。また、コシュマンもこの点を捉えて、大塚の「戦後日本オリエンタリズム」を指摘している。前掲コシュマン「規律的規範としての資本主義の精神」一三二〜三頁。
(50) 日高六郎編『現代日本思想体系三四　近代主義』（筑摩書房、一九六四年）九三頁参照。
(51) ミシェル・フーコー『監獄の誕生』（田村俶訳、新潮社、一九七七年）。

(52) Weber, Ethik, *GARS* I, S. 195. 大塚訳『プロ倫』三五〇〜一頁。

(53) *Ibid*, S. 200. 同上三六〇頁。

(54) *Ibid*, S. 196. 同上三五二頁。ヴェーバーのウェズリー理解の当否を論じつつそこから『プロ倫』の主題設定の問題点そのものを指摘しようとする議論があるが、そこでもその主張は、この「Gewiß : A. Aber : B.」という留保表現についての誤解を前提にしている。これなども、大塚的な解釈がすでに一部は規範化してしまっている今日の日本のヴェーバー研究の実状を、かなり悲喜劇的に示していると見なければならない。

(55) Max Weber, Die protestantische Ethik und der Geist des Kapitalismus, *Archiv für Sozialwissenschaft und Sozialpolitik*, 21. Bd., 1905, S. 106f.. 大塚訳『プロ倫』三六〇頁。

(56) *Ibid*, S. 108. 同上三六四〜五頁。このくだりが前注のくだりと直接につながっていることを明瞭に把握するためには、加筆によって離れてしまった一九二〇年の版よりは、初版のテキストを利用する方がよい。

(57) 折原浩の「没意味化」という概念は、大塚久雄への批判を意識しながらヴェーバーにおける近代批判の契機を取り出したものだが、なお「没意味化から意味覚醒へ」という啓蒙主義的な枠組みを前提にしているかぎりで、大塚的な近代批判の地平を超えていないとわたしは思う。折原浩『危機における人間と学問――マージナル・マンの理論とウェーバー像の変貌』(未来社、一九六九年)。

(58) 前掲拙著『マックス・ウェーバーと現代――〈比較文化史的視座〉と〈物象化としての合理化〉』(三一書房、一九九三年)二九一頁。同様な観点からの『プロ倫』の読解としては、山之内靖『マックス・ヴェーバー入門』(岩波書店、一九九七年)九三頁以下。また、ヴェーバーにおける〈物象化〉概念のより立ち入った両義的意義については、拙著『近代法システムと批判』(弘文堂、一九九三年)も参照されたい。

第二章

(1)『丸山眞男集』の年譜によれば、丸山は一九三七年から三八年ころにヴェーバーおよび大塚久雄を集中して読んでおり、一九四〇年に発表された助手論文である「近世儒教の発展における徂徠学の特質並にその国学との関連」には、それから学んだ経済倫理への関心がすでに明瞭に刻印されている。もっとも、『日本政治思想史研究』の第三論文である「国民主義の『前期的』形成」は、一九四四年に『国家学会雑誌』に発表した原論文では「国民主義理論の形成」と題されていて、それが「前期的」という用語を用いた標題に改められたのは一九五二年に『研究』が出版されたときのことである。

(2)その点については、『「文明論之概略」を読む』〔13,14〕。

(3)田口富久治は、「政治学・政治学会」に対する丸山の貢献についてこう述べ、その際に一九九八年の日本政治学会研究会で小林良彰が行った「尊敬する政治学者」という日本政治学会員へのアンケート結果報告(丸山が圧倒的多数で筆頭だった)を紹介している。田口富久治「戦後政治学と丸山眞男」(『思想』第九〇三号、一九九九年九月号)。

(4)笹倉秀夫『丸山真男論ノート』(みすず書房、一九八八年)の帯の表現。丸山に魅せられた論者が、丸山についての「印象批評」的理解や「外在的な批判」、丸山に対するあらゆるレッテル張り(いわく、「近代主義者」「国民主義者」等々)に抗して、丸山を縦横に引用しながらそれを反証しようとするのも、その意図はそれ自体としてはよく理解できる。しかし、例えばこの笹倉の丸山論も、ヘーゲル、イェーリング、ヴェーバーらドイツの法・政治思想を学ぶ笹倉の頭の中に映じたひとつの「丸山眞男像」であるに過ぎないことは、著者自身が認めるとおりに理解しておかなければならない（同書、六頁）。特に、丸山の思考に重層構造が「ある」とアプリオリに前提して、その思想の変化やコンテクストによる力点の移動などをほとんど顧慮することなく、初期の作品も後期の作品もお構いなく「縦横」に引用する論述は、方法論的には全く根拠を欠くと批判されねばならない。事実、その結果は、それが統一的な丸山像を提示しようとすればするほど網羅的な読みを通りこし、丸山の教典化にまでほとんど行き着いてしまっているように見える。「重層構造」ということ自体が笹倉の頭の中に映じた虚像であるかもしれないと、方法という意識をしっかりもって一度は疑った方がいい。

（5）もっとも、この『忠誠と反逆』の「あとがき」に至ると、「旧著において試みたような長大な追記を各論文に施すことをしな」いとわざわざ断り書きがされて、実際にその記述は、以前のものに比べればずっと簡潔になっている。だがここでも、「例外」とされた「近代日本思想史における国家理性の問題」という論文については、なおしっかり「補注」が付けられていて、この点から見れば丸山の基本態度が変わったとは見なせない。後段で論じるように、この論文集では、実はこの論文の「補注」こそが重要な問題を孕んでいるのである。また、『丸山眞男集』の問題については後述する。

（6）『丸山眞男集』の各巻に付された「凡例」参照。もちろん、後述する戦中の三論文を別にすれば、「発表年代順」に配列されたこの『丸山眞男集』の公刊は、丸山の著作活動の全体を一面で見通しよくしていることは間違いない。それでも、各巻に付された「解題」などには注意が必要だ。ここでは、丸山自身の自己解釈にさらに解題筆者の丸山に寄せる思いが重ね書きされる形で、「丸山眞男の世界」の自己言及性が肥大化させられていると見られるからである。単純な一例を挙げれば、別巻に含まれる「年譜」には、「客観的」に確定できる事実と、知人・友人の証言の類と、丸山本人しか知り得ないはずの事柄とが、資料批判の作業抜きでまったく分け隔てなく並列され、いずれも同様に「事実」として記載されている。編者たちによる丸山本人からのヒアリングがその基礎資料になっているはずだが、丸山の証言は、ここでも少しも疑われることがないのである。

（7）松沢弘陽「完結にあたって」（『丸山眞男集』別巻付録、月報十七、二頁）。

（8）初出を挙示しておこう。

「近世儒教の発展における徂徠学の特質並にその国学との関連」
……『国家学会雑誌』第五四巻第二〜五号、一九四〇年

「近世日本政治思想における『自然』と『作為』」
……『国家学会雑誌』第五五巻第七、九、一二号、一九四一年
第五六巻第八号、一九四二年

「国民主義の『前期的』形成」（初出表題「国民主義理論の形成」）
……『国家学会雑誌』第五八巻第三〜四号、一九四四年。

（9）後段で見るように、「戦後」といっても、丸山に即して考えるときにはそこにもいくつかの変化や段階的展開があると見なければならないのだが、ここでは、とりあえずまとめて「戦後」と言っておく。

（10）拙著『マックス・ウェーバーと現代』（三一書房、一九八三年）。

（11）丸山の著作のうち、ここで頻出する論文名などについて、略号をまとめておく。

「政治学に於ける国家の概念」……緑会論文
「近世儒教の発展における徂徠学の特質並にその国学との関連」……助手論文
「近世日本政治思想における『自然』と『作為』」……「作為」論文
「国民主義の『前期的』形成」……「国民主義」論文

『「文明論之概略」を読む』……『概略を読む』
「超国家主義の論理と心理」……「超国家主義」論文

(12) 丸山のこの緑会論文に注目して、丸山における「近代批判」の契機に強く注意を喚起しているのは山之内靖である。ただし山之内の議論は、「近代擁護vs近代批判」という二項対立図式にとらわれすぎていて、近代的要素にコミットするようになる丸山のその後の展開に、それと「異質の論理」を見るばかりで、「近代による近代の超克」という形をとった問題意識の連続を見ることがない。緑会論文の近代批判がすでに問題なのだ。山之内靖『日本の社会科学とヴェーバー体験』（筑摩書房、一九九九年）五四頁以下。

(13) アドルノ／ホルクハイマー『啓蒙の弁証法』（徳永恂訳、岩波書店、一九九〇年）。

(14) 丸山は、この「あとがき」の論理的不備を気遣ったのか、その英語版の「著者序文」では、自らの「純粋にアカデミックな関心を超えた動機」について重要な書き換えを行っている。すなわちそこでは、「近代的要素の成熟に着目すること」ではなく、「(a)現代日本はすでに『近代の超克』が最大課題になるほど、それほど近代化されてはいない」ということと、「(b)維新以前の時代においても伝統主義者が美化しているほどには、『近代』と無縁な『東洋精神』が歴史的変化から免れて持続していたわけではない」という、『この(a)(b)二つの命題を歴史的に論証しようというのが、当時の私を駆り立てた、超合理的な衝動であった」と言うのである〔12-95〕。この書き換えは、ずっと後からのものであるだけに一見すると整理された説明になっているが、その分「必死の拠点であった」と述べていた頃のアクチュアリティは失われることになっている。そもそも「近代的要素の成熟に着目すること」が「必死の拠点であった」と言いうるのは、それがファシズムの支配する当代にもかかわると考えられるからであって、「維新以前」だけのことなら「必死」にはなれまい。しかもこの英語版では、「近代の超克」を主要論敵としつつそれに対しては、「近代的要素に着目すること」ではなく、逆に「それほど近代化されてはいない」という主張が対置されるということになっているわけだが、こんなに重要な書き換えを「必死の拠点であった」と述べていた当の箇所においてしてしまうと、そもそもはじめの言明の「証言」としての価値に疑いが生じてしまうことになるだろう。この点は、コンテクストの事後的な再構成を行う丸山のテクストが、明確なほころびを見せているところのひとつである。

(15) この点については、丸山自身が、ここで南原繁批判を実際に意識していたことを回顧している〔cf. 10-175ff.〕。

(16) 丸山自身の後年の証言では、「(ここでは――引用者) 無産層――という妙な言葉を使って居りますが、これはまあプロレタリアートとか労働者階級とかいうべきところ、そういう言葉遣いは、一寸警戒して避けたわけでありあます」とされている〔10-176〕。

(17) この時期のヘゲモニー抗争については、宮島英昭「戦時経済下の自由主義経済論と統制経済論」(坂野潤治他編『日本近現代史　3現代社会への転形』岩波書店、一九九三年) に見通しのよい整理がある。

(18) 米谷匡史は、この時期のそのような「戦時変革」の可能性に賭けた革新左翼の動向について論じている。米谷匡史「戦時期日本の社会思想」(『思想』第八八二号)。

(19) 田辺元「種の論理の意味を明にす」、『田辺元全集6』四八九頁

(20) 酒井直樹「日本人であること」(『思想』第八八二号) 二〇頁。

(21) こうした革新左派の知識人たちの時局への関与については、前掲米谷匡史「戦時期日本の社会思想」参照。

(22) 『三木清全集　第一七巻』(岩波書店、一九六八年) 五一〇頁。

(23) 同上五一九頁。

(24) 例えば、内田善彦『日本資本主義の思想像』(岩波書店、一九六七年) を参照。ここで内田は、「市民社会青

年」という青年類型を提示し、戦後啓蒙に連なる人々の戦時のありさまをそのようなものと性格づけている。
(25)『三木清全集　第一五巻』(岩波書店、一九六七年)の一連の論説を参照。
(26)「知識階級に與ふ」、『三木清全集　第一五巻』二四二～三頁。
(27)「世界の危機と日本の立場」、『三木清全集　第一五巻』三八五頁。
(28)『三木清全集　第一七巻』五一〇頁。
(29)『国家学会雑誌』第五四巻第三号、三五頁以下〔1-192ff.〕。『国家学会雑誌』に掲載された丸山論文からの引用は、『国家学会雑誌』の巻号と頁、および『丸山眞男集』における当該箇所の巻と頁を、両方ともに示しておく。以下同じ。
(30)同上三九頁〔1-197〕。
(31)『国家学会雑誌』第五四巻第二号、五〇頁〔1-152〕。
(32)『国家学会雑誌』第五四巻第四号、七六頁〔1-248f.〕。
(33)同上七九頁〔1-256〕。
(34)『国家学会雑誌』第五四巻第三号、五一頁〔1-211〕。
(35)同上五二頁〔1-212〕。
(36)同上四三頁以下〔1-203ff.〕。
(37)同上四四頁〔1-203〕。
(38)同上四五頁〔1-205〕。
(39)『国家学会雑誌』第五四巻第二号、四八頁〔1-149〕。
(40)『国家学会雑誌』第五四巻第四号、五四頁以下〔1-225ff.〕。

(41) 同上五五頁〔1-226〕。

(42) 同上五八頁〔1-229〕。

(43) Franz Borkenau, *Der Übergang vom feudalen zum bürgerlichen Weltblid*, Wissenschaftliche Buchgesellschaft, Darmstadt, 1971, S. 152. (die erste Ausgabe, 1934)＝水田洋訳『封建的世界像から市民的世界像へ』(みすず書房) 一九七頁。

(44) 『国家学会雑誌』第五五巻第七号、三頁〔2-7〕。

(45) 同上一四頁〔2-18f.〕。

(46) この個所の読解については、わたしも参加したある座談会での酒井直樹および成田龍一の発言に多くを学んでいる。「『日本政治思想史研究』の作為」(『大航海』No. 18、一九九七年)。

(47) 『国家学会雑誌』第五五巻第七号、一七頁〔2-22〕。

(48) 『国家学会雑誌』第五五巻第九号、三一頁〔2-27〕。

(49) 同上三二頁〔2-28〕。

(50) 同上三三頁〔2-29〕。

(51) 同上四四頁〔2-42〕。

(52) ここの行論に「作為の論理の近代性」および「主体的人格の絶対化の問題」という小見出しがつけられるのは戦後の論文集の段階においてであるが、内容的に見ればそれは適切な表現であると考えていいだろう。

(53) 『国家学会雑誌』第五五巻第九号、三六頁〔2-33〕。

(54) 同上三八〜九頁〔2-36〕。

(55) 同上四五頁〔2-43〕。

(56) 同上四四頁〔2-42〕。
(57) 同上四五頁〔2-43〕。
(58) 同上四九頁〔2-47f.〕。
(59) 同上五〇頁〔2-49〕。
(60) 同上。
(61) 『国家学会雑誌』第五六巻第八号、八四頁〔2-124〕。
(62) 『国家学会雑誌』第五八巻第三号、九三頁以下〔2-227ff.〕。
(63) この「国民主義」論文についても、「国民主義理論の形成」と題されたオリジナルテクストでは、「一 国民および国民主義」、「二 近代的国民主義の歴史的前提としての徳川封建制」、「三 『前期的』国民主義論の諸形態」という三節構成をもちつつさらに後への展開が予示されていて、そこでは、これが単に前史の検討に止まるのではなく、「近代的国民主義」を主題にしたもっと包括的な研究に展開されるはずであったことがはっきり理解できる。
(64) 『国家学会雑誌』第五八巻第四号、三一頁〔2-265〕。
(65) 同上三四頁〔2-268〕。
(66) この註は「国民主義」という語に付されているものであるが、オリジナルテクストには、「筆者の応召によつて怱忙」のために註は「筆者の心覚えの断簡から編輯者が追加したもの」であると付記されている。同上三六頁。
(67) 『国家学会雑誌』第五八巻第三号、一一〇頁〔2-230〕。
(68) この時期の植民地支配と文化統合に関する包括的な研究として、駒込武『植民地帝国日本の文化統合』(岩波書店、一九九六年）。また、小熊英二『〈日本人〉の境界』（新曜社、一九九八年）。

（69）宮田節子「『内鮮一体』・同化と差別の構造」（旗田巍編『朝鮮の近代史と日本』大和書房、一九八七年）。また、李光洙については、姜信子『棄郷ノート』（作品社、二〇〇〇年）も参照。

（70）富山一郎『戦場の記憶』（日本経済評論社、一九九五年）。

（71）同上八五頁。

（72）『国家学会雑誌』第五八巻第三号、九三頁〔2-227〕。

（73）「世界の危機と日本の立場」、『三木清全集　第一五巻』三八五頁。

（74）これについては、丸山眞男「恐るべき大震災大火災の思出」（『丸山眞男の世界』、「みすず」編集部編、みすず書房、一九九七年）参照。

（75）丸山はこの論文の末尾で、国民主義の内的形成の過程をつぎのようにまとめている。「さて吾々がこれまで辿り来つた『前期的国民主義』思潮を総覧すると、その思想内容の多岐性にも拘らず、そこには或る内面的傾向が太い線をなして全体を貫通してゐるのを見出すであらう。封建社会の多元的分裂が外国勢力に直面してその無力を暴露したとき、国家的独立のための国民的統一の要請は国内対策として二つの方向を取つて現はれた。一は政治力の国家的凝集として、他はその国民的浸透として。……中介勢力の自立的存在が国家と国民の内面的結合の桎梏をなしてゐる以上、その克服者としての国民主義理念は当然に、この様な集中化と拡大化といふ両契機を同時的に内包しつゝ、そのいはゞ弁証法的な統一過程に於て自己を具体化する」（『国家学会雑誌』第五八巻第四号、三一～二頁〔2-264〕）。

（76）丸山は、五二年の『日本政治思想史研究』あとがきでも、「一君万民的思想に無制限ではないが、ともかく本質的には反封建的な要素を認め、これを評価するのはまさに当時の私の内部の考え方であった」とこの点を認めている〔5-291〕。

(77) このあたりの丸山の微妙な立場転換については、米谷匡史「丸山真男と戦後日本。戦後民主主義の〈始まり〉をめぐって」(『情況』一九九七年一・二月合併号)に詳細な分析がある。

(78) この点について丸山本人は、一九五二年の座談会「日本人の道徳」において、つぎのように証言している。「終戦直後に現存の天皇制なんかいらないものだと考えたかというと、その時分でもそうは考えなかった。……天皇制がないと民族的統一が保持されないいんじゃないか、と考えるべきではなくて、なにか、そういう他の権威にすがらないと民族統一が保てないといった、なさけない状態をぬけ出すことによって、はじめて日本民族は精神的に自立できるんだ——と、そういうふうに問題を立ててゆくのが正しいのだと思う。さっきのような遍歴を経て、やっとこの二、三年、ぼくの心のなかで、そういう点での考え方がきまった」(『丸山眞男座談2』、岩波書店、一九九八年、二五三〜四頁)。
天皇制に対する態度というこの事柄に関して言えば、一九八九年の言明よりは五二年のこの証言の方が、時間的にも近接しており内容的に見ても証言価値がはるかに高いことは明らかである。

(79) 「超国家主義」論文の中でもっとも印象的なフレーズは、「戦犯裁判に於て、土屋は青ざめ、古島は泣き、そうしてゲーリングは哄笑する」〔3-27〕というものであろう。ここには、日本の「超国家主義」の矮小性をナチスに対比して表現するこの論文の基調がもっとも鮮明に示されている。

(80) この講義録は、実は、丸山自身の講義草稿だけでなく、聴講学生の筆記ノートをもひとつの典拠としていて、とりわけ徂徠論の部分は全体が筆記ノートに拠っている。だからもちろん、これをそのまま著作同様に取り扱うのは危険である。とはいえ、これはまた、生前の丸山が自ら公刊を承諾しているものであって、少なくともその限りでは、丸山自身が目を通して内容にも保証をつけたものと考えていい。しかもこの筆記ノートは、解題によれば「感動的なまでの精緻さ」をもって残されており、確かにそこで示されている文章は文意に乱れが無く一貫して整っている。そうしたことを勘案すれば、文章表現の細部をあげつらうことさえ慎めば、その論旨を丸山のものとして論ずることは不当ではないと考えてよいだろう。その辺の事情については、各巻に付された「刊行の辞」および「凡例」を参照せよ。

(81)『丸山眞男講義録』(東大出版会、第一冊、一九九八年)二七五頁。

(82) こうした講義の叙述スタイルについては、宮村治雄による「解題」が詳しい。『丸山眞男講義録〔第一冊〕』(東大出版会、一九九八年)二七一頁。

(83)『国家学会雑誌』第五四巻第四号、五五~五八頁〔1-226ff.〕。

(84)『丸山眞男講義録〔第一冊〕』一七一~二頁。

(85)『国家学会雑誌』第五四巻第四号、六二頁〔1-234〕。

(86)『国家学会雑誌』第五五巻第九号、三〇頁〔2-26〕。

(87) 鹿野政直『近代日本思想案内』(岩波文庫、一九九九年)三四〇~一頁。

(88) これについては、「日本人を割る」という仕方で戦後責任の負い方を論じている酒井直樹(「日本史と国民的責任」、『歴史と方法』IV、pp. 143-62)からヒントを得た。ただし、酒井は一九九九年現在での「責任」の問題を論じているのであるから、ここでの議論と文脈をやや異にすると考えなければならない。

(89)『日本軍性奴隷性を裁く「女性国際戦犯法廷」意見書・資料集』(VAWW-NET・JAPAN編、二〇〇一年)。

(90) ジョン・ダワーは、天皇制を維持しつつそれを「戦後改革」に利用したアメリカ占領軍の政策を、「天皇制民主主義」と呼んで説明している。戦後初期の丸山の天皇に対する立場取りは先述したが、丸山の戦後啓蒙は、それとも矛盾するものではなかった。John W. Dower, *Embracing Defeat: Japan in the Wake of World War II*, W. W. Norton & Company/The New Press, 1999（三浦陽一ほか訳『敗北を抱きしめて』上・下、岩波書店、二〇〇一年）。

（91）例えば、南北朝鮮を分断する三八度線が、植民地朝鮮を支配していた日本軍部の所管分界に基づいて画定されたという事実は、いまや周知のことであろう。とすれば、朝鮮の南北分断を日本の植民地支配にのみ帰責することはもちろんできないにしても、両者が無関係であるという主張もまた歴史的にみれば維持し難いはずである。にもかかわらず、それをことさら「冷戦」にのみ帰責しようというのは、歴史家＝丸山らしからぬ粗雑さという他はない。

（92）石田雄は、この両者を「丸山の国民国家に対する接近方法」における「二つの系列の研究」として区別し、この両者のあいだに「国民国家に対する評価の方向が違うという問題」が「未解決な問題」として残されていると認定している。石田雄「丸山眞男と市民社会」、『丸山眞男と市民社会』（姜尚中との共著、世織書房、一九九七年）二七〜二八頁。

（93）鶴見俊輔『戦時期日本の精神史』（岩波書店、一九八二年）四五頁。

（94）子安宣邦「「古層」論への懐疑」、『現代の理論』、一九八六年七月号。米谷匡史「丸山眞男の日本批判」、『現代思想』、一九九四年一月号。葛西弘隆「丸山眞男の『日本』」、『ナショナリティの脱構築』（柏書房、一九九六年）など。

（95）前掲石田雄「丸山眞男と市民社会」、一九頁

（96）宮村治雄は、近年の丸山批判の核心が「文化本質主義」という批判にあるとして、これに対して、丸山における「伝統」の多義性を指摘することで対抗しようとしている。しかしこれなども、実は、この「文化本質主

義」批判さえクリアーできれば丸山は擁護できると考える典型的な理解の形であると言える。しかし、丸山の問題の中心はそこにはない。宮村治雄『丸山真男「日本の思想」精読』(岩波現代文庫、二〇〇一年)。

(97) 吉本隆明「丸山真男論」、『吉本隆明全集撰4 思想家』(大和書房、一九八七年)二一三頁。

(98) 同上二〇五頁。

(99) 同上二二一頁。

(100) 同上二二五頁。

(101) Hannah Arendt, *Eichmann in Jerusalem: A Report on the Banality of Evil*, The Viking Press, 1963-65.

(102) このことについては元兵士たちのさまざまな証言があるが、とりわけ鮮明にそれを物語っているものに、二〇〇〇年一二月に行われた「女性国際戦犯法廷」に「加害者」として証言台に立った元日本兵士の証言がある。ビデオ『沈黙の歴史をやぶって――女性国際戦犯法廷の記録』(ビデオ塾制作、二〇〇一年)。

(103) vgl. Max Weber, *Gesammelte Aufsätze zur Religionssoziologie*, J. C. B. Mohr, 1920, S. 240, S. 252.

(104) 吉本隆明「丸山真男論」、二二四頁。

(105) 同上二六五頁。

(106) 加藤典洋『敗戦後論』(講談社、一九九七年)六〇頁。

第三章

(1) ここに「反グローバリゼーション」という運動がただちに政治的性格を持たざるをえない所以がある。「グローバリゼーション」を「自然な歴史の推移」のように語ること自体の政治性を、充分に理解しておかなければならない。

（2）「祖国のために死ぬ」ということを盛んにぶちあげている福田和也や佐伯啓思、そして、「国家を引き受ける」ことを言い募っている加藤典洋など、この方向のお先棒を担ごうとする論者には事を欠かないのが現状だ。

（3）わたしとしては、主権国家と実定法システムという枠組みの意義と可能性について、〈法〉に関わる限られた範囲ではあれすでに基礎的な考察を試みている。中野敏男『近代法システムと批判――ウェーバーからルーマンを超えて』（弘文堂、一九九三年）。

（4）坂本義和『相対化の時代』（岩波新書、一九九七年）。

（5）八木紀一郎（共編）『復権する市民社会論』（日本評論社、一九九八年）。

（6）金子郁容『ボランティア　もうひとつの情報社会』（岩波新書、一九九八年）一〇三頁。

（7）教育課程審議会「教育課程の基準の改善の基本方向について（中間まとめ）」（一九九七年一一月）文部科学省ホームページよりダウンロード。

（8）山本啓（編）『政治と行政のポイエーシス』（未来社、一九九六年）三二〇頁。

（9）坂本義和『相対化の時代』、五五頁。

（10）【8-343】

（11）【8-341】

（12）大塚久雄ではなく丸山眞男についてであるが、ここで取り上げている当の坂本義和が、この市民社会を再評価する論文中で同様のことを繰り返している。坂本義和『相対化の時代』、五五頁。

（13）山本啓「政治と行政のポイエーシス」。斉藤日出治『国家を越える市民社会』（現代企画室、一九九八年）。基礎経済科学研究所『新世紀市民社会論――ポスト福祉国家政治への課題』（大月書店、一九九九年）。
（14）金子郁容他『ボランタリー経済の誕生』（実業之日本社）三四六頁、三六四頁。
（15）Benedict Anderson, *Imagined communities*, Verso, 1991, p. 86（白石さや・白石隆訳『増補　想像の共同体』、NTT出版、一九九七年、一四七頁）
（16）駒込武『植民地帝国日本の文化統合』（岩波書店、一九九六年）八〜九頁。
（17）酒井三郎『昭和研究会』（中公文庫、一九九二年）一六二頁。
（18）米谷匡史は、三木や尾崎秀実らの東亜協同体論の「戦時変革」というモチーフを強調する見地から、戦時期日本の社会思想を見通しよく描写している。しかしその記述は、政局に参与した人々の「ヘゲモニー抗争」という側面を基調にして進められたために、尾崎らの思想の主観的な可能性が前面に出過ぎていて、当の思想が言説となって広範な人々に受け止められ、それが戦時への動員に作用するという、思想の社会的意味（あるいは機能）への配慮の点で弱さを残すものになってしまっている。米谷匡史「戦時期日本の社会思想」、『思想』第八八二号。
（19）戦時期を矮小な「超国家主義」として理解できると考えるのは、アメリカ帝国主義の作り出したレイシスト的な自己‐他者理解の固定図式に乗りながら、戦時期の自分たちからできるだけ身を遠ざけて現在の自分を大きく見せたいと願う「戦後啓蒙」が作り出した、戦後の〈神話〉である。
（20）西谷啓治「『近代の超克』私論」、『近代の超克』（冨山房百科文庫23）三四頁。
（21）河上徹太郎他『近代の超克』（冨山房百科文庫23）二七八頁。
（22）加藤典洋「戦後的思考」（三）、『群像』一二月、三〇六頁。加藤の考えでは、このことがなしえていない故に、戦後は「ねじれ」、「人格分裂」に陥っていると見られるのである。加藤典洋『敗戦後論』（講談社、一九九七年)。

(23) 吉田満『戦艦大和』(角川文庫)三三～三四頁。

(24) 加藤典洋「戦後的思考」(三)、三〇五頁。

(25) 同論文三〇六頁。

(26) 『敗戦後論』に示された加藤の考えが「戦争責任」を真摯に受け止めるものであると理解されている向きがあるが、それが誤解であることはこれからも分かる。加藤が「責任」のことを考えているとしても、それは犠牲者たちのことを思ってではなく、自分が救われたいだけなのである。だから、この加藤の議論が「戦争責任論」として韓国語に翻訳されそのように紹介されていることは、かなり深刻な問題であると思う。李順愛『戦後世代の戦争責任論』(岩波ブックレット No. 467、一九九八年)。

(27) 加藤典洋『敗戦後論』、五二頁。

(28) 同書五三頁。

(29) これについては、金子郁容『ボランティア　もうひとつの情報社会』(岩波新書、一九九二年)。京極高宣(監修)『ボランティア新世紀』(第一法規、一九九六年)。R・コールズ『ボランティアという生き方』(池田比佐子訳、朝日新聞社、一九九六年)。毎日新聞社(編)『国際ボランティア講座「個の自立」を目指して』(一九九七年)。なお、コールズ『ボランティアという生き方』は、原著のタイトルは"The Call of Service-A Witness to Idealism"である。

(30) A. Melucci, *Nomads of the Present*, Temple U. P., 1989, p. 48(山之内靖他訳『現在に生きる遊牧民』、岩波書店、一九九七年、四七頁)。

(31) Melucci, *op. cit*, p. 48(山之内訳、四八頁)。

(32) この「別様でもありうる（contingent）」という視角は、N・ルーマンの社会システム理論における基本的問題視角である。そのことの意義については、別稿で詳論したのでそちらを参照されたい。中野敏男『近代法システムと批判――ウェーバーからルーマンを超えて』（弘文堂、一九九三年）。

(33) 例えば、金子郁容『ボランティア　もうひとつの情報社会』。京極高宣（監修）『ボランティア新世紀』。

(34) NPOの法制化への動きの中で「公益性」が大問題となる経緯については、前掲山本啓『政治と行政のポイエーシス』三〇四頁以下。ただし、山本はNPOの「公益性」を訴える立場にある。

(35) U. Beck, et al, *Reflexive Modernization*, Polity Press, 1994, p. 14（松尾精文他訳『再帰的近代化』、而立書房、一九九七年、三二～三三頁）。

(36) 斉藤日出治『国家を越える市民社会』（現代企画室、一九九八年）二六二頁。

(37) 斉藤は、マルクスの「全体的に発達した個人」の形成の論理をちょっと思い出させる仕方で、蓄積体制のフレキシブル化と並行する「自己反省能力を備えた労働者と消費者」の創出を語っている。しかし、「生産力決定論」的なこの論理の問題性は別にして内容だけから見ても、これなどは全く信じがたい。フレキシブルな生産体制の形成が現実に労働者にもたらすものは、「過労」かあるいは「リストラ」に他ならないからである。

(38) 斉藤日出治『国家を越える市民社会』、二五四頁。

(39) Chantal Mouffe, *The Return of the Political*, Verso., 1993, p. 12（千葉真他訳『政治的なるものの再興』、日本経済評論社、一九九八年、二五頁）。

(40) 斉藤日出治『国家を越える市民社会』、二五五頁。

(41) Mouffe, *op. cit.*, p. 70（千葉他訳一四二頁）。

(42) この点に関しては J. W. Scott, *Only Paradoxes to Offer*, Harvard U. P., 1996.

（43）Mouffe, *op. cit.*, p. 70（千葉他訳一四三頁）。

（44）Judith Butler, *Gender Trouble*, Routledge, 1990, p. 148（竹村和子訳『ジェンダー・トラブル』、青土社、一九九九年、二六〇頁）。

（45）Mouffe, *op. cit.*, p. 20（千葉他訳四一頁）。

（46）加藤典洋『敗戦後論』（講談社、一九九七年）五三頁。

（47）同書五二頁。

（48）高橋哲哉は、デリダを論じながら、主体の孕む問題性についてつぎのようにまとめている。「主体とは、他者との関係に開かれようとするなら、ぜひとも縁を切らねばならない『構成された正常性＝規範性』そのものである。決定が主体的決定であるなら、それはこのすでに構成された正常性＝規範性の枠内でのものになるだろうし、主体の内にすでにある基準、原則、『可能なもの』の適用、その展開に過ぎないものになるだろう。……決定不可能なものの経験とは、主体が他者に先立たれる経験、他者に呼び出され、召喚され、要求されるがままになる経験、要するに主体が主体でなくなる経験としてしかありえない。他者の歓待、他者への贈与という『不可能なもの』が生じるためには、なんらかの仕方で主体の崩壊が、あるいは主体の脱構築が経験されねばならないのだ」（高橋哲哉『デリダ』、講談社、一九九八年、二四八頁）。

（49）高橋哲哉『戦後責任論』（講談社、一九九九年）四八頁。

（50）「社会」という概念について詳論する場ではないが、ここで「『日本』という場に作り出され営まれている社会」というとき、それが、なにか実体的な境界で区画されるような閉鎖空間という意味をもつわけではないという点に注意しておきたい。それにもかかわらず、例えば戦時体制と戦後社会との連続と断絶を問題化するときに、その基盤として「日本社会」を語ることには一定の意味があるとわたしは考えている。

(51) テッサ・モーリス－スズキ「批判的想像力の危機」、『世界』、二〇〇一年一月号、九〇～九一頁。

(52) 「個人化のポテンシャル」をこの戦後責任という場で自由の閉塞へと導く二つの罠に注意したい。ひとつは「自省化」の罠であり、もうひとつは「相対化」の罠である。

「自省化」の罠とは、「わたしたち」や「わたし」の中に抗争を持ち込むのではなく、「自省」を持ち込むということである。これは、前節で見た斉藤日出治の「自己反省的個人」という概念の問題性に直接つながるから、その意味はある程度分かりやすいかもしれない。しかし戦後責任論の文脈では、この「自省化」の罠は、とりわけ「誠実」で「真摯」に連累を認めるという姿をとって現れてくるから、注意を要する。だがもちろん、いかに「真摯」に見えたとしても、責任を果たすということを「自省」に帰着させるのは、主体としてのアイデンティティを自己反省を通じて再興しようとするものであり、また、「自己反省をなしうる誠実な人間」として承認されたいというナルシスティックな欲求の表現に他ならない。だからここには、被害者である他者の声は実は届いていない。

もうひとつの「相対化」の罠とは、「日本人」の責任を相対化する議論に与するものである。上野千鶴子は、「ナショナリズムと『慰安婦』問題」を主題として論ずるその場において、「わたし」を構成するカテゴリーの相対性を訴え、それによって「日本人としての責任」を主張する論者たちを批判しその所論の相対化を図っている。上野は言う、「『わたし』を作り上げているのは、ジェンダーや、国籍、職業、地位、人種、文化、エスニシティなど、さまざまな関係性の集合である。『わたし』はそのどれからも逃れられないが、そのどれかひとつに還元されることもない。『わたし』が拒絶するのは、単一のカテゴリーの特権化や本質化である」（上野千鶴子『ナショナリズムとジェンダー』、青土社、一九九八年、一九七頁）。

前節における斉藤日出治批判の中心論点だったが、「わたし」のアイデンティティについて言えば、いくら多元性を認めても、そこで「関係性の集合」なる「わたし」をまずアイデンティファイしてしまうというのは決定的な欺瞞への第一歩である。必要なことはむしろ、そこに不可避な〈抗争〉がありそれによって「わたし」が分裂するということを認めるということであって、罪過について責任を認めるというのは、いわば、いったんは「わたし」が成り立たなくなってしまう経験なのである。上野が断固として「拒絶」しているのは、この経験である。社会学の研究者でありフェミニストであるはずの上野が、近年のフェミニズム理論がもたらした最大の成果のひとつについて完全に無理解であるのは驚きだが、ここでもこの論点が決定的な立場の違いとなって現れている。

(53) 他者のまなざしによって、直ちにわたしが主体になるのではない。「人-間」などと称して、人と人との出会いを直ちに「相互主体性」の論理によって一般的に取り扱えるなどと考えるのは、その点を理解しない重大な錯誤であるとわたしは思う(和辻哲郎から廣松渉まで)。そのような論理は、実は議論の前提に何かの「倫理的共同性」と言うべき実体を密輸入することで成立しているのであって、その時に、本当に出会わなければならない〈他者〉はあらかじめ排除されてしまっているのである。注(48)でデリダを論ずる高橋哲哉の議論を引用したが、「主体が他者に先立たれる経験」とは「主体が主体でなくなる経験」としてしかありえないということを、ここでもしっかり確認しておきたい。

あとがき

大塚久雄と丸山眞男が相次いでこの世を去った一九九六年の一〇月、アメリカのニューヨーク州イサカにあるコーネル大学でひとつの小さなワークショップが開催されている。「Workshop: Postwar Japanese Thought and the Legacy of Maruyama Masao」と題されたそれは、その一年ほど前からアメリカと日本そしてドイツの研究者に呼びかけられ、それゆえ大塚や丸山の死を予想することなどなしに準備が進められていたものだったが、奇しくも生じた現実を前に議論は知的な刺激と緊張感に満ちながら自ずと品位を保って、参加者にはとりわけ印象深く心に残るものとなった。あれから五年の歳月が経ち、その時に報告者のひとりとして参加したわたしのささやかな論点は、いくつかの曲折を経ながら、ここにようやく一書の形をなすに至った。そしてその「あとがき」をいまわたしは、「テロ攻撃」と「新しい戦争」に揺れるアメリカの同じイサカで書いている。

思えばこの五年という歳月は、わたし自身にとっては、ちょうど現在所属する東京外国語大学に転任してからの五年に重なっており、また、そこで前任者である山之内靖さんを中心に始まっていた国際共同研究プロジェクトの研究代表を引き継いで、校務の傍らこのプロジェクトの展開に力を注いできた五年に重なっている。そもそもかのコーネル大学でのワークショップがこの国際共同研究プロジェクトの一環だったのであって、「わたしの仕事」という観点で見れば、本書を紡ぎ出し織り上げていく作業と国際共同研究を企画し組織していく作業とは、同じ歳月の流れの中で文字通り表裏一体に連動してきたのである。この国際共同研究プロジェクトは、本年三月をもって科学研究費受給を基盤とした研究期間の一区切りを終了し、そのまとめとして開催された国際共同ワークショップ（二〇〇一年一月二六〜二七日、於：東京外国語大学）については、その成果が雑誌『現代思想』の臨時増刊号に「総特集『戦後東アジアとアメリカの存在』」という標題で公表されている。そして本書もまた、このプロジェクトと同じ問題のコンテクストにおいて熟成され、それゆえこの中で検討され討議されてきた様々な問題系と結びついて意味を広げながら、ここまで成長してきているのである。このプロセスはなるほど苦労も多く時間のかかるものであったに違いないが、わたしは、そこでのさまざまな出会いがどれほどこの研究を豊かにしたか計り知れないと痛感している。ともかく忙しかったが、とても刺激的な五年間であった。

「総力戦体制後の社会とポストコロニアルの文化」という主題を掲げて進められてきた国際共同研究プロジェクトの中身については、『現代思想』臨時増刊号に研究代表者としてその意味づけを再考する一文を寄稿したから、ここではそれを繰り返すことはしない。本書を書き終えたいまあらためて強調しておかねばならないと思うのは、プロジェクトが主題にし本書もそこから問題を立ち上げている「戦後を問う」ということの問いが、いよいよ本当に何の留保もない形で問われねばならなくなっているという現在の状況のことだけである。

あれから五年が経ちわたし自身が今また同じアメリカにいるからことさらそう感じるのかも知れないが、われわれのプロジェクトに限らず、現在では戦中から戦後というこの時代と社会をめぐる認識を根本的に組み替えようとする動きがもう押しとどめ難い趨勢になっており、「日本研究」という場でもそれがすでに新しい大きな形になって現れてきているというのは確かなことだろう。わたしがここで念頭に置いているのは、ひとつは、ピューリッツアー賞などを受賞し最近では日本語訳も出てすでに話題になっているジョン・ダワーの *Embracing Defeat* (W. W. Norton and Company, 1999. 三浦陽一ほか訳『敗北を抱きしめて』上下、岩波書店) であり、もうひとつは、ハリー・ハルトゥニアンの *Overcome by Modernity* (Princeton UP, 2000) といった著作である。これらの著作で、ダワーは、「天皇制民主主義」とも言われうる思えば奇妙な戦後日本の政治・社会構造がアメリカの占領政策に強く「抱かれ」て生まれたものであったことを生き生きと描き出し、ハルトゥニアンは、二〇年代から三〇年代へと続く日本の文化状況を日本の「特殊性」や「後進性」によってではなく資本主義近代の同時代性から捉えて重厚に解明している。このような著作は、戦時‐戦後をめぐる歴史認識に根本的な変更を迫るという意味で、明らかに本書が立っている場と問題地平を共有しており、これらの出現を見ても、戦時‐戦後の見直しがもう後戻りできないまでの実質的な内容を生み出しているのは間違いない。

それにより問題は今や新しいステップに入ろうとしているのだ。戦時‐戦後の見直しはすでにさまざまに進んでおり、いずれにせよそこにある「連続」という相はもう否定できない。そこでつぎに議論を詰めていかなければならないのは、その「連続」がいかなる意味においてなのかである。「総力戦体制後の社会とポストコロニアルの文化」という主題を掲げた国際共同研究プロジェクトは、総力戦体制と植民地主義の未清算、それゆえの連続という観点から戦後社会を捉え、その意味の広がりを考えてきている。本書も、その見通しを導きの糸としながら、思想というコンテクストで大塚久雄や丸山眞男に即した実質的な考察を深めてきたのだった。この作業が実際にどれほどの成果を生んでいるかは読者の判断を待つ他ないが、問題の設定としてそこにまで至っていることは認められるものと思う。

課題を特定している本書では立ち入った対質ができなかったが、おそらく、このような考察は本書と並行して登場しているダワーやハルトゥニアンの所論と正面からぶつかるものとなるだろう。わたしとしては、本書の位置からそれらの議論に、戦時動員‐総力戦体制や植民地主義の連続への視線が、それゆえ戦時‐戦後社会のシステム編成や東アジアのコロニアル‐ポストコロニアル状況への視線が、いったいどれほど組み込まれているのかと問いを投げかけたいと思う。そして、そのような観点からダワーやハルトゥニアンらの著作が批判的に検討され、それに照らしながら本書についても考え直されれば、わたしのささやかな仕事の意味もそこから少しは広がっていくだろうと考えている。論争はもう実質的に始まっているのだ。もちろん、そう言うわたし自身が、ここからさらに問題点を立ち入って多面的に明らかにする作業を率先して引き受けねばなるまいが。

本書が生まれるプロセスのこの五年ということを言ってきたが、この時期は、冷戦後の世界の方向づけをめぐってさまざまな再編が進行し、それとともに矛盾と軋轢が深刻化した時代でもあった。すでに述べたように「グローバリゼーション」ということそれ自体がひとつの覇権システムの再編成のことでありヘゲモニーをめぐる抗争のことであるという認識に立てば、あたかも「自然現象」のごとく語られているグローバリゼーションの進行が、その矛盾を連鎖の弱い環にしわ寄せし、抗争へのポテンシャルを高めていることは明らかだと分かる。世界貿易センターとペンタゴンが攻撃された九月一一日の事件は、何かの劇的な始まりというよりは、おそらく「グローバリゼーション」という名をもって進行するこの覇権システム再編成自体の綻びなのであり、そこで蓄積された矛盾の爆発であると見た方がいい。そしていま、冷戦の終焉をより深刻で不可視な抗争の隘路に導いているのは何なのか、さまざまな人々をその生活の息の根を止めるような仕方で追い込んでいるのは誰なのか、本当にそれを見つめなければならなくなっている。

日本という文脈でも、この五年は、文字通り「戦後政治の総決算」と言うべき重大な動きが顕在化した時代だった。その現象をひとつひとつ挙げていけば収拾のつかないほど多岐に亘るから詳細には立ち入らないが、例えば「日の丸・君が代」の法制化という現実は、まさにその全体を象徴するものとして苦くわれわれの心にのしかかっている。小泉内閣の異常な支持率の持続とそれを背景にして進められる強引な手法の政治、そしてマスコミ全体を巻き込んだそれへの歓呼賛同、こうしたことはこの五年あまりに進んだ事態の極点として、すでに黄色信号の時期を越えている。

このような状況の中で「戦後を問う」などというのは、一見すでに時代遅れでいかにも悠長な呼びかけであるように見えるかも知れない。あるいはむしろ、今はとりあえず戦後の「原点」に立ち戻り、そこで語られた「平和と民主主義」、「国民主権」という「主体性」の思想を擁護しなければならないと考える人もいるだろう。しかし、わたしの考えはまったく逆である。このような時代状況だからこそ、戦時と戦後をあらためて問い直し、その時代の思想問題をもっとも深部にまで立ち入って切開しておかなければならないと思うのだ。危機の時代とは、歴史と主体をめぐる認識の抗争が激化する時代であり、そのことについてどれほど深い思想的準備が出来ているかが本当に問われる時代なのだからである。既存の歴史認識に対する異議申し立てを含んだ本書の主張内容が、直ちに大方の受け入れるところとなるというのはおそらく望みえない。だがこれが、そのような問いの切迫性を感じ取るひとつのきっかけになるなら、著者の思いはすでに半ば以上達成されている。これは単に過去のお話なのではない。

本書は、すでに独立論文として発表している三つの論文を書き改め、それに新たな書き下ろしを加えて、統一的な見通しの下に読まれうる一書として構成している。だから、第一章と第三章の叙述内容は既発表論文と広く重なっているが、新しい書き下ろしである第二章を中心にコンテクストは再構成され、それにより既発表部分の意味内容にも新たなる色調が加わることになったと考えられる。それぞれに固有な考察課題をもつ各章は、課題の性質に応じて特色のある叙述方法が採用されており、方法上の仕組みに応じてそれぞれ独立しても読まれうるものだ。しかしもちろん問題として考え抜かれていることは不変であり、著者としては、ここで固有なまとまりのある一書としてあらためて一貫して読まれればと願う次第である。そこに見えてくるはずのものこそ、本書の〈主題〉に他ならないのだからである。

既出部分については、初出の論文名と掲載誌をつぎに挙示しておこう。わたしに執筆の機会を与えてくれた各誌の編集者に感謝する。

「戦時動員と戦後啓蒙——大塚＝ヴェーバーの三〇年代からの軌跡」、『思想』第八八二号、特集 1930年代の日本思想、一九九七年一二月、一五九〜二〇四頁……第一章

「近代日本の躓きの石としての『啓蒙』——丸山眞男の福沢論における自己背反を顧みて」、『現代思想』vol. 22-1、特集 丸山眞男、一九九四年一月、九一〜一〇二頁……第二章第五節

「ボランティア動員型市民社会論の陥穽」、『現代思想』vol. 27-5、特集 市民とは誰か、一九九九年五月、七二〜九三頁……第三章第一〜四節

本書を作り上げていくに際しては本当に多くの方々のお世話になった。お一人ずつ名前を挙げていくと切れ目なく続く長いリストになりそうなので、それは省略させていただくが、わたしが当然抱いている感謝の気持ちはそれでも多くの方々に伝わると信じたい。もっとも、わたしの職場の同僚で国際共同研究プロジェクトの共同企画者でありその他の活動でも文字通り苦楽を共にしてきた岩崎稔さんと、青土社編集部の宮田仁さんには、本書が生まれ出るために直接に不可欠な助力をもらっている。このお二人がいなければ本書は実際なかったのだから、そのことを記しておくことは省略できない。

ハロウィンを間近に控えたイサカはすばらしく照り返る紅葉の盛りを既に過ぎて、今は冬の訪れを静かに待つばかりとなっている。冬の寒さは厳しいらしいが、今年は九月一一日以来の危機状況の切迫で、いつもとは違った思想的・社会的な厳しさがそこに加わるだろう。それをどのように跳ね返していけるか、予断は許さないが、心構えはもう出来ているつもりである。

中野 敏男

二〇〇一年一〇月二七日

新装版によせて

阪神・淡路大震災の記憶も生々しかった二〇〇一年の初版刊行時も実はそうだったのだが、東日本大震災と福島第一原発事故からの復興がなお途上にあるこの時に、これまで理想化されてきた「主体」の意味を問い直し、震災復興でも活躍する「ボランティア」についてまで批判的に考えるこの本を再刊するというのは、いくつか事情が重なってのこととはいえ、著者としていささか緊張を強いられる仕事となった。ましてや今は、政治状況も悪い。「平和と民主主義」を何より大切な価値としてきたはずの戦後日本を国家主義の立場からまるごと否定しようとする勢力が政権を握って、歴史の歯車が逆転しているような気分にも襲われ、心ある多くの人々が「戦後」の原点とされる憲法九条や立憲制民主主義に立ち返って抵抗を語り始めているこの時である。そんなときに「戦後」の批判的検討などと、なんたることか。その主題設定だけから見ても、確かにこの本は時代状況にねじれた関係で突き刺さっている。

それでも、考えてみよう。逆にそんな時だからこそ、この「戦後日本」を、そしてそこにあった「主体」への意思を、根本的に問うことの意味はかえって深く感得されうるのではないか。現下の逆風も、安倍や麻生といった中心人物たちのルーツを想起すれば見えてくるように、実はこの「戦後日本」という時代の中心部から派生している現象なのである。とすれば、それの意味もこの時代の基調から考え直してみなければなるまい。その時に、「戦後思想」の地平がまた問われることになるだろう。現在はひとつの危機（crisis）に違いなかろうが、それだけに思想の批判（critique）に目が向けられるチャンスでもあるのだ。わたしはそのように思い立ち、またその可能性に願いを込めて、この本をいま一度世に送り出そうと心に決めた。

こんなわたしの決意は、実は更にもうひとつの事情にも裏支えされている。一昨年の二〇一二年五月にわたしは、関東大震災からアジア太平洋戦争に到る時代の日本民衆の心情を追った著書『詩歌と戦争――白秋と民衆、総力戦への「道」』（ＮＨＫブックス）を上梓し、そこでは大正期民衆の文化運動の自発的なデモクラシーと戦時下のファシズムとの連続を詩人北原白秋の歩みを手がかりに問うた。それは、関東大震災前後の時代にデモクラシーとロマンティシズムの主体として活動を始めた民衆が、やがて総力戦体制の形成期にはそれに自発的に参与していくことになる消息を追跡したものだが、この探求は、戦時動員から戦後啓蒙への思想の連続を問うた本書の問題設定に接続している。二つの本は、対象や方法においてずいぶん異なって見えるだろうが、ずっと連続しているひとつの歴史見通しを基礎に成り立っているのである。そうであれば、すでに『詩歌と戦争』が出版されている今なら、この『大塚久雄と丸山眞男』についてもこれまでより広い見地から受けとめ理解してもらえるだろう。わたしとしては、この希望に本書の運命をあらためて託してみたいと考えた。

もっとも、初版が刊行されたのは二〇〇一年一二月のことだから、それからすでに一二年以上の歳月を経て、その間に本書はさまざまな批判や攻撃にも曝されてきている。戦後日本の思想空間で広く尊敬を集め影響力も大きかった大塚久雄と丸山眞男を考察対象にした本だから、本書に向けられた批判は厳しくその中には感情的な反発や独断的なレッテル貼りもかなり見られたが、しかし正面からこの問題提起を受けとめて本質的な批判を打ち返して下さった方も多く、わたしがそこから考えさせられたことは数知れない。また、刊行時にはわたしの視野に入っていなかった先行研究や事実もあって、それらについてもご指摘により学んでいる。だから、いまこれを再刊するのならば、受けた批判に対して反論するばかりでなく、それにより学んだことすべてを盛り込んで増補するということも考えられよう。しかしそうすれば、この本はまた別の内容を含んだ著作に変身して、これが元々持っていた論争状況における固有な位置価も変位してしまうかもしれない。それは、議論の継続、展開という面で見ると、必ずしもよいばかりではなかろう。そこで熟慮の末、反論や補正は他所に譲り、ここでは青土社からの提案もあって原著の内容そのまま新装再刊することにした。

ただし、本書の内容には手をつけずとも、一二年も経てばこれが送り出される思想状況の布置の方が変わっていて、それが為に本書の意味理解にもなにがしか影響が出ているかもしれない。そこでこの「あとがき」では、そうした思想状況の展開について、本書の問題設定が直接に関わる範囲で触れておくことにしたい。

植民地主義が問われる時代と思想史の課題

本書は、初版「あとがき」に示した通り、①「近代日本の躓きの石としての『啓蒙』」、②「戦時動員と戦後啓蒙」、③「ボランティア動員型市民社会論の陥穽」と題される三つの論文を原型に加筆・再構成して成立しており、これらの論文は①一九九四年、②一九九七年、③一九九九年にそれぞれ『現代思想』（①、③）と『思想』（②）に発表されている。すなわち、二〇〇一年に公刊された本書は一九九〇年代という思想空間で紡ぎ出されてきた作品であり、ここでわたしが留意しておきたいと思っているのは、この九〇年代という時代に見えてきていた問題を二〇〇〇年代以降にどのように引き受けていくのかという点である。

「一九九〇年代」の思想史的意味については、わたしはすでに金富子さんとの共編で『歴史と責任――慰安婦問題と一九九〇年代』（青弓社、二〇〇八年）という論文集を公刊して、そこで立ち入って論じている。詳細はそちらを参照していただきたいのだが、要点は、それが「歴史への問い」の新たな始まりの時代だったということである。思えば、資本主義と社会主義という二つの社会体制が拮抗して世界を分割した「冷戦体制」は、その政治的・軍事的な緊張の下で世界の各地に強権的な国家体制を生み出しつつ、植民地支配や独裁政治に関わるそれまでの歴史が堆積させていたさまざまな民衆の犠牲や被害の問題を封じ込め、その犠牲者たちの声を圧殺するシステムとしても機能していたのだった。冷戦の終結と共にこのシステムにも綻びが生じ、この九〇年代には犠牲者たちの声が抑えがたく溢れ出て来て、それが「歴史への問い」にまでまっすぐ進み始めたということである。

このような九〇年代の動きとしては、世界的に見れば、アパルトヘイト体制の廃止から九四年には黒人指導者ネルソン・マンデラを大統領に選出するところにまで進んだ南アフリカの例がもっとも有名であろう。ここでは、アパルトヘイト体制の下で行われてきた様々な人権抑圧と暴力の歴史を清算するために、歴史の真実を回復して過去を克服し、被害者と加害者との間に和解を打ち立てる方式として「真実和解委員会」が組織され、真相究明と被害補償、そして正義の回復（「過渡期の正義（transitional justice）」）に重要な先例が作られている。この南アフリカの事例はしかし、世界を少し見渡せば分かるように、それだけ特異で孤立した出来事なのではなかった。この同時期には、広くアフリカやアジアの各地で、そして中南米やヨーロッパでも、冷戦体制下の人権抑圧や虐殺被害が問題化されさまざまな形の真実委員会が作られていて、過去のそうした負の歴史について真相究明と被害補償を求める動きは世界に広がっているのである。

そしてその同じ九〇年代に、日本という国家に対しても、かつてこの国が行った深刻な人権侵害の罪を問う声がさまざまに挙げられるようになっている。本書の「はじめに」でも触れたが、そうした声の中で特別に大きな関心を呼んだのが、九一年に被害当事者である金学順さんによる実名提訴をもって始まった日本軍「慰安婦」制度の罪を問い被害補償を求める訴えである。この「慰安婦」被害者たちの訴えは、ここでもこの時期のことを少し広く振り返れば分かるように、日本国家の負の歴史を告発する声のすべてではなかった。総力戦期の強制動員・強制労働被害への補償、BC級戦犯被害への補償、サハリン残留朝鮮人への補償、軍票や未払い賃金の補償などなど、日本国籍者ではない人々からのものだけ数えても九〇年から二〇〇一年までの間には合計六一件におよぶ戦争被害に対する補償要求の裁判が提起されていて、過去を問う多様な声の続発はこの時期の際だった特徴であったと認められる。日本においても九〇年代は、「歴史への問い」の新たな始まりの時だったのである。

こうした九〇年代の世界の動きは、二〇〇〇年代に入ってその「歴史への問い」を更に根源へと進め、その進むべき方向をいっそう鮮明にしたと言うことができる。そのことをなによりもはっきり示すのが、二〇〇一年九月に南アフリカのダーバンで国連の主催で開かれた「人種主義、人種差別、排外主義および関連した不寛容に反対する国際会議」であった。この会議は、近代という時代を強く規定してきた人種主義や排外主義の罪をあらためて地球規模で問おうとするもので、この問いには九〇年代に世界各地で進められた人権侵害や虐殺被害への追及の経験が生かされ、それを更に根源から清算しようという意志が凝集されていた。そしてここで、奴隷制や奴隷貿易を「人道に対する罪」であると公式に認定し、さらに植民地主義についても、その「責任」や「罪」を国連規模の国際会議として初めて正面から議論することになった。イギリスやフランスなど旧植民地宗主国の抵抗によってここでは植民地主義そのものを「人道に対する罪」と認定するまでには到らなかったが、この会議は、九〇年代に問われた冷戦体制下の人権抑圧や虐殺被害の問題を更にその基底にある歴史的原因にまで遡及させて、そこに継続する植民地主義の問題が国際社会のもはや避けて通れない克服課題であることを明確に周知させたのである。

このような問題の深化は、日本と東アジアに関わる「歴史への問い」にとってもやはり重要な意味をもったと認めねばならない。そもそも、日本軍「慰安婦」制度の問題にしても強制動員・強制連行の問題にしても朝鮮人BC級戦犯の問題にしても、九〇年代に問われている問題が、いずれも日本帝国とその植民地支配に関わっていることは明らかだろう。それらの問題を生んだ戦時動員体制とは、日本帝国の戦時体制であり、この植民地帝国の総力戦体制に他ならないのである。だから、そこで植民地主義をどのように理解し位置づけるかは、ポストコロニアリズムの文化研究も進んでいた九〇年代において、理論的にはすでに切実な問題として意識されていたと言える。実際にわたし自身も、一九九八年度から二〇〇〇年度の三年間にわたって科学研究費を受給し、「総力戦体制後の社会とポストコロニアルの文化」を主題とする共同研究プロジェクトを組織して討議を進めている。本書も、この共同研究における討議から直接に多くの示唆を受けての成果である。そのような論議状況であったがゆえに、ダーバン会議のインパクトと共に二〇〇〇年代に入って明示的に進んだ植民地主義をめぐる認識は、植民地帝国＝日本の関わる問題領域でも大きな規定力となって議論を方向づけたと理解できる。

〔この時期にわたしは、二〇〇三年から四年間にわたる科学研究費受給の共同研究プロジェクト（研究課題名「変容する戦後東アジアの時空間──戦後／冷戦後の文化と社会」）を組織し、その中から二つの論文集『継続する植民地主義──ジェンダー／民族／人種／階級』（青弓社、二〇〇五年）および『沖縄の占領と日本の復興──植民地主義はいかに継続したか』（青弓社、二〇〇六年）を編集・公刊して、継続する植民地主義に関わる共同研究の成果を示している。参照されたい。〕

二〇〇〇年代に入ってからのそのような理論的進展にとっては、他方で、とりわけ韓国における「過去事清算」にむけた取り組みの進展が重要な意味をもったと認められる。長きにわたる軍事独裁政権との民主化闘争を経た九〇年代の韓国で、光州民衆抗争に関する名誉回復と加害者処罰の要求に端を発した「過去事清算」の取り組みは、始めのうちより日本の植民地支配下における強制動員被害や「親日派」による反民族行為による被害などを対象として意識していて、それゆえ軍部および軍事独裁政権による虐殺・人権抑圧の罪と植民地支配下でのその罪とを同時並行的に問うものとして進んでいる。このような韓国での「過去事清算」の取り組みが、二〇〇四年に盧武鉉大統領の八・一五特別宣言によって「包括的過去清算」という観点を確立し、二〇〇五年には「真実・和解のための過去事整理委員会」などの特別委員会を正式に発足させて、「抗日独立運動」の時期（すなわち植民地支配下の時期）を含めた過去事全体について被害者の訴えを国家として受けとめ精査する体制をつくったことは、東アジアにおける「歴史への問い」

にとってやはり画期的なことであったと言える。と言うのもここでは、植民地期から繰り返された虐殺・人権抑圧という過去事の清算作業が、国家や民族の存立とアイデンティティそのものにとって不可欠な課題として取り組まれているからである。

このように見てくると、本書の初版が刊行された二〇〇一年を前後する一九九〇年代から二〇〇〇年代という時代は、「歴史への問い」が新たに始まり、それが近代の奴隷制や植民地主義の全体を批判の射程に入れつつ深化し広がりだした時代であったと理解できる。日本軍「慰安婦」問題における金学順さんの役割がそうであったように、この時代の新しい「歴史への問い」は、人権抑圧の当の被害者が声を挙げることから始まった。長きにわたって抑圧されてきた告発のその声が、いったん挙げられると今度は個別的な救済や補償を要求するだけに止まらないで、それを抑圧してきた構造そのもの、そしてそれを生んだ時代状況に到るまでの批判に深化し広がっているということである。同時期には他方で新自由主義と並行するナショナリズムの台頭もあって逆風も厳しく吹いているが、植民地主義を焦点にして近代という時代そのものを問うているこの声は、今では世界に広がってもう完全に封殺しきることなどできないだろう。わたしとしては本書が、そんな時代の流れの中にあるということをあらためて受けとめたい。するとこの書物について、その観点からここで再確認しておくべきこととは何か。

「はじめに」を今一度読んでいただければ理解されるだろうように、本書は、大塚久雄と丸山眞男を主たる考察対象としつつ、そこで「主体」という概念を軸に据えて「戦時動員」と「戦後啓蒙」の連続／断絶を問うものだが、その問いは、まずはこの戦時と戦後に直接の被害を受けた日本軍「慰安婦」被害者の位置から出発し、その方たちの告発の意味を受けとめるという関心（Interesse）から立てられている。これは、主として九〇年代に進められたわたしのこの思想史研究の認識論上の構えを、二〇〇一年の初版刊行の時点でまとめて示したものである。この思想史研究は、それに独自な関心を一貫して自覚し維持しながら、一方で考察対象である大塚や丸山の言説・テクストにしっかり内在しつつその展開を分析し理解し解明するとともに、他方でそれを同時代のコンテクストすなわち植民地帝国＝日本の戦時／戦後に置いてその時代に共存し受苦していた被害者にとっての意味という観点から考察し、その上で現在の時点に立ち返りわれわれが学ぶべきものを考えるという三重の構造をもっていて、これはこの研究が持つ認識論上の構えに即応している。そうだとすれば、九〇年代に始動した「歴史への問い」が二〇〇〇年代に入ってから植民地主義を焦点にしてさらに深化した状況にある今日、この本書についてもより広がった視野からあらためてこれを見直し理解を深めていただけるのではないかと考えている。ここでは、そんな視野の広がりについて一点だけ述べておこう。

本書初版刊行の後のことだから本文中では触れられなかった点だが、本書の考察対象の中心にある丸山眞男については、二〇〇六年になって生前になされていた聞き取りをまとめた回顧談が公刊され（松沢弘陽・植手通有編『丸山眞男回顧談』上・下、岩波書店）、それにより自身の思想的立場を振り返る丸山本人の晩年の考えを知ることができる。その中で一つ興味深いのは、「アジアへの目」と題して、九〇年代に丸山がアジアに対する「日本の過去の行為」について語った部分である。その中にこんなくだりがある。

韓国との関係だけでなく、北朝鮮についても、すぐに当面することになるでしょうが、過去の歴史について、謝罪すべき問題と、そうでない問題があると思うのです。よく言われることだけど、帝国主義国で、謝罪した国があるかといえば、ありませんね。いつ一体イギリスはインドに謝罪したか。いつドイツは膠州湾について謝罪したか、いつソ連はツァール・ロシアのやったことに謝罪したか。こういうことと、たとえば、朝鮮人の強制連行など、植民地支配の下で行われた人権侵害とは基本的に違う。それは無条件にきちんと謝罪すべきことです。(下巻一七七〜八頁)

このように日本の「過去の行為」をイギリスやドイツやソ連と並べて語る丸山が、この九〇年代においてなお(リベラルな)帝国主義の側に立っていることは明らかであろう。ダーバン会議の構図で言えば、奴隷制については人道に対する罪と認めながら、植民地主義についてはそれと認めなかった旧植民地宗主国たる国々の立場である。すると問題になるのは、これが丸山の立場であることを認識しながら、しかもこの対象について植民地責任を問う視点から思想史研究がアプローチするというのは、どのような意味があり、それは如何にして可能なのかという点であろう。

こう問題を立ててみると、わたしが本書で試みた三重の構造をもつ考察方法は、あらためてその意義が感得されるに違いないと考えられる。というのもそれは、一方で丸山自身が置かれたコンテクストに即しながらそのテクストにあくまで内在して考察を進めつつ、他方で丸山の立ち位置からは視野に入らなかったはずの植民地主義の被害者の立場からその意味を検討し、この複眼的視座から思想の歴史的意義を学ぼうということだからである。本書の実際の行論は事柄に即してもっとずっと複雑になっているが、少なくとも思想史の方法論的な基本構成に関する限り、わたしはこれ以外にありえないとあらためて確信している。

初版が刊行されて以来、本書は、この思想史としての方法論的な基本構成に関連してもさまざまな批判に曝されてきた。とりわけ大塚久雄や丸山眞男を擁護する立場の人々のうちには、本書に植民地主義の被害者の告発を受けた上での批判的視点が入り込んでいることに拒否感が生まれ、大塚・丸山が置かれた戦時日本の厳しい言論状況を配慮すべきだとする意見が繰り返し説かれている（「言論統制も苛酷だった戦争中のことを後から気楽に批判するな」と言われたり、「批判するとかのりこえるとか、おこがましい」と言われたり）。しかし考えても見よう。ここに現れた被害者たちは後から名乗り出ているわけだが、被害そのものはその思想が作動していた当時のことである。であればこそ、「後から」それを知ったわれわれも、「当時の」思想の現実的な意味を考える際にその視点を見失うことはもう許されないのである。

こう書いてきて、二〇一四年のわたしとしては、二〇〇一年に刊行された本書がその点で実はなお不十分であったかもしれないと、恐れている。帝国主義・植民地主義という観点からの批判は多すぎたのではなく、むしろ足りなかったのではないかと恐れている。それはもっと詰めておくことができたのではないか。しかし、丸山を擁護し丸山のテクストに内在することを熱心に説く人々が、肝心の丸山のテクストそのものが誤配列されている『丸山眞男集』（岩波書店）についてさえ（戦後のものが戦中に置かれている！）、本書で試みた程度の検討も無しに済ませている現状では、しかもそれが平気で通用している学界・出版界の現状では、本書のような考察もなお十分な意義を持つと信じることができる。これも、本書を内容上の増補無しに再刊しようと決断した所以のひとつである。

そうだとすれば、本書の再刊は、新たな探求への起点として認識されるべき仕事となるのだろう。しかもその探求は、特に継続する植民地主義が問われるべき「戦後日本」に向かって進むということになるはずである。東日本大震災と福島第一原発事故を経た今日、そこに行き着いてしまった「戦後日本」は、やはり基本的に考え直さねばならない問題性をあまりにも多く抱えていると分かった。だからそれは、国家主義的な立場からの「戦後の総決算」とはまったく異なった意味において、総決算が問われているに違いない。わたしとしては、その「戦後日本」をさらに視野を拡げて思想として考えていく、そんなことを心に期しつつ、この本を新たな気持ちでまた送り出すことにしたいと思う。

本書の再刊を提案しててていねいに編集実務を進めて下さった、青土社の水木康文さんに感謝します。

二〇一四年六月一日

中野　敏男

索引

I　人名索引

や行

ら行

わ行

II　事項索引

あ行

か行

さ行

大塚久雄と丸山眞男

動員、主体、戦争責任

（新装版）

2014年 6 月25日　第1刷印刷
2014年 7 月10日　第1刷発行

著者――中野敏男

発行者――清水一人
発行所――青土社
東京都千代田区神田神保町1－29 市瀬ビル 〒101-0051
［電話］03-3291-9831（編集）　03-3294-7829（営業）
［振替］00190-7-192955
印刷所――ディグ（本文）
方英社（カバー・扉・表紙）
製本所――小泉製本

装幀――高麗隆彦

©2014, Toshio Nakano

ISBN978-4-7917-6802-8　Printed in Japan